노회찬, 작심하고 말하다

대한민국 진보, 어디로 가는가?

노회찬, 작심하고 말하다

대한민국 진보,
어디로 가는가?

Quo Vadis

노회찬 답하다

구영식 묻다

비아북
ViaBook Publisher

Quo Vadis, 진보?

1996년 4월, 신청한 지 4년 만에 여권이 나왔다. 대한민국 여권. 바로 영국으로 향해 옥스퍼드에서 열리는 코리안포럼에 참석했다. 포럼에서 내가 맡은 발표는 한국의 진보정치에 관한 것이었다. 진보정당도 없는 처지에 '희망'을 계획처럼 얘기하였다.

며칠 후 런던 소호 지역을 혼자 헤매었다. 한 손에는 지도를, 다른 한 손에는 'Dean Street 28'이라 적힌 쪽지를 들고 한참을 찾아다녔다. 카를 마르크스가 《자본론》을 집필하던 무렵에 살던 집 주소였다. 결국 집은 찾았는데 사진에서 본 모습과 너무 달랐다. 번지수가 맞는지도 모호했다. 외벽 어디엔가 붙어 있을 법한 안내판도 하나 보이지 않았다.

건물 1층이 레스토랑이기에 문을 열고 들어가 지배인을 찾았다. 마르크스가 살던 집이 근처 어디인지 아느냐고 물으니 바로 이

집이라고 했다. 안내판이 있느냐고 물었더니 나를 안쪽으로 안내해주었다. 1층 안쪽 조용한 곳 내벽에 약한 조명을 받으며 안내판이 정중히 걸려 있었다. 1850년에서 1855년까지 3층 두 칸 방에서 가족과 함께 살았다고 적혀 있었다. 나오면서 레스토랑이 언제부터 있었냐고 물으니 1926년이란다.

방문 기념으로 건물 전체를 사진에 담기 위해 길 건너편에서 카메라를 꺼냈다. 초점을 잡는데 그제야 1층 레스토랑의 간판이 눈에 들어왔다. Quo Vadis. 사진을 찍다 말고 한참 동안 간판을 바라보았다. Quo Vadis, Domine(주여, 어디로 가시나이까)? 탄압받던 로마에서 도망치던 베드로가 갑자기 나타난 예수에게 물었다는 유명한 말이다. 이제 그 말이 1층 레스토랑의 간판이 되어 3층의 마르크스에게 묻고 있다. Quo Vadis, Marx? 소련 등 사회주의권이 붕괴하던 당시에 많은 사람들이 마르크스에게 묻고 싶었던 말이기도 하다.

그해 가을, 새로운 진보정당을 만들기로 결정하고 작업에 착수했다. 1997년 대선을 독자후보로 치르고 1999년 창당 준비위원회를 거쳐 2000년 1월, 마침내 민주노동당을 창당하였다. 그리고 2004년 4월 15일 제17대 국회의원 총선에서 정당 득표율 13%로 10석의 의석을 만들었다. 당시 MBC 출구조사에 따르면 20대의 27%, 30대의 24%, 40대의 21%가 정당투표에서 민주노동당을 지지하였다. 창당 4년 만에 이룬 엄청난 쾌거였다. 돌아보면 첫 원내 진출일인 그날보다 더 화려한 날은 없었던 것 같다.

다시 10년이 지난 2014년. 화려했던 그날의 당은 세 조각이 나 있다. 그중 하나는 존폐가 걸린 재판을 받고 있으며, 지지율은 모두 합해도 5%를 넘지 않은 상태로 떨어져 있다. 그래서 많은 사람들이 묻는다. Quo Vadis, 진보?

대한민국 진보, 어디로 가는가? 이 책은 그 물음에 답하기 위해 시작되었다. 준비된 답을 자랑하기 위해서가 아니라 없는 길을 찾기 위해 시작된 것이다.

아무리 들여다봐도 가능성이 보이지 않는다는 말도 많이 듣는다. 내부를 살펴보면 그럴 수도 있다고 생각한다. 그러나 필요는 발명의 어머니라는 말이 있다. 시간은 점점 새로운 진보를 원하고, 대한민국 진보가 새롭게 일어서길 바란다. 불과 25년 전에는 갓 태어나려는 이 아이의 이름을 진보정당으로 할지 혁신정당으로 할지 민중정당으로 할지를 두고도 한참을 논쟁하였다. 합법적 대중정당이라는 촌스러운 이름을 붙여 책까지 발간한 사람도 있었다. 고유명사로 불리던 진보정당이 보통명사로 통용되기 시작한 건 이제 10년밖에 되지 않는다. 천당에서 지옥으로 추락하기에도 충분한 시간이지만, 그 시간 동안 변한 강산도 많다. 빨갱이라는 말이 듣기 싫어서 채택하게 된 '진보'는 겁 많은 제1야당도 자주 참칭하는 좋은 말이 되었고, 이제는 방송통신심의위원장이 된 어느 국립대 교수는 '진보'라는 좋은 말을 왜 '좌파'들이 독점해서 쓰게 하냐면서 그들을 '진보'가 아니라 '좌파'라 불러달라고 언론에 앙청하기까지 하였다.

무상교육, 무상의료는 등장한 지 10년 만에 무서운 구호에서 별 감동 없는 구호로 전락하였다. 복지를 위해 세금을 더 낼 수 있다는 국민이 통일을 위해 세금을 더 내겠다는 국민과 함께 늘어가고 있다. 유례없이 빠르게 진행된 사회양극화는 같은 속도로 대한민국을 친(親)진보사회로 변모시켰다. 새누리당이 경제민주화를 입에 올리고 박근혜 후보가 만5세 무상보육을 외치는 시대가 되었다. 관념이 세상을 바꾼 것이 아니라 생활의 절박함이 관념을 변화시켰다. 진보와 반(反)진보가 대립하는 것이 아니라 진짜 진보와 가짜 진보가 경쟁하는 시대가 되었다.

늘 그렇지만 문제는 세상이 아니라 진보 자신이다. 지금 진보정당에게 가장 부족한 것은, '진보'다. 부족한 진보를 훈장과 족보로 가릴 수는 없다. 세상을 진보시키기 위해 자신이 먼저 진보하지 않으면 안 되는 시점이다. 무감어수 감어인(無鑑於水 鑑於人), 거울에 비친 자신의 모습을 보기보다 사람들의 마음에 비친 자신의 모습을 직시하기 위해 이 책을 만들었다. 1여 년에 걸쳐 함께 대화를 나눈 오랜 벗 구영식 기자에게 감사의 인사를 드린다. 온갖 어려움을 감내해온 한상준 비아북 대표께도 고맙다는 인사를 올린다. 그동안 신세를 졌던 모든 분들 특히, 2004년 제17대 총선에서 처음 등장한 진보정당에 27%, 24%, 21%의 지지를 보내준 당시 20대, 30대, 40대 분들에게 이 책을 바친다. 고마움과 미안함과 약속의 인사를 대신 전한다.

2014년 가을

노회찬

차례

'진보의 세속화 전략'을 생각하다

　　노회찬 전 진보정의당(현 정의당) 대표는 한국 진보운동이 쌓아온 역사의 지층을 생각하게 한다. 반유신투쟁의 학생운동과 노동운동을 거쳐 1990년대부터 지금까지 진보정당운동에 줄곧 헌신해왔기 때문이다. 특히 학생운동 출신으로 본격적인 노동운동에 투신한 첫 세대이자, 학생운동과 노동운동을 거쳐 진보정당운동으로까지 나아간 첫 세대라는 점에서 그의 존재는 각별하다. 한국 사회에서 이렇게 장기전을 펼치기란 정말 쉽지 않은 일이다. 특히 그는 민주화운동 보상도 신청하지 않았다. "내가 원해서 한 일이기 때문"이라는 게 그 이유였다. "이 길을 택하지 않았다면 깨닫지 못했을 것을 깨달으면서 오히려 내가 구원받았다."며 자신은 희생한 것이 아니라 혜택받은 것이라고 겸손해했다.

　　노 전 대표는 남한 최대의 노동운동조직이었던 '인민노련'(인천 지역민주노동자연맹)에서 활동했다. 하지만 1987년 민주화운동은 비합법 혹은 반합법 지하운동의 근거들을 무너뜨렸다. 게다가 밖에서는 베를린 장벽이 무너지고 '현실 사회주의의 모국'인 소비에트가 해체되었다. 새로운 사회에는 새로운 실천이 필요했다. 인민노련은 1991년 '신노선'을 발표하고 합법정당 노선으로 전환했다. 그동안 절대과제로 여겨지던 비합법정당 노선, 변혁 프로그램을 폐기하기에 이른 것이다. 이후 수많은 논쟁과 갈등이 있었지만 이것이 '합법적·대중적 진보정당'의 출발점이 되었음은 움직일 수 없는 사실이다. 한국사회주의노동당 창당준비위, 한국노동당 창당추진위, 통합민중당, 진보정당 추진위원회, 진보정치연합, 국민승리21 등을 거쳐 2000년 민주노동당이 마침내 창당됐다. 그리고 민주노동당은 창당 4년 만인 2004년, 총선에서 10석을 얻으며 진보정당 역사상 처음으로 원내에 진출했다. 하지만 역사가 언제나 그랬듯이 한국 진보운동도 직선으로만 나아가지는 않았다.

마르크스는 자신의 정치적 팸플릿인 《루이 보나파르트의 브뤼메르 18일》(1852년)에서 "인간은 그들 자신의 역사를 만들지만 그들이 즐거이 원하는 대로 그것을 만들지는 못한다. 인간은 그들 스스로가 선택한 환경하에서 역사를 만드는 것이 아니라, 과거와 직접 마주치고 과거로부터 주어지고 전수된 그러한 조건하에서 역사를 만든다."고 적었다. 낡은 과거는 한꺼번에 없어지지 않고, 조금씩 남아서 인간이 역사를 만들어가는 데 제약조건이 된다는 것이다. 민주노동당이 창당하고 원내에 진출한 이후 벌어진 사건들은 이 언명을 떠올리게 한다. 지난 2007년 일심회 사건을 계기로 민주노동당이 분당했고, 지난 2012년 통합진보당 부정경선 의혹과 폭력 사태로 통합진보당이 분열하면서 현재는 '통합진보당-진보정의당(현 정의당)-진보신당(현 노동당)-녹색당(현 녹색당 더하기)'이라는 '진보정당 다당제 시대'를 맞이했다. 게다가 최근에는 이석기 통합진보당 의원의 내란 음모 의혹 사건까지 터졌다. 노 전 대표를 비롯해 수많은 사람들의 피와 땀으로 전진해온 한국의 진보정당운동이 이제 임계점에 다다른 느낌마저 든다.

앞선 일련의 사건들에서 드러났듯, 진보 내부의 낡은 관념과 조직 운영 등은 진보정당이 선점해온 가치들을 차례차례 무너뜨렸다. 지난 2004년 총선을 통해 얻었던 진보정당의 시민권은 그런 낡은 요소들로 가득 찬 사건들로 인해 심각하게 훼손되고 약화되었다. 민주주의를 위해 투쟁해온 진보정당의 내부는 전혀 민주주의적이지도 않았고, 민중의 삶을 진전시켜야 할 진보정당은 '정파 질서' 앞에서 길을 잃었다. 게다가 이제는 '종북주의'라는 멍에까지 뒤집어쓰게 됐다.

이토록 한국 진보운동은 위태롭다. 이에 노 전 대표는 아홉 차례 총 25여 시간 진행한 인터뷰에서 '진보의 세속화 전략'을 내놓았다. 세속화의 사전적 의미는 '신성한 속성을 지닌 사회적, 문화적 산물이 그 신성한 속성을 잃고 범속한 세상의 범주에 속하게 됨.'이다. 쉽게 말하자면 세상의 때를 묻힌다는 뜻이다. 그래서 세속화라는 단어는 대부분 부정적인 의미로 쓰인다. 그럼에도 불구하고 그는 진보의 세속화를 주문한다. 낡은 운동권적 진보에서 벗어나 현실에 밀착해야 한다는 주장이다. 즉 정파 패권주의, 이상과 현실의 분절, 운동과 정치의 혼재, 폐쇄적인 조직문화와 대중 검증 회피, 북한 무비판주의, 최대강령주의, 이념 지향주의, 도덕적 우월의식과 선민의식 등에서 벗어나야 한다는 것이다. 필자가 보기에 진보의 세속화 전략의 핵심은 "자신이 하고 있는 일이 자기 이상이 되어야 한다." 는 그의 말에 집약돼 있다. '무능'과 '분열'이라는 한국 진보의 문제점을 극복하기 위해서 꼭 필요한 전략이기도 하다. 그는 이 세속화 전략을 바탕으로 "사회주의적 이상과 원칙을 가장 잘 실현하고 있는" 사회민주주의 정당을 건설해 '노동 없는 민주주의'를 '노동 있는 민주주의'로 바꾸어놓을 생각이다.

1980년대와 1990년대는 NL(민족해방파)과 PD(민중민주파)라는 변혁 노선이 치열하게 싸운 시대다. 이것조차도 당시 현실의 반영이었다. 하지만 2000년대 들어서도 그 낡은 관념들은 끈질기게 살아남아 현실의 진보정당을 제약하고 있다. 이제는 '전쟁 이후 세대'가 등장해야 할 때다. 노 전 대표와 인민노련에서 함께 활동했던 조승수 전 의원은 "NL과 PD는 이미 운동적으로 의미가 없는 개념이다. 진보정당운동 1세대가 물러나고 바탕과 활동양식, 생물학적으로 전혀 다른 세대가 진보정당을 새롭게 건설해야 하는 것 아닌가 싶다."고 말했다. 조 전 의원의 제안이 아직은 이르다는 느낌이 들지만 노 전 대표가 내놓은 진보의 세속화 전략이 성공하면 그 '전후세대'의 등장이 더욱 빨라질지도 모른다. 특히 한국 보수의 합리화도 가능해진다는 점에서 그 의미가 작지 않다.

노 전 대표는 순결한 운동가의 길이 아니라 세상의 때를 묻히더라도 민중의 삶을 반 발짝이나마 전진시킬 정치가의 길을 택했다. 그 선택의 평가는 역사와 민중에 맡긴다. 다만 진보의 미래를 여전히 낙관하는 그가 언제나 변함없이 소외받은 자들을 위해 살아갈 것을 굳게 믿는다.

"변화(changes)는 많은 사람이 합쳐 생겨나지만 그것은 한 사람의 힘으로부터 시작한다."   - 영화 〈파워오브원〉(The Power of One) 中

2014년 11월
화곡동 여문당(如聞堂)에서 구영식 쓰다

* 아홉 차례의 인터뷰에 모두 참석하고 인터뷰 내용을 꼼꼼하게 풀어준 김경훈(제15기 〈오마이뉴스〉 대학생 인턴기자)에게 고마움의 인사를 건넨다.

01

진보, 침몰이냐?
돌파냐!

장차 하늘이 그 사람에게 대업을 맡김에 반드시 먼저
그 마음을 괴롭게 하고, 그 근골을 수고롭게 하며,
그의 몸을 굶주리게 하고, 그의 몸을 곤궁하게 하며,
일을 행함에 그것을 어지럽혀 마음을 분발시키고
성정을 참을 수 있게 해,
하지 못했던 바를 할 수 있게 함이다.

– 《맹자》〈고자〉中

**❝ 많은 사람들에게
제대로 마음을 줄 정당이 없다 ❞**

침몰하는 야당

구영식 ● 지난 7·30 재보선에서 929표 차이로 낙선한 이후에 어떻게 지냈나?

노회찬 ● 우선 동작구 주민들에게 낙선인사를 하러 다녔다. 선거운동 기간에 선거운동 할 때처럼 아침 일찍 지하철역에서 '낙선인사'라고 적힌 어깨띠를 두르고 출근 인사하는 것으로 시작해 낮에는 시장, 상가로 그리고 밤늦게는 퇴근하는 주민들에게 온종일 인사를 다녔다.

구영식 ● 주민들 반응은?

노회찬 ● 어떤 분은 낙선한 사람이 어깨띠 메고 인사 다니는 걸 처음 보셨는지 신기해하거나 놀라워하기도 했지만 대체로 안타까워하거나 아쉬워하더라. 사실 미안한 것은 나 아닌가? 그래서 일부

러 큰 소리로 '선거 떨어진 사람 왔습니다.' 하면서 손잡고 껴안고
돌아다녔다.

구영식 ● 그 후에는 어떻게 지내나?

노회찬 ● 매주 한 번씩 정치 팟캐스트 〈노유진의 정치카페〉 제작
에 참여하고 TV토론이나 시사프로그램에 출연했다. 가장 많이 하
는 활동은 역시 대중 강연이다. 곰곰이 생각해보니 정당활동을 시
작한 이래 강연 횟수가 1,000회를 넘은 것 같다. 전국 곳곳에서 다
양한 분들을 만나 교감하고 얘기 나누는 것은 여전히 많은 공부가
된다. 최근에는 활동 반경을 조금 넓혀 영국과 일본에도 강연을 다
녀왔다.

구영식 ● 영국과 일본에서는 누구를 상대로 강연했나?

노회찬 ● 영국에는 재영교민회 초청으로 갔다. 교민을 대상으로,
그리고 런던대·옥스퍼드대·케임브리지대에서 유학생들을 대상으
로 네 차례 강연했다. 일본에는 홋카이도대 초청으로 가게 되었는
데, 홋카이도대 정책대학원에서 강의하고, 삿포로 시 여덟 개 시민
단체의 초청강연도 가졌다. 홋카이도대 강연에는 외국 유학생도 몇
명 있었지만 청중이 대부분 일본 학생들이었고, 시민단체 강연 때
는 재일교포 몇 명 외에 모두 일본 시민이었다. 시민 대상 강연에는
입장료가 있었다. 700엔, 그러니까 우리 돈으로 7,000원가량 되었
다. 대부분 강연이 유료라고 하더라. 영국에서도 어느 노동당원 말

이, 당원들이 참여하는 노동당의 주요 인사 강연은 대부분 유료라
고 하였다.

구영식 ● 외국에 나가면 보통 무엇을 보고 어떤 것을 느끼나?

노회찬 ● 영국은 1996년 이래 거의 10년 간격으로 세 번째 방문
한 것이었다. 매번 관람하던 뮤지컬 〈레미제라블〉을 이번에는 못 봤
다. 하이게이트묘지도 이번에는 가보지 못했다. 대신 더 흥미진진한
광경을 목격했다. 바로 스코틀랜드 분리에 대한 주민투표였다. 투표
당일 밤, 한창 개표가 진행 중이던 시각에 옥스퍼드대 부근의 수백
년 된 펍(pub)에서 맥주를 마시고 있었는데, 술집이 평소와 달리 그
야말로 인산인해였다. 잠 못 이루는 영국인들이 다 모인 것 같았다.
곳곳에서 캐머런이니 고든 브라운이니 하는 정치인들의 이름이 들
려왔다.

일본에서는 평범한 일본 시민들을 만나 아베 정권과 일본사회의
우경화 등에 대한 일반 국민의 생각을 파악하기 위해 노력했다. 사
실 어느 나라에서나 그 나라의 정치 상황과 정치 지형 그리고 사회
복지제도에 가장 관심을 둔다. 이에 대해서는 국내에서도 관심 있
게 지켜보고 있다. 그러나 현지에 와서 직접 확인하는 경험이 더 생
생한 것은 물론이다.

구영식 ● 다시 '냉엄한 현실'로 돌아오자. 지난 6년간 선거를 네 번
이나 치렀다. 그렇게 자주 선거에 나오면 '노회찬 가치'가 떨어지는

게 아닌지 우려된다.

노회찬 ● 우려해줘서 고맙다. (웃음) 내가 7·30 재보궐선거에 출마하려니까 박영선 의원도 비슷하게 얘기했다. 선거 때마다 나오는 것 아니냐고. 사실 억울하다. 국회의원 총선에는 세 번밖에 안 나갔다. 2004년, 2008년, 2012년. 세 번 나가서 두 번 당선되었다. 이게 문제 되는 것은 아닐 테고…… 그 외는 조직의 부름을 받고 나갔다. 2010년 서울시장, 그리고 이번 7·30 재보궐선거. 사실 이번 선거는 여러 이유에서 개인적으로 피하고 싶었다. 선거 때마다 우리가 지나치게 소모적으로 대응하고 있다는 문제의식도 가지고 있다. 그럼에도 불구하고 어려운 조직의 현실을 무시할 수 없었다. 집안은 가난하고 식구는 몇 안 되니 짐을 져야 할 일이 많다. 숙명이라 생각한다.

구영식 ● 그런데 진보정당을 포함한 야권은 지방선거에 이어 재보선에서도 패배했다. 왜 이런 결과가 나왔다고 생각하나?

노회찬 ● 지금 새정치민주연합은 제1야당으로서 국민의 기대와 지지를 모으지 못하고 있다. 국민들은 야당에서 대안을 찾지 못하고 있다. 그렇다고 작은 진보정당들이 그 대안이 된다고도 생각하지 않는다. 그래도 정의당이 좀 알려지면서 이런 당은 봐줄 만하다는 생각에 지지율이 1~2%에서 4~5% 정도로 오르긴 했다. 하지만 많은 사람에게 제대로 마음을 줄 정당이 없다. 지방선거에서 진보교육감들이 대거 진출한 것은 의미가 큰 사건이다. 그러나 이는 '우리 아이들을 위해 진보 교육감이 필요하다.' 이렇게 생각한 학부모가 많아서다. 진보 교육감이 야권이어서 지지한 것이 아니다. 서울시장도 박원순의 승리일 뿐 새정치민주연합의 승리는 아니다.

7·30 재보궐선거에서는 공천 파동으로 인해 제1야당에 대한 민심이 급속히 악화되었다. 개표 과정에서 나를 언급한 트위터 글들을 보면서 놀랐다. '다 져도 노회찬만 이기면 된다.', '노회찬은 이겨야 한다.' 이런 식이었다. 야권후보 전반의 득표 결과 예상이 저조한 탓에 자포자기하는 분위기도 있었지만 오히려 떨어지는 게 낫다는 발언은 충격적이었다. 실제 '이번에 속이 시원하게 박살 나야 한다.', '한 번 혼나야 정신 차린다.' 이런 반응이 적지 않았다. 7·30은 마치 야당 응징 투표처럼 진행되었다.

> 66 정치민주화와 달리 경제민주화에 관한 한
> 양당의 차별성이 별로 없다 99

1.5당 체제

구영식 ● 범야권이 왜 국민의 신뢰와 지지를 받지 못한다고 보나?

노회찬 ● 사실 범야권 이전에 한국 정치권 전반이 국민의 신뢰와 지지를 받지 못하고 있다. 물론 어느 나라에서든 정당이나 정치인이 불신과 비난의 대상이 되는 일은 허다하다. 그러나 우리의 경우를 어느 나라에나 나타나는 보편적 현상의 하나로 치부하기는 어렵다. OECD가 올해 초 내놓은 보고서 〈한눈에 보는 사회상 2014〉

에 보면, 갤럽에 의뢰해 세계 43개국의 정부 신뢰도를 조사한 결과가 나와 있다. 한국 국민 가운데 정부를 신뢰한다고 응답한 비중은 24.8%에 불과했다. 정부 신뢰도가 가장 높은 국가는 스위스로, 스위스에서는 국민의 82.2%가 정부를 신뢰한다고 답했다. OECD 전체 평균도 42.6%로 한국보다 높다.

정치 신뢰도 역시 정부 신뢰도와 크게 다르지 않다. 새누리당과 새정치민주연합이라는 양당 중심의 정치체제가 성립된 것은 1987년 6월 항쟁의 산물이다. 소선거구 다수대표제하에서 두 당이 영남과 호남의 패권을 바탕으로 국회 의석의 95%가량을 과점하고 있는 양당 중심체제는 이른바 '87년 체제'의 또 다른 산물이다. '87년 체제'의 역사적 과제가 국민적 합의를 기반으로 하는 정치적 민주주의의 진전이라면, '87년 체제'는 이미 역사적 역할을 다하고 설계수명을 넘겼다고 볼 수 있다. 한국사회는 이제 정치민주화 시대를 넘어 경제민주화 시대로 진입하였다. 무엇보다 국민 다수의 삶과 요구가 이를 입증해준다. 2007년 대선과 2012년 대선의 핵심 쟁점은 경제, 경제민주화였다. 당분간 이런 양상은 반복될 것이다.

양당 중심체제에 대한 불신이 높은 이유는 현재의 양당 중심체제가 경제민주화라는 새로운 시대적 요구를 해결하는 데는 이미 낡은 체제이기 때문이다. 한국사회에 여전히 남아 있는 정치민주화의 과제라 할 수 있는 국가보안법, 동성애 등에 관한 차별금지문제들도 기존의 양당체제보다는 보수-진보의 새로운 정치체제에서 해결되는 것이 더 적합해 보인다. 선진국의 사례가 증명하듯이 경제민주화를 위한 최적의 정치체제는 진보-보수 양 축의 정치체제다. 새누리당, 새정치연합처럼 수구적 강경보수와 자유주의적 온건보수 체제로는 헤쳐나가기 어렵다. 세계 최강대국인 미국이 복지국가와 거리가 먼 것은 진보 세력화에 실패하고 공화당-민주당 양당체제로 굳혀진 정당 지형과 무관하지 않다.

국민들이 특히 국회에서의 싸움을 싫어하는 것은 그 싸움의 폭력성 때문이 아니다. 그 싸움이 국민을 위한 것이라고 인정하지 않기 때문이다. 어느 쪽이 이기든 국민의 삶에는 별 영향을 미치지 않는 싸움, 즉 정치인들 자신의 이해관계를 둘러싼 다툼으로 본다. 국민들의 일차적 관심사인 먹고사는 문제를 해결하는 데 두 당이 크게 다르지 않다는 얘기다. 역사적 배경까지 갖는 정치민주화와 달리 경제민주화에 관한 한 양당의 차별성이 별로 없다는 얘기다. 하루하루가 힘든 저소득층이 부자정당으로 비난받는 새누리당을 지지하는 현상도 크게 이상하지 않다. 일단 경제민주화와 관련하여 두 당이 크게 다르지 않은 데다 오히려 집권 경험이 많은 새누리당이 경제문제를 해결하는 능력이 더 있어 보이는 것 또한 사실이기 때문이다.

민주당(현 새정치민주연합)은 2007 대선에서 패배하고 야당이 된 후 경제민주화에 관해 긍정적으로 변화했다. 19대 국회에서 서민을 위한 당시 민주당 을지로위원회의 활약은 상당했다. 일부 의원들은 진보정당 의원 못지않게 열성적이었다. 그러나 전체적으로 볼 때 이 당의 정체성은 여전히 애매하다. 마치 집단적 자위권을 두고 찬성하는 의원과 반대하는 의원이 뒤섞여 있고 당론도 찬성과 반대를 오락가락하는 일본 민주당을 연상하게 한다.

지난 9월 일본 공영방송인 NHK가 조사한 지지율 여론조사에서 자민당은 40.4%, 민주당은 5.4%를 기록했다. 최근 아베 정권의 실정으로 자민당 지지율이 다소 내려가기는 했지만 민주당은 여전히 한 자리 숫자다. 집권 여당이었던 일본 민주당이 이처럼 지리멸렬의 상태에 빠진 것은 리더십의 문제와 함께 정체성의 모호함 때문이다. 지금 일본의 정치는 자민당 지지율이 40%에 육박하는 반면, 제1야당인 민주당을 위시하여 나머지 야당의 지지율은 모두 합쳐도 25%를 넘지 않는다. 사실상 1.5당 체제다. 설계 수명이 다한 '87년 체제'가 별다른 대안 없이 수명을 연장하는 경우에 한국 정치가 도달할 수 있는 '더 나쁜 상황'이 바로 새누리당이 장기적으로 압도하는 1.5당 체제다.

구영식 ● 정치권 전반이 국민의 신뢰와 지지를 받지 못하고 새누리당과 새정치민주연합이 양 축을 이루는 '87년 체제'도 수명을 다했다고 했는데, 새정치민주연합을 위시한 야권이 지리멸렬하는 반면 새누리당은 왜 멀쩡한가?

노회찬 ● 세 가지로 말씀드리고 싶다. 첫째, 새정치민주연합이 새로운 질서인 보수와 진보가 양 축을 이루는 새로운 정치체제에서 한 축을 담당할 수 있을 것인가? 나는 가능성이 없다고 본다. 그래서 새정치민주연합의 오랜 지지층은 불안정하다. 언제 어디서 활성화된 마그마가 분출할지 모른다. 반면 새누리당은 '87년 체제'를 넘어선 새 정치체제가 성립될 경우, 보수라는 한 축을 담당할 가능성이 높다. 지각변동의 가능성이 적다. 그만큼 지지층이 안정되어 있다. 둘째, 새누리당은 살아남기 위한 사투 속에서 나름대로 자신의 생존법을 터득하며 진화해왔다. 살아남기 위해 YS와 손잡았고, 비록 실패로 끝났지만 당대의 개혁적 인물인 대쪽판사를 영입했다. 또한 MB를 내세워 반정치 친경제 이미지를 선점하고, MB정권 내내 대립각을 세웠던 박근혜 후보를 내세워 '정권 교체 효과'까지 보면서 반MB 열풍을 잠재웠다. 제1야당이 2등의 기득권에 자족해하고 진보정당들이 자멸해가는 동안 새누리당은 1등 아니면 죽는다는 각오로 '혁신'을 거듭했다. 셋째, 공영방송과 종편 등 압도적으로 우월한 언론환경을 적극적으로 활용하여 국정원 부정선거 개입 사건, NLL 관련 국가 기밀 유출 사건, 세월호 사건 등 정치적 위기를 반전의 기회로 탈바꿈시켰다.

❝야당을 심판해서 정신 차리게 하겠다는 거다**❞**

야당 심판 선거

구영식 ● 지방선거 때도 재보선 때도 박근혜 대통령의 지지율이 하향 추세였고, 세월호 침몰사고까지 있었지만 야권은 비기거나 크게 패배했다. 두 차례에 걸친 집권 성공, 총선에서 과반 의석 확보, 지방선거와 재보선 승리 등을 헤아릴 때 한국사회에서 보수정당이 이렇게 강했던 적이 있나 싶다. 이유가 뭘까? 무엇이라고 생각하나?

노회찬 ● 장기적 관점에서 보자면 2002년 대선에서 노무현 전 대통령이 당선된 이래 거의 모든 선거에서 지금의 야권은 밀리거나 패배하고 있다. 예외가 있다면 탄핵 직후 시행된 2004년 총선, 노무현 전 대통령 서거 이후 치러진 2010년 지방선거 등 강력한 후폭풍이 분 경우 외에는 다 진 것 아닌가?

야당이 정권을 두 번 빼앗겼지만 문재인 후보를 찍은 사람은 거의 50%에 육박했다. 그런데 지금 그 사람들은 어디를 지지하고 있나? 그중 새정치민주연합을 지지하는 사람은 반밖에 안 된다. 그럼 반은 어디로 갔나? 새누리당? 아니다. 그냥 지지하는 사람이 없는 상태로 관망하고 있다. 그들은 왜 변심했을까? 왜 계속 야당을 지지하지 않을까?

야당이 실망스럽기 때문이다. 특히 7·30에서는 공천으로 인한 지도력의 파행이 가장 큰 문제였다. 단순히 너희끼리 안 싸우고 잘했으면 좋겠다는 게 아니라 우리를 어떻게 보냐는 거였다. 권은희를 공천했을 때 광주 시민들도 '우리를 어떻게 보고…….' 이랬다. 유권자들을 우습게 보는 태도가 지나쳤다는 것이다. 새누리당을 찍겠다는 게 아니라 야당을 심판해서 정신 차리게 하겠다는 것이었다. 그런 면에서 야당 심판 선거의 측면이 꽤 강했다.

정치는 혼자가 아니라 상대와 하는 것이다. 새누리당은 국민들의 가장 절실한 요구를 빠르게 포착해서 자신들의 정치적 성과로 가져가는 게임에서 이긴 것이다. 야당은 2007년과 2012년 선거에서 모두 졌는데, 두 선거 모두 비슷한 맥락에 있다. 2007년 선거는 무엇보다도 양극화 속에서 경제적으로 힘든 사람들이 새로운 희망을 발견하고 싶었던 선거다. 다른 건 몰라도 경제문제 해결에서 노무현 정부가 실패했다는 평가가 일반적이었다. 날로 심해가는 양극화의 상처를 어루만지지 못했다는 판단이었다. 이념적이고 정치적인 진척을 시도했지만 경제가 등한시됐다고 판단했다. 김영삼 정부 이래 신자유주의정책의 모든 책임을 노무현 정부가 지는 건 억울한 일이지만, 누적된 신자유주의정책의 폐해가 노무현 정부 때 많이 드러났다. 비정규직 문제가 대표적이었다.

경제문제에 대한 모든 책임을 노무현 정부가 뒤집어쓰는 상황에서 경제문제 해결사로 MB가 나타났다. MB는 경제문제의 재벌식 해결사다. 재벌 위주로 경제문제를 해결할 사람인데도 대통령이 됐다. MB가 경제문제 해결에서 실패했음은 국민들이 다 느끼고 있다. 그런데 야당은 그런 MB에 대항하는 야당으로 자리매김하지 못했다. 오히려 여당의 '당내 야당'이 더 야당처럼 보였다. 국민들이 보기에는 박근혜가 (대안적) 야당이었던 것이다. 그리고 정치적 컨트롤을 능란하게 했다. 행정수도 이전 문제나 4대강 문제에서 여당과 의견을 달리하는 한편, 당을 위기에서 구했다. 결국 새누리당이 한번 더 집권하기를 바라는 새누리당 유권자들의 지지를 고스란히 받는 동시에 MB에 맞서는 야당 이미지를 갖게 됐다. 그러면서도 과감하게 경제민주화를 이야기했다. 원래의 철학과 노선은 경제민주화와 정 반대편이었지만 외부에서 보자면 사사건건 MB와 대립했던 사람이 파격적인 경제민주화를 이야기했다. 바로 그게 먹혔다. 오히려 경제문제는 이쪽이 잘 해결해왔다는 (역사적) 선입견까지 작용했다. 경제민주화에서도 '아버지는 성장을 주도했고, 나는 복지를 실행하겠다.' 이런 이야기가 통했다. 그렇게 성장을 좋아하는 사람도 빨아들이고, 복지를 원하는 사람도 빨아들였다.

야당은 딴 데서 진 게 아니라 경제민주화 경쟁에서 진 거다. 한쪽은 민주화를 이야기하고 다른 쪽은 독재를 이야기했을 때, 독재가 이긴 게 아니다. 그런데도 이쪽 진영에서는 계속해서 '박정희 딸에 불과하다.' 이렇게 선과 악의 구도로만 갔다. 확장력이 없었다. 물론 그렇게 생각하는 유권자도 많다는 것은 인정한다. 하지만 박근혜 후보도 국민들이 솔깃할 만한 것을 이야기하는 상황이었다. 그런 이미지를 가진 박근혜를 무조건 악으로만 몰아가는 것에 동의하지 않은 사람들이 많았던 것이다.

구영식 ● 진보진영은 대체로 MB도 악, 박근혜도 악으로 본다. 엄연히 국민들이 선출한 지도자인데 지나치게 악마화하는 경향이 있다. 자기를 위안하기 위한 자위행위일까?

노회찬 ● 그렇다. 과학적인 평가도 분석도 아니다. 그들이 왜 인기를 얻는지, 왜 표를 얻는지, 저쪽의 힘은 뭐고 강점은 뭐고 약점은 무엇인지를 분석하는 지난한 노력은 포기한다. 게으름의 극치다. 거기서 결국 이어지는 게 진영논리다. 그렇게 선악으로 진영을 단순화시킴으로써 자기 혁신을 방기한다.

구영식 ● 선거에서 세월호 심판론이 먹히지 않은 이유를 무엇이라고 생각하나?

노회찬 ● 세월호 사건은 현 정부만이 아니라 대한민국 정치가 만들어낸 참변이다. 이걸 특정 정파가 다른 정파를 공격하는 수단으로 쓰는 것에 국민들은 동의하지 않는다. 해수부가 어느 때부터 해수부였나? 현 정부 들어서도 아니고 새누리당 정권 아래서 갑자기 그런 것도 아니다. 누적된 문제와 관행 때문이다. 그런 점에서 세월호 사건은 대한민국이라는 국가의 민낯을 드러낸다. 여기에는 지금 집권한 사람들이 제일 큰 책임이지만 국민들은 역대 정치인과 권력을 누린 사람들도 다 간접적으로 연루되어 있다고 생각한다. 국민들은 분노의 와중에도 "야당! 너희는 뭐 잘했냐?" 이렇게 말하고 있는 것이다. 물론 세월호 사건은 제대로 싸워야 할 문제다. 그렇지만 이걸로 정치적인 반사이익을 얻으려고 한다면 국민들의 공감을 잃게 될 것이다.

구영식 ● 야당이 '심판론'으로만 먹고살려 했던 것 아닌가?

노회찬 ● 그렇다. 심판론과 유사어가 진영론이다. 이쪽도 이쪽대로 문제가 있고, 오류가 있으며, 누리고 있는 기득권도 있다. 그런 것을 인정하면서 가야 하는데, 저쪽에서 하는 건 무조건 나쁘고 이쪽에서 하는 건 무조건 옳다는 식이다. 지난번에도 야당이 방탄국회를 열지 않았나? 부끄러운 일이다. 국민들은 다 보고 있다. 이것을 선과 악으로 도식화해서 이쪽 진영은 다 옳고 저쪽 진영은 다 나쁘다는 식의 이분법은 더는 설득력이 없다. 지난 대선에서 진 것도 그렇다. 국민들 눈에는 그렇게 안 보이는데 이쪽은 자꾸 그렇게만 몰고 간다.

구영식 • 세상을 선악 구도로 보는 태도를 지적했는데, 일종의 '증오 마케팅'이다. 진보진영에서 이런 증오 마케팅을 꽤 많이 벌인다. 그것이 진보진영에 유리하다고 볼 수 없는데도 그렇다.

노회찬 • 현재 진보가 극복해야 할 자기 한계다. 증오가 이유 없이 생기지는 않는다. 증오와 분노에는 분명한 근거와 이유가 있다. 하지만 모든 걸 다람쥐 쳇바퀴 돌리듯 증오시스템으로, 증오프레임으로 설명해버리면 상대가 가진 장점을 볼 수 없게 된다. 왜 국민들이 저들에게 표를 주는지 납득도, 이해도 하지 못하면서 '국민들이 바보라서 속아 넘어갔다.' '국민들 의식이 낮다.' 이런 식으로 치부하게 되는 것이다. 상대에게도 배울 것이 있고 따라 할 게 있는데 무조건 자기가 옳다고 한다. 스스로 변화하지도 않고. 최근 큰 선거에서 많이 드러난 야권의 한계이기도 하고, 진보진영은 이런 게 지나치게 오랫동안 습관화돼 있다.

❝야권연대도 주고받을 게 있으니까 성립하는 거다❞

야권연대, 독배인가? 성배인가?

구영식 • 이제까지의 상황을 보면 제1야당(야권연대)에 기대지 않고 진보정당이 독자적으로 생존하기는 어려워 보이지 않나?

노회찬 ● 어렵다 하더라도 진보정당은 진보정당의 길을 가야 한다. 더디다 해도 진보정당의 길을 계속 가는 것이 올바른 길이라고 난 여전히 믿고 있다. 진보정당이 독자적인 길을 가기 위해서는 자신의 장기적 발전 전략에 지장을 주지 않으면서 힘을 강화할 수 있는 다양한 전술을 동원해야 한다. 그중 하나가 야권연대라고 할 수 있다. 나는 야권연대에 기대지 않으면 잘하는 거고 야권연대에 기대면 나쁜 것으로 생각하지 않는다. 선악의 문제, 도덕 윤리의 문제로 보지 않는다. 정치는 그렇게 손에 꽃가루만 묻히면서 갈 수 있는 게 아니다. 냉정한 정치세계에서 야권연대도 주고받을 게 있으니까 성립하는 거다. 민주노동당 때 우리 힘만으로 법안 하나 내기 힘들면 다른 당과 입법공조를 했다. 이거 하나는 반드시 통과시켜야겠다고 하면 몇 개를 양보하더라도 그렇게 했다. 그런 정치 영역에서 장기적이냐, 연속적이냐, 일시적이냐, 좀 깊이 가느냐, 얕게 가느냐 등 여러 가지 차이가 있지만 연대와 공조는 일상적인 셈법이라고 본다.

물론 선거연대는 가볍지 않다. 이것이 나중에 연립정부를 하느냐 마느냐 하는 더 높은 차원의 문제가 될 수도 있다. 그리고 선거연대에는 이점이 있는 만큼 약점도 있다. 아무리 좋은 목적하에 이루어진다 하더라도 상대방에게 '야합'으로 공격받을 소지가 항상 있다. 그러나 세상에 약점 없이 이점만 있는 게 어디 있나? 이해득실을 따지긴 해야 하지만 무차별적, 무원칙적이면 안 된다. 대의명분도 중요하기 때문이다. 그러나 그 자체를 악으로 볼 이유는 없다. 그 방향이 올바르고 독자적인 힘을 만드는 것에 더 효율적이라면 선거연대가 '건너서는 안 될 강'이 될 이유가 없다.

7·30에서는 새정치민주연합이 명분은 물론 실리적으로도 주고받을 게 별로 없다고 판단해서 연대를 거부한 것이다. 동작을에서 나의 후보 단일화는 예외적이고 제한적인 차원에서 이루어졌다. 기계적이고 무조건적인 선거연대는 지양되어야 하지만 필요하다고 판단되거나 합의되면 할 수도 있다. 그렇다고 선거연대에만 의존한다는 말은 아니다. 지금 울산 같은 곳은 (진보정당이) 과거보다 더 당선되기 힘들어졌다. 창원도 마찬가지다. 옛날에는 야권연대 없이도 선거를 치렀다. 나도 2008년 총선 당시 야권연대 없이 그냥 끝까지 갔고 민주당 후보 때문에 낙선한 바도 있다. 연대는 필요할 때 그것을 쓸 수 있는 하나의 전술이 되어야 한다.

야권연대는 사실 한국에서나 나타나는 매우 이례적인 정치 과정이다. 그것은 우리의 선거제도에서 비롯된 측면이 크다. 그래서 우리는 후보 조정 방식의 야권연대가 필요 없는 대통령 선거 결선투표제 등을 도입하려고 계속 노력하고 있다. 국회의원 선거 역시 마찬가지다. 소선거구 다수대표제하에서는 금메달만 있고 은메달, 동메달이 없다. 야권연대가 생기는 이유는 이런 근본적인 제도문제 때문이다. 독일식 비례대표제라면 야권연대를 할 필요가 없다. 선거결과를 가지고 연대하면 된다.

구영식 ● 야권연대가 꼭 나쁜 건 아니라고 했지만, 진보정당이 원내에 진출한 2004년을 제외하면 그 이후에는 자력으로 의석을 확보한 경우가 적지 않나?

노회찬 ● 야권연대도 일종의 자력, 즉 자신의 힘이 있어야 가능하다. 힘이 없으면 야권연대도 안 된다. 지금은 야권연대도 쉽지 않다. 힘이 없기 때문이다. 2012년에 야권연대가 이루어진 것은 그만큼 진보정당 쪽에 힘이 있었기 때문이다. 일부에서라도 그 힘을 평가받아 몇 석이라도 건진 것이다. 그런데 이번에는 힘이 없어서 안 됐다. 그러면 동작에서는 어떻게 야권연대를 이루었을까? 거기서는 힘이 있었다.

오는 2016년도 마찬가지다. 2016년은 2012년보다 더 안 될 거 같다. 왜? 힘이 더 없으니까. '우리나라에 진보도 필요하니까 몇 석 줘야지.' 이러지 않는다. 저쪽에서도 냉정하게 계산한다. 자칫 잘못하면 잃는 게 더 많기 때문이다. '그럴 바에는 몇 석 주고 몇 석이라도 건지자.' 이런 계산에서 나오는 게 야권연대다. 그래서 힘이 없으면 이루어지지 않는다. 물론 여러 가지 면에서 야권연대 없이 당선되는 게 제일 좋다. 하지만 되도록 야권연대를 하지 않아야 한다는 생각은 우리에게 사치로 여겨진다. 야권연대를 하고 싶어도 안 될 수 있다.

구영식 ● 한국 정당체제의 특수성을 들어 야권연대를 진보정당의 불가피한 생존 전략이라고 주장하지만 이것이 '제1야당 종속성'을 키우는 것 아닌가? 심지어 '위성정당화'라는 지적까지 나온다.

노회찬 ● 그런 우려를 이해한다. 그러나 과장할 필요는 없다. 야권연대는 구걸의 결과도 아니고 시혜의 산물일 수도 없다. 냉정하게 얘기하자면 거래의 산물이다. 2012년 총선에서 그랬지만 네댓 개 지역을 양보받고 20여 개 지역을 양보했다. 선거연대가 없었다면 더 많은 의석을 손해 보는 것은 제1야당 쪽이었다. 그래서 거래가 성립됐다. 이 야권연대로 인해 제1야당과의 관계에 종속성이 있었나? 전혀 없었다. 원래 우리가 선물 받은 게 아니기 때문에 그렇다. 이쪽은 이쪽대로 많은 희생을 치렀다. 사실 훨씬 더 많은 희생을 감수했다.

당시 야권연대를 통한 전략 지역을 다섯 곳 받았다. 나만 하더라도 경선 없는 전략후보로 양당이 합의했다. 그런데 노원병 지역의 상대 후보(당시 민주당)가 반발했다. 전략후보를 인정할 수 없으니 여론조사에 의한 경선을 하자는 것이다. 반발을 묵살하고 갈 수도 있었지만 나는 기자회견을 통해 전략후보를 포기했다. 그리고 경선에 응했다.

하마터면 떨어질 뻔했다. 전화 여론조사 방식이었는데, 대선이나 광역단체장 선거가 아닌 국회의원 선거에서는 지역구의 규모가 크지 않아 특정 후보를 위해 전화기 앞에서 대기할 수 있는 사람 200명만 있으면 여론조사 결과를 뒤엎을 수도 있다. 그래서 전화번호 수백 개를 사서 착신전환 하는 불법까지 암암리에 행해져 오는 것이다. 평소 여론조사에서는 내가 몇 배 앞섰지만 이런 동원형 여론조사에서는 결과를 장담할 수 없었다. 비상이 걸렸다. 민주당에 비해

당원 수가 10% 미만인 데다 우리는 동원할 조직이 없었기 때문이다. 그런 위험을 감수하면서 경선에서 이겼다. 이처럼 공짜로 얻은 게 아니기 때문에 (야당에) 종속될 수 있다는 주장은 사실이 아니다.

구영식 ● 그럼 야권연대가 잘되면 진보정당이 성장하고 확장될 수 있다고 보나?

노회찬 ● 전혀 그렇지 않다. 야권연대란 아직 선거 전술에 불과한 차원이다. 대의와 명분이 있고 필요하고 가능하면 추진할 뿐이다. 진보정당의 기본 발전전략이 야권연대일 수는 없다. 자신의 철학과 정책으로 국민의 마음을 사로잡는 것이 기본이다. 특히 최근 일련의 사태로 진보정당의 정체성 자체가 의심받고 왜곡되는 상황에서는 자신의 철학과 노선이 무엇인지, 국가 경영전략과 비전은 어떠한 것인지, 진보정당이 국민의 삶을 어떻게 변화시킬 수 있는지에 대해 설득력 있는 마스터플랜을 제시해야 한다. 진보정당의 승부는 역시 정책과 이념에서 갈릴 수밖에 없다. 동시에 군소집단으로 분산된 현재의 상태를 극복하고 정비하는 진보통합의 노력도 중요하다.

> ❝대통령의 권력을 분산시켜 누구에게 주자는 것인가?❞

개헌과 선거제도 개편

구영식 ● 최근 헌법재판소가 현행 국회의원 선거구의 인구 편차에 위헌결정을 내리면서 선거제도 전반의 개혁을 요구하는 목소리가 높아졌다.

노회찬 ● 2000년 1월, 민주노동당 창당을 앞두고 나는 당시 선거법에 대한 위헌소송을 추진하여 주요하게 세 건의 위헌결정을 받아냈다. 그 첫 번째가 기존 비례대표 의석 배분방식에 대한 것이었는데, 위헌결정을 받아냄으로써 2002년 지방선거에 1인 2표 정당투표제가 신설됐다. 두 번째는 20세인 선거 연령에 관한 것이었는데, 우리는 만 18세를 주장했지만 헌재는 19세로 결정했다. 그리고 마지막이 선거구 인구 편차에 관한 것으로, 당시 4대 1이어서 우리는 최소한 2대 1까지 좁혀야 한다고 주장했지만 헌재는 3대 1로 결정했다. 그 조항이 이번에 2대 1로 다시 내려진 것이다. 전향적인 판결이다. 우선 헌재 판결을 구체화할 선거구 획정을 이해 당사자가 아닌 중립적인 기구(선거구 획정위원회)에서 독립적으로 정할 필요가 있다. 나아가 선거제도 전반을 재검토하는 논의로 발전해야 한다.

구영식 ● 인구편차 문제 말고 현행 선거제도의 가장 큰 문제는 무엇인가?

노회찬 ● 유권자의 지지율과 정당이 가져가는 의석 비율에 차이가 크다는 것이다. 예컨대 2012년 19대 총선에서 새누리당은 60.4%의 득표율로 의석을 100% 싹쓸이했고, 민주통합당은 호남·제주에서 52.7%의 득표율로 84.9% 의석을 가져갔다. 부산의 국회의원 수는 18명인데 새누리당이 16명을 차지했다. 만일 정당 득표율만큼 의석이 배분되는 독일식이나 스웨덴식이었다면 부산에서 새누리당이 가져가는 의석수는 10석 정도다. 나머지 8석은 민주당이나 다른 야당의 몫이 되었을 것이다. 잘못된 선거제도로 인해 새누리당이 다른 당 의석 8석을 합법적으로 훔쳐 보관하고 있는 셈이다. 훔친 것을 돌려주는 것, 이것이 선거제도 개혁의 핵심이 되어야 한다. 단순히 몇 석을 더 갖고 덜 갖는 문제가 아니다. 집권여당과 제1야당이 각각 영남과 호남을 일당 지배로 독점하는 지역 패권주의는 해당 지역 주민들의 지역주의 때문이 아니라 바로 소선거구 다수대표제로 인해 보장되고 유지되고 있는 것이다. 흔히 정치기득권이라는 말을 많이 하는데 새누리당, 새정치민주연합의 영남, 호남에서의 일당 독점이야말로 한국 정치 최대의 기득권이다.

2004년에 처음 국회의원이 되어 제17대 국회에 들어갔을 때 '정치 불신이 이래서 생기는구나.' 깨달은 계기가 있다. 당시 이라크 파병과 관련하여 국민 70%가 파병을 반대하고 있었다. 그런데 이라크 파병을 반대하는 의원은 30%에 불과했다. 비정규직 문제도 마찬가지였다. 여론조사상 비정규직 차별을 반대하는 국민이 70%인데 정작 국회에서 비정규직 차별 철폐 법안을 지지하는 국회의원은 20%도 되지 않았다. 국회의원들을 뽑은 것은 국민인데, 정작 선출된 국회의원의 의사는 국민의 뜻과 어긋나는 경우가 허다하다. 이래서 정치 불신이 생긴다. 따라서 민의의 전당이라는 국회가 국민의 뜻을 정확히 반영하도록 선거제도를 고치자는 것이다. 즉, 국민 10%가 지지하는 정당이 국회 의석을 10% 갖는 것이다. 독일식이든 스웨덴식이든 네덜란드식이든, 이 점에서는 마찬가지다.

구영식 ● 독일식 정당명부 비례대표제가 정의당이 가장 선호하는 제도인가?

노회찬 ● 공식 당론은 그렇다. 독일식은 결국 정당 지지율로 의석이 배분되지만 전체 의석의 절반은 지역구에서 선출되는 사람으로 채워지기 때문에 우리 국민들이 익숙한 방식이라는 장점도 있다. 독일 국민이 자신들의 교육제도와 함께 가장 수출하고 싶어 하는 자부심 높은 제도다. 득표율과 의석 점유율의 괴리로 혼란스러웠던 뉴질랜드가 90년대 중반에 수입한 것도 독일식 제도였다. 물론 독일식이 한국에 적용될 때 문제가 없는 것은 아니다.

먼저 의원 정수다. 독일식은 지역구와 비례대표 의원 수의 구성비가 1대 1이므로 이에 따르면 지역구 의석이 150석이 된다. 현재 지역구 의석이 246석이므로 40% 이상 줄여야 하는 문제가 발생한다. 20%를 감축하여 200명으로 한다 해도 비례대표와 합치면 최소 400석이다. 19대 총선 결과를 놓고 모의실험을 거친 결과, 전체 의석이 300석일 때 초과 의석이 26석 발생하여 정원이 326석이 되는 문제도 있었다. 또 30여 명의 비례대표 후보를 선정하는 데도 잡음이 끊이지 않는 취약한 정당구조에서 150명, 200명씩 비례대표 후보를 선출하는 데는 아무래도 어려움이 있다.

구영식 ● 독일식 말고는 검토할 만한 제도가 없나?

노회찬 ● 완벽한 제도는 없다. 문제의 핵심은 정당 득표율과 의석 점유율을 일치시키는 것이다. 그런 점에서 스웨덴 선거제도도 함께

검토할 만하다. 스웨덴식은 말하자면 권역별 (혹은 대선거구별) 개방형 정당명부 비례대표제다. 28개 선거구에서 310명을 정당명부제에 의한 비례대표로 선출하고, 각 정당이 전국에서 획득한 득표수에 기초하여 전국구 의원 39명에게 의석을 할당한다. 선거구는 기본적으로 도를 단위로 하는데, 수도인 스톡홀름 등 세 개 대도시는 단일 선거구다. 정당명부는 유권자가 특정인을 선택할 수 있게 하여 사실상 공천권을 시민에게 돌리는 개방형 명부를 채택하고 있다.

만일 스웨덴식을 우리나라에 적용한다면 현행 54명의 비례대표 의원을 각 정당이 전국에서 획득한 득표수로 나누고, 246명의 현 지역구 의원은 모두 지역에서 선출하되 16개 광역시도별로 인구수 비례로 나눈 뒤 (서울, 경기도 등은 10명 수준의 대선거구로 나눌 수도 있다.) 각 선거구에서 정당명부제에 의한 비례대표로 선출한다. 스웨덴식의 장점은 첫째, 국회의원 정수, 지역구 의원 수, 비례대표 의원 수를 현행대로 유지해도 된다는 점, 둘째, 개방형 명부제를 채택함으로써 비례대표 후보 선정의 잡음을 최소화할 수 있다는 점, 셋째, 인구 편차를 1 대 1로 완벽하게 해소하고, 넷째, 초과의석 문제로부터 해방된다는 점이다.

구영식 ● 구슬이 서 말이라도 꿰어야 보배다. '어떤 선거제도가 더 나은가' 하는 문제도 있겠지만 '선거제도 개편이 과연 가능한가' 하는 문제가 있다. 여야의 이해관계가 첨예하게 엇갈리는데 과연 국회에서 합의 처리가 가능한가?

노회찬 ● 힘든 문제다. 김대중 전 대통령도 독일식 정당명부 비례대표제를 거론했지만 DJ당에 의해 일축당했다. 노무현 전 대통령은 보다 용감하게 선거제도 개편을 위해 한나라당에 대연정을 제안한 바 있다. 당시 나는 독일식 정당명부 비례대표제를 조건으로 한다면 민주노동당도 소연정을 검토해야 한다고 주장하였다. 노무현 전 대통령의 제안은 워낙 실현 가능성이 없는 것이라 안팎의 공격을 받았지만 선거제도 개편을 위해 권력의 일부라도 내놓을 수 있다는 발상은 존경받아 마땅하다.

내가 만난 정치학자 중 현행 선거제도의 문제점을 지적하지 않은 사람은 없다. 개편 방향에 있어서 정당 득표율과 의석 점유율의 일치를 거론하지 않은 사람도 없다. 그리고 그중 선거제도 개편이 국회에서 잘 이뤄질 수 있다고 말한 사람도 없다. 그러나 나는 불가능하지 않다고 생각한다. 방안은 있다.

첫째, 대통령 선거에서 '특정 선거제도로의 개편을 위해 취임 1년 이내 국민투표를 실시하겠다.' 이를 중요 공약으로 제시하는 것이다. 둘째, 대통령에 당선되면 1년 이내 국민투표를 통해 국민 의사를 묻는 것이다. 셋째, 국민투표 결과를 국회로 보내 국민의 이름으로 법안 처리를 요구하는 것이다. 선거제도 개편은 여야 협의로 처리하는 것이 가장 바람직하나 당분간 그럴 가능성은 없어 보인다. 그렇다면 국민투표 방법밖에 없을 것이다. 뉴질랜드도 국민투표를 거쳐 1996년에 독일식으로 개정하였고, 영국도 자유당의 호주식 선거 제안을 2011년, 국민투표에 부친 바 있다.

구영식 ● 여야 지도부가 최근 연이어 개헌 필요성을 제기하는 가운데 헌법재판소의 위헌결정을 통해 개헌문제와 선거제도 개편문제가 선후 혹은 양자택일의 문제처럼 각축을 벌이며 혼전양상을 보이고 있다. 개헌문제를 어떻게 보고 있나?

노회찬 ● 지금 개헌론자들의 주장은 대체로 제왕적 대통령제 변경으로 모이고 있다. 즉 대통령의 권력을 분산시키는 것이 한국 민주주의 발전의 시급한 과제라는 것이다. 과연 그런가? 나는 묻고 싶다. 대통령의 권력을 분산시켜 누구에게 주자는 것인가? 국민인가? 아니다. 국무총리다. 오스트리아식이니 프랑스식이니 하지만 결국 국회에서 선출되는 국무총리에게 권력이 돌아가는 것이다. 그럼 총리를 선출하는 국회는 누가 지배하고 있나? 바로 새누리당과 새정치민주연합이다. 그러니까 개헌론의 주장은 결국 영남과 호남에서 지역 패권을 누리고 있는 한국 정치의 최대 기득권 세력에게 대통령의 권한을 나누어주는 것이 한국 민주주의의 가장 시급한 과제라는 얘기다. 결국 기득권체제의 강화다. 민주주의의 역행을 의미할 뿐이다.

구영식 ● 대통령 선거 결선투표제 도입은 필요한 것 아닌가?

노회찬 ● 그렇다. 그러나 헌법 개정 사안은 아니다. 여야 합의만 하면 된다. 내가 19대 국회 초반에 낸 결선투표제 도입을 위한 공직선거법 개정안이 아직 국회에 계류 중이다. 대통령 임기 4년에 중임제 개헌을 주장하는 경우도 있는데 국회의원 선거제 개편과 결선투표제 도입 없는 개헌은 의미가 없다.

지금 헌법에 대통령은 국무총리의 제청으로 국무위원을 임명하게 되어 있지만 이 같은 책임총리제를 한 번이라도 실시한 적이 있나? 헌법에 보장된 것도 실현하지 않으면서 무슨 권력 분산인가? 미국은 대통령이 임명하는 자리 중 의회에서 실제 청문회를 거쳐야 하는 경우가 600여 개에 이른다. 그러나 우리는 57개의 자리만 국회 인사청문회를 한다. 사실 한국에서 대통령이 독점적으로 행사하고 있는 인사권만 미국 대통령 수준으로 분산시켜도 헌법 개정 없이 대통령 독주에 대한 견제가 가능하다.

　　보다 중요한 것은 분산된 권력이 누구에게 가느냐 하는 문제다. 미국 LA 인근 오렌지카운티에 간 적이 있는데, 거기서는 인구 10% 이상이 특정 언어를 쓰면 그 문자로 투표용지를 인쇄하는 제도를 따르고 있었다. 그리하여 오렌지카운티에서는 미국 최초로 한글 투표용지를 인쇄하게 되었다. 나는 투표용지가 진짜 한글로 인쇄된 것을 보고 엄청나게 감격했었다. 그러나 더 놀라운 것은 투표용지의 크기였다. 정확히 말하자면 유권자가 한 번의 선거에서 기표해야 하는 항목의 수였다. 세어보니 47개였다. 우리나라에서 가장 많이 기표해야 하는 선거는 지방선거 때의 1인 7표다. 오렌지카운티의 유권자는 1인 47표였다. 그만큼 국민에게 권력이 많이 분산된 것이다.

　　헌법을 개정한다면 국민에게 더 많은 권력이 분산되는 방향이어야 한다. 또한 기본권이 더 많이 강화되는 방향으로 나아가야 한다. 이런 일이 이루어지려면 민의의 전당인 국회부터 바꾸어야 한다.

그러기 위해서는 선거제도부터 바꾸어야 한다.

❝ 한국 정치는 진보와 보수로 재편돼야 한다 ❞

야권은 재편된다

구영식 ● 얼마 전 새정치민주연합 안에서 정의당과 통합하자는 얘기가 나오기도 했다. 여기에 동의하나?

노회찬 ● 동의하지 않는다. 미래의 한국 정치는 진보와 보수의 양축으로 재편되어야 한다. 그 과정에서 진보정당이 스스로 힘을 갖고 성장하고 강화되어야 한다. 이는 독자세력화를 통해 가능하다. 나는 여전히 그 꿈을 버리지 않고 있다. 힘이 약하다고 해서 저기 가서 힘을 좀 키워 그 당을 진보정당으로 바꾼다는 것도 불가능하거니와 힘을 키운 뒤 다시 나와서 뭘 만드는 복잡한 방식이 현실적이지도 않다. 새정치민주연합에는 우리와 비슷한 사람들이 충분히 많이 갔다. 그 결과가 오늘의 새정치민주연합 모습이다. 새정치민주연합은 새정치민주연합의 특성을, 진보정당은 진보정당의 특성을 유지하면서 필요할 때 입법이든 정책이든 선거든 생산적인 연대와 공조를 강화하면 된다. 지금 새정치민주연합은 스펙트럼이 너무 넓어서 온전한 정책 정당으로 기능하지 못하고 있다. 여기에 정의당이 합쳐지는 것은 더욱 바람직하지 않다. 그리고 그것이 집권 가능성을 높인다고 보지도 않는다.

구영식 ● 한국사회가 여전히 진보정당에 희망을 걸어야 한다면, 그 이유는 무엇인가?

노회찬 ● 현대 정치는 보수와 진보의 양대 축으로 생산적인 경쟁을 벌일 때 가장 선진적인 정치가 보장된다. 이것은 세계적으로 보편적인 현상이다. 특히 우리는 어느 정도 정치민주화를 이루었지만 경제민주화가 시급한 과제로 대두된 상황이다. 이를 해결할 수 있는 가장 바람직한 체제는 강경보수와 온건보수의 체제가 아니다. 세계 최강국이면서도 오히려 복지나 의료에서는 우리보다 낙후한 제도를 가지고 있는 미국 같은 나라가 되지 않기 위해서는 보수 대 진보로 재편돼야 한다. 그런 점에서 진보가 제대로 설 때 그와 경쟁하는 합리적 보수도 함께 설 수 있다. 현재 정치체제 자체는 타파되어야 할 대상이다. 그런 정치체제에 균열을 만들어내는 것이 지금 진보정당의 역할이다. 원내교섭단체가 가능한 20석을 만들면 확실히 금이 쫙 가게 할 수 있다.

구영식 ● 그런 측면에서도 야권 재편이 아주 현실적인 문제라고 본다. 야권 재편은 불가피하고, 재편해야 한다고 보나?

노회찬 ● 현재의 낡은 체제가 지속되는 것을 넘어서야 한다는 점에서 야권부터 재편되어야 한다. 그래서 보수-진보 양대 축으로 가는 과도기에 진보-중도-보수로 나뉘어 생산적으로 경쟁하는 체제가 불가피할 것이다. 한 번 정권을 잡는다 해도 현 체제로는 금방 다시 잃을 것 같다. 지금처럼 애매한 기득권에 안주하는 야권이 아니라 아예 색깔별로 나뉘어서 경쟁하는 것이 국민들을 훨씬 더 기쁘게 할 것이다. 한국 정치가 활성화될 것이다.

구영식 ● '더 좋은 미래' 등과 같은 새정치민주연합 내부의 진보블록과 차별성이 없다고 지적하는 목소리도 적지 않다.

노회찬 ● 새정치민주연합 내의 진보블록이 강화되고 활성화되는 것은 매우 바람직하다. 차별성이 없다는 지적에는 동의하지 않는다. 존재 방식의 차이보다 더 큰 차이가 어디 있나?

구영식 ● 예를 들어 새정치민주연합 내부의 진보블록 등이 밖으로 나와 정의당 등과 제3신당을 추진하자고 하면 어떤가?

노회찬 ● 그런 일이 있을지 모르지만, 내가 그걸 주도적으로 제안할 생각은 없다. 나는 정의당이 먼저 진보정당으로서 자기 색깔을 갖고, 정책이나 현실적인 민생문제 등에서 구체적인 해법을 내놓으며 내용을 충실하게 채워나가길 바란다. 그 과정에서 다른 진보정당과 통합하는 것을 도모하는 일이 일차적이다. 선거제도 개혁을 통한 근본적인 정치개혁과 보편적 복지국가 건설이라는 두 가지 전제가 동의된다면 새정치민주연합에서 탈당한 의원들이 당을 창당한다 해도 같이할 수 있다. 이 두 가지는 그냥 선거용이 아니라 실제 당의 철학과 강령으로 스며들어 있어야 한다. 진보정당을 하는데 누구는 되고 누구는 안 되고, 옛날에 어디 있던 사람은 안 되고, 이런 식으로 보지는 않는다.

구영식 ● 빅텐트가 아니라 20석 이상의 스몰텐트가 밖에서 차려지면 충분히 같이 텐트를 칠 수 있는 것 아닌가?

노회찬 ● 텐트라 부르고 싶지는 않은데. (웃음) 나는 오히려 이렇게 얘기하고 싶다. 자꾸 우리더러 들어오라고 할 게 아니라 먼저 기득권을 버리라고 말하고 싶다. 국민들은 기득권에 연연하는 당을 거부한다. 제3당이 되면 당선이 보장되지 않지만 그런 위험을 감수하더라도 제대로 정치개혁과 경제민주화를 해야 한다. 큰 당을 유지하기 위해 어정쩡하게 이 눈치 저 눈치 보고, 이 사람 저 사람 말 듣느라 정책적인 컬러까지 두루뭉술해지는 제1야당이 아니라 다윗이 골리앗을 꺾듯 확실한 20석을 가지고 가야 한다.

20석이면 벌써 세월호 협상 테이블에도 앉았다. 확실한 사람이 한 명이라도 있으면 협상의 분위기는 달라진다. 국회에서 뭘 다룰 건지, 국회에서 뭘 할 건지가 달라진다. 이게 국민들이 바라는 새로운 정치다. 당 대표가 새로운 사람으로 바뀐다고 해서 그 당이 변하지 않는다는 건 이미 경험했다. 단순히 정치판을 흔들기 위해 모이는 것은 의미가 없다. 그건 위험한 일이다. 개인적으로 정치적 앞날은 불투명할지 몰라도 정치적 역할은 확실하게 해낼 수 있는, 계속 진보정당으로 갈 사람이 필요하다고 생각한다.

❝진보정치를 하고 싶으면 누구든 할 수 있다**❞**

진보정당 통합

구영식 ● 혹시 새정치민주연합이 분당할 가능성이 있다고 보나?

노회찬 ● 내가 보기엔 활화산이다. 다만 언제 폭발할지는 알 수 없다.

구영식 ● 진보정당을 생각하는 세력에게는 호조건인가?

노회찬 ● 글쎄, 그렇지는 않다. 나는 옆 산이 폭발하기를 바라는 사람이 아니라 내 앞의 산을 옮기는 일이 더 중요하다고 보는 사람이다. 정당 정치에 관한 한, 한국의 정당체제가 현상 타파 대신 현상 유지 쪽으로 가면 불행하다고 생각한다. 김칫국부터 마시고 싶지는 않다. 내가 말하고 싶은 것은 원칙적인 이야기다. 우리가 진보정치를 전세 낸 것도 아니고, 독점하고 있는 것도 아니다. 진보정치를 하고 싶으면 누구든 할 수 있다. 그런 점에서 누가 봐도 진보정치의 본령을 지킨다고 보이는 큰 원칙과 정책, 노선에 합의된다면 그 이전(경력)에 대해서는 묻거나 따질 필요가 없다. 나는 과거에 어디 몸담았던 사람은 안 된다고 이야기하지 않는다. 같이 진보정당 하자면서 누구는 되고 누구는 안 되고, 이런 식으로 차별할 수는 없으니까. 많은 걸 겪고 지켜봤지만, 본인의 철학과 소신이 굉장히 진보적인데도 당선이나 현실적인 힘 때문에 다른 당에 머무르는 사람이 있다. 그렇다고 그걸 비난할 생각은 없다. 하지만 나한테 와서 그런 컬러를 더 강화해달라고 하는 사람들에게는 '당신들이 이쪽으로 와서 진보정당을 강화하는 게 더 현실적이다.' 이것을 이야기하고 싶다.

구영식 ● 은근히 분당을 바라는 것 아닌가?

노회찬 ● (웃음) 바란 적 없다. 큰일 날 얘기다. (웃음)

구영식 ● 새정치민주연합과 통합하는 것은 그렇다 치고, 통합진보당과 노동당, 녹색당 등과 통합하는 것은 실효성이나 시너지가 있다고 보나?

노회찬 ● 의석수나 당 지지율 등을 감안하면 시너지가 클 수 없다. 그렇다고 해서 과소평가할 수도 없다. 일반인들이 보기에 노동당과 정의당의 의미 있는 의견 차이는 별로 없다. 선거를 따로 치르는 이유를 사이가 안 좋다는 것 말고 달리 설명할 방법이 없다. 그래서 노동당 등과 계속 합치는 것은 당장의 정치적 이익을 떠나 좀 더 큰 진보정당을 만드는 데 굉장히 필요한 일이다.

구영식 ● 현재의 진보다당제 구도는 최대한 빨리 해소해야 하지 않나?

노회찬 ● 반드시 해소돼야 한다. 피를 흘리면서 싸우거나 의견이나 노선이 첨예하게 달라서 진보다당제인 나라들이 꽤 있지만, 우리는 그렇지도 않다. 통합진보당의 경우 서로 불신하는 것이 꽤 있다. 정당도 사람이 하는 일이니까 단기간에 통합진보당과의 관계가 달라지기는 쉽지 않을 것 같다.

구영식 ● 이상규 의원은 통합진보당의 종북 이미지를 충분히 해소할 수 있다고 주장하던데.

노회찬 ● 본인이 종북세력이 아니라는데, 해소할 게 뭐 있나. (웃음)

구영식 ● 종북당이라는 이미지가 있으니까 그걸 해소할 수 있다는 얘기다. 분당의 큰 이유 가운데 하나가 종북 이미지였으니까 이를 해소할 수 있다면 통합 과정에 통합진보당을 일찍 포함시킬 수 있지 않겠나?

노회찬 ● 나는 통합진보당이 과도하게 정치적으로 비난받는 부분과 관련하여 헌법재판소에 증인으로 가서 해명할 부분에 대해 해명했다. 하지만 2년 전 정의당과 크게 충돌하고 싸워서 헤어졌기 때문에 (종북문제 등) 의견 몇 개를 정리한다고 해서 관계가 쉽게 변하기는 어렵다. 시간이 필요하다. 물론 시간만 필요한 게 아니라 진행된 변화와 신뢰 등을 확인하는 것도 필요하다. 하지만 당장 그런 이야기를 꺼낼 분위기가 아닌 것 같다. 양쪽 다 그렇다.

구영식 ● 그렇다면 단기적으로 보면 통합의 파트너로 삼을 만한 곳은 노동당 한 군데뿐인가?

노회찬 ● 노동계 등의 인사들이 진보혁신회의(가칭)에서 논의하고 있다. 그런데 노동당에서도 통합과 관련한 의견이 여러 가지 있는 것 같다. 그게 좀 걱정이다. 나는 녹색당도 함께해야 한다고 보는데, 그렇게 하려면 더욱 많이 대화하고 노력해야 한다.

구영식 ● 현재 진보정당 통합을 논의하는 단위는 진보혁신회의 (가칭)인데, 이것이 진보정당 통합에는 어느 정도 영향을 미칠 수 있겠나?

노회찬 ● 지금 거기에 다 들어가 있다. 문제는 논의가 잘 진척되지 않고 있다는 점이다. 안타깝다. 틀이 충분하지는 않지만 거기에서라도 논의하고, 녹색당 등은 좀 더 시간을 갖고 논의해나가면 된다.

구영식 ● 강준만 교수의 《싸가지 없는 진보》를 읽어보았나?

노회찬 ● 나는 인터넷서점의 플래티넘 회원이다. 나오자마자 주문해서 읽었다. 처음에는 그 진보가 우리를 가리키는 줄 알고 급하게 읽기 시작했다. 그런데 책에서 말하는 진보는 새정치민주연합 쪽이었다. 그렇다고 안심되지는 않았다. 왜냐하면 책에서 말하는 내용이 우리 쪽에도 거의 해당될 수 있는 내용이었기 때문이다. 공감되는 부분이 많았다. 입에 쓴 약처럼 도움되는 내용도 많았다. 그러나 한 가지 의문은 있다. 강준만 교수가 말하는 '싸가지 있는 정치'가 과연 '진보의 최후 집권전략'인가? 과대광고가 아닌가도 싶다.

02

노동의 새벽

나는 룰라를 위한 권력을 원치 않는다.
룰라가 있든지 없든지 노동자계급은
언제가 권력을 획득하리라 생각한다.
중요한 것은 노동자계급이 그것을 인식하는 일이다.

– 브라질의 룰라 다 실바 전 대통령, 1989년 대선 패배 후 연설 中

❝민중이 역사를 바꿨다.
그러나 진보는
그것을 지키는 데 실패했다 **❞**

반역의 세월, 혁명을 꿈꾸다

구영식 ● 학생운동, 노동운동, 진보정당운동, 국회의원 등 노회찬 대표의 삶은 한국 진보인사의 한 표본이다. 그래서 노 대표가 지나온 삶을 되짚어보면서 한국 진보의 과거와 현재, 미래를 얘기할 수 있을 것 같다.

노회찬 ● 어떤 개인적인 특징 때문이라기보다는 태어난 시대 자체가 나의 삶의 궤적을 만들었다. 1956년생인데 제3공화국 때 초등학교에 다녔고, 유신정권하에서 고등학교와 대학교에서 보냈다. 그다음 노동운동을 시작할 때가 광주민중항쟁 이후의 전두환 시대였다. 특히 나는 학생운동 출신으로 노동운동을 한 첫 세대에 속한다. 그리고 다시 진보정당운동으로 나아가는 첫 세대가 되었다.

구영식 ● 여러 가지 의미가 있는 삶의 궤적이다. 그런데 한국사회에서 장기전을 한다는 것은 굉장히 어려운 일이다.

노회찬 ● 참 어려웠다. 새로운 역에 도착할 때마다 많은 동료들이 하차했다. 장기전을 유지해온 동력은 맨 처음 출발할 때 가졌던 정신과 의지와 열정을 잃지 않았던 것이다. 처음 출발할 때 나를 이끌었던 그 기관차를 타고 계속 달렸다.

구영식 ● 노 대표는 학생운동에서 노동운동으로 발걸음을 옮기게 된다. 그 이야기를 하기 전에 먼저 짚고 넘어가야 할 것이 있다. 유신체제, 5공의 등장 등 중요한 현대사들이 펼쳐졌지만, 학생운동권에 가장 많은 영향을 미친 사건은 광주민중항쟁이었다.

노회찬 ● 우리는 유신하에서 싸웠고, 유신의 몰락을 목격했고, 그 틈새에서 '서울의 봄'(1980년 유화국면을 이르는 용어)을 맛보았다. 그 다음에 광주 유혈진압이 일어났다. 그때부터는 정말 살벌했다. '혁명이 아니고서는 도저히 안 되겠다. 변혁을 하지 않고서는 안 되겠다. 목숨 걸고 싸워야겠다. 한평생이 걸리더라도 그렇게 할 수밖에 없다.'는 자각과 결단이 생겨났다.

학생운동을 하던 사람들이 종교운동이나 교육운동을 하기도 했지만 주류는 노동운동이었다. 설득과 권유만으로 그렇게 많은 사람들이 노동운동에 갈 수는 없다. 구해근의《한국 노동계급의 형성》을 보면 세계 역사상 노동자가 아닌 사람들이 이렇게 대량으로 노동현장에 가서 노동자가 되는 사례는 없었다고 한다. 그런 일들이 왜 발생하게 됐는가? 가장 큰 원인은 광주에서 벌어진 유혈사태였다.

구영식 ● 광주는 한국 현대사의 깊은 상처다. 개별적으로도 영향을 미쳤겠지만 한국사회에 미친 영향은 정말 컸다.

노회찬 ● 박정희 정권으로 끝났어야 할 독재가 전두환이 집권하면서 오히려 더 노골적이고 야만적인 방식으로 강화됐다. 박정희의 경우 쿠데타 자체가 문제이긴 했지만 4·19혁명을 계승하려고도 했고 대중에 영합하면서 질서에 순응하려고 했다. 물론 나중에는 탐욕이 커지면서 유신을 통한 집권 연장까지 갔고 결국 한 방의 총알로 끝났다. 그사이 우리 국민들에게는 성장과 반공을 내세운 무단 지배에 문제가 있다는 의식이 쌓여갔다. 그 문제의식이 폭발한 것이 부마사태였다. 그런데 박정희 대통령이 사망한 이후에 전두환이라는 더 센 독재, 강압적 지배가 왔고, 때문에 국민들의 문제의식은 더 심화됐다. 박정희 시대의 경험과 저항의식이 민주주의 후퇴를 만나면서 반동작용을 일으켜 반발심이 커져갔던 것이다. 이것이 터지기까지 6~7년이 걸렸다. 1987년 직선제 개헌 시위, 박종철 고문치사 및 조작사건 규탄 시위는 전두환 집권 이후 쌓이고 쌓인 불만의 폭발이었다. 경제적으로는 중화학공업시대로 들어가고, 서울에 강변도로가 생기고, 아파트가 생기고, 강남이 개발되면서 중산층이 형성되어가던 시기였다. 중간계층의 경우 물질적 상태는 나아지는 반면 정치적 자유는 오히려 과거보다 못한 데서 오는 불만이 폭발적으로 터져 나왔다. 1987년 넥타이부대가 거리로 뛰쳐나온 것은 그런 이유 때문이었다. 이것이 서울의 봄부터 광주를 거쳐 1987년 6월 항쟁까지 이어졌다. 광주는 오랜 기간 한국사회에 영향을 미치는 샘물이자 분화구 같은 역할을 했다.

구영식 ● 최장집 교수는 광주민중항쟁을 "민주 대 반민주라는 대립 축을 설정케 한 역사적 계기"였고, "모든 권위주의에 대한 진정한 안티테제"였다고 평가했다.

노회찬 ● 민주 대 반민주의 대립 축은 제3공화국 초기부터 있었다. 한일협정 비준 반대, 3선 개헌 반대, 유신 반대 운동이 있었고, 긴급조치에 대한 저항이 있었다. 다만 지식인 중심의 저항운동에 머물렀다.

1970년대 동일방직 등 노동운동을 탄압하고, 사북탄광 등 막장까지 간 인생들의 저항에 광주 시민 전체가 붙은 것이다. 민주 대 반민주 대립 구도 자체가 대중화되고 심화되어간 과정이었다. 탄압의 강도에 맞춰 저항의 강도도 더 세어졌다. 그런 조건에서 '우리 같은 사람도 싸워야겠다. 품위 있게 해결될 문제가 아니다. 목숨을 바친다는 각오로 해야 한다.'고 생각했다.

구영식 ● 하지만 지금 광주민중항쟁은 박제가 돼버린 느낌이다.

노회찬 ● 어찌 보면 국가가 광주민중항쟁을 체제내화시켜 버렸다. 문제의식이나 불만을 체제 안으로 적극 수용함으로써 일부 사람들의 가슴속에만 문제의식이 남게 되었다. 그렇다. 광주의 정신은 박제화되고 있다.

구영식 ● 광주민중항쟁을 겪으면서 '혁명이 필요하다. 혁명이 가능하다.'고 느꼈나?

노회찬 ● 그렇다. 그 전에는 이론이나 논리에 바탕을 둔 형식적, 추상적, 관념적 생각이 강했다. 그런데 광주는 실제 상황이었다. 독일이나 일본에서 방영된 광주 영상들을 보면서 이것이 광주 아닌 다른 지역에서도 얼마든지 재현될 수 있다고 생각했다. 그리고 광주에서 저렇게 수백 명을 죽인 집단을 몰아내려면 어떻게 해야 하는지를 생각했다.

사실 노동운동을 하면서도 낮에는 공장에서 일하는 것이 주된 일과였다. 어렵게 소모임이나 학습 모임 등을 통해 노동자들과 미팅했다. 그것까지 끝나면 밤 10시가 넘었다. 당시에는 12시 통금이 있었다. 유인물을 만들어 노동자 밀집지역인 송현동 골목 집집마다 집어넣었다. 그리고 아침이 되면 다시 작업복을 입고 공장에 나가야 했다. 그때 유인물의 내용은 주로 '광주 살인마 전두환을 타도하자.'였다. 광주의 진실을 알리는 것이었다.

구영식 ● 그런 문제의식의 연장선상에서 대학 재학 중 노동운동에 투신한 것인가? 노동운동이 혁명을 일굴 수 있는 전초기지라고 생각한 것인가?

노회찬 ● 광주민중항쟁을 거치면서 학생·지식인들의 저항만으로는 저 폭압적인 독재정권을 무너뜨릴 수 없다는 결론에 도달했다. 대중의 힘에 기반을 둔 혁명 말고는 독재 타도는 불가능하다고 생각했다.

구영식 ● 광주민중항쟁을 거치면서 혁명을 꿈꾸는 사람들이 많아졌다. 그때의 혁명이란 '새로운 사회'라고 할 수 있을 텐데, 당시 생각했던 새로운 사회는 어떤 것이었나?

노회찬 ● 여러 가지 편차가 있다. 어떤 사람은 사회주의, 또 다른 사람들은 인민민주주의나 시민혁명 수준을 새로운 사회로 봤다. 민주주의의 근간인 자유가 보장되는 데서 그칠 것이냐, 거기서 더 나아가 사회경제적 변화를 통해 해방과 평등을 이루어내는 데까지 나갈 것이냐 하는 다양한 시각이 있었다.

❝ 실질적인 노동운동 1세대 **❞**

용접공의 인민노련

구영식 ● 구해근 교수의 분석처럼, 한국같이 인텔리가 대거 노동운동으로 간 경우는 드물다. 이것을 운동권에서는 '존재이전'이라고 불렀는데, 존재이전이 왜 이루어졌다고 보나?

노회찬 ● 학생, 시민들의 민주화 요구 시위를 총칼로 진압하는 상황에서 달리 선택의 여지가 없었다. 노동운동·농민운동·시민운동 등 의식 있고 조직화된 대중운동이 필요하다고 생각했다. 특히 노동 현장의 인권 유린 상태는 심각해서 뜻 있는 젊은이들을 불러 모았다고 본다.

구영식 ● 처음에 간 노동현장은 어디였나?

노회찬 ● 제대로 처음 들어간 곳은 서울 금천구 독산동에 있던 산업용 보일러회사(대림보일러)였다. 30~40밀리짜리 두꺼운 철판을 써서 목욕탕 보일러나 합판공장용 보일러 등 산업용 보일러를 만드는 곳이었다.

구영식 ● 들어가기 전에 어떤 준비를 했나?

노회찬 ● 준비를 많이 했다. 사실상 첫 세대다 보니 거의 독학으로 준비할 수밖에 없었다. 경험을 전수해줄 선배도, 지도해주는 사람도 없었다. 책도 영어 · 일어책뿐이었다. 한국어로 된 책은 《근로기준법 해설》이 유일했다. 아무것도 없는 시절이었기 때문에 소규모로 몇 명이 모여 학습했다.

수많은 토론과 연구 속에서 마지막에 남은 것이 '선반이냐 용접이냐'였다. 선반은 배우는 과정이 용접에 비해 두 배나 길었다. 그래서 결국 용접을 선택했다. 영등포기계공고 부설 청소년직업학교를 6개월 다니며 2급 전기용접기능사 자격증을 땄다. 직업학교 졸업식과 고려대 졸업식이 겹쳐 직업학교 졸업식에 갔다. 그래서 대학 졸업식 사진이 없다. 보일러회사에서 6개월 일한 뒤에 산업재해를 당해 석 달을 치료받고 회사를 옮겼다. 옮긴 회사는 철도 차량에 들어가는 부품과 지하철 아치 등을 만드는 곳이었다.

아치형으로 빔을 만들기 위해 용접하는 일을 했다. 내가 만든 H빔은 당시 공사 중이던 지하철 2호선 강남구간에 들어갈 철골구조물이었다. 나의 경우, 용접 기술을 인정받아 대우는 조금 나은 편이었다. 첫 직장인 보일러 공장에서도 초임은 일당 5,000원을 받았다. 키친아트로 유명한 경동산업 초임이 1,800원이던 시절이었다.

구영식 ● 노 대표 등을 실질적인 '노동운동 1세대'라 해도 과언이 아닐 것 같다.

노회찬 ● 그 당시는 전두환 정권 초기여서 민주노조가 전국에 다섯 곳 정도밖에 되지 않았다. 1980년 봄에 엄청난 탄압을 받았다. 그나마 남아 있던 원풍모방이나 청계피복 등의 사업장도 매우 힘든 상태였다. 청계피복에서 노동운동을 하던 친구도 있었는데 영세업체라 확장력이 없었다. 그래서 우리 스스로 큰 데 들어가서 노동운동을 할 수밖에 없었다.

용접을 배우고 자격증까지 따서 경기도 시흥에 있던 기아자동차에 합격했다. 그런데 대학생임이 밝혀져 들어가지 못했다. 그리고 아까 말한 대림보일러에 들어간다. 여기서 호된 훈련을 받았다. 그리고 부천에 있던 금호실업에 다녔고, 그다음에는 인천 만석동에 있던 현대철구에서 일했다. 그렇게 인천으로 진출했다.

종로 1가 화신백화점 뒤쪽에 지도를 파는 곳이 있었다. 그곳에서 1:50,000 지도를 사서 공단지도를 그렸다. 그리고 노조 유무 등 각 사업장들의 현황을 조사했다. 그 전에는 자료가 하나도 없었다. 나중에 후배들이 노동현장에 와서 우리가 만든 자료를 썼다. 서부를 개척하듯이 공단지도를 만들던 시대였다.

구영식 ● 한국 노동운동사에서 인민노련은 상당한 의미를 갖는다. 인민노련은 어떻게 만들어졌나?

노회찬 ● 맞다. 인민노련이 만들어진 것은 굉장히 중요하다. 내가 노동현장에 가던 해 고려대에서 현장에 갔던 사람은 몇 명밖에 없었다. 윗세대는 더 적었다. 그런데 내가 노동운동을 시작한 후 불과 2~3년 사이에 현장에 오는 사람들이 기하급수적으로 늘었다. 그래서 학교 때의 연고로 서클을 만들 수 있게 됐다. 당시만 해도 NL이니 PD이니 하는 특별한 정치 노선이 있는 것은 아니었다. 물론 과학적인 이론으로 무장해야 한다는 생각은 강했고 주먹구구식 서클운동을 탈피해야 한다는 문제의식도 강했다.

자연발생적인 서클이었지만, 계속 이런 식으로라면 운동이 커나갈 수 없다고 판단했다. 그리고 궁극적으로는 정당이라는 수준 높은 조직으로 가야 한다고 생각했다. 그렇게 서클운동을 극복해야 한다는 생각이 초기부터 있었다. 또 당시 유행하던 비밀 지하조직만으로는 안 된다고 생각했으며 그 판단들은 나중에 정확한 것으로 판명났다.

1984~1985년에 인민노련의 핵심이 구성됐다. 우리가 처음에 가졌던 문제의식에는 당시 풍미하던 정파문제가 반영돼 있었다. 우리의 기본 노선은 실사구시였다. 그래서 처음부터 CA와 선을 긋고 NL을 거부하였다. 그것은 지식인들이 이론을 교조적으로 맹신한 결과이거나 북한에 대한 주관적 판단의 결과라 생각했다. 인민노련은 PD로 분류되기도 했지만 우리는 PD조차도 교조적이고 관념적

인 측면이 크다고 경계하였다.

인민노련은 두 가지 문제의식을 갖고 있었다. 하나는 전두환 정권의 위기 국면이 다가오고 있다는 것이었고, 다른 하나는 이 국면에서 공개적인 장으로 나가 활동해야 한다는 것이었다. 특히 1986년부터 독재정권이 위기라고 보았다. 그리고 그런 위기 국면을 적극적으로 떨쳐 일어서야 한다고 봤다. 그런 문제의식을 바탕으로 박종철 사건이 일어나자마자 '살인강간고문정권 타도투쟁위원회'라는 이름을 내걸었다. 그 전에는 존재 자체를 감추기 급급했는데 조직의 이름을 공개적으로 내걸고 싸움에 나선 것이다. 이를 계기로 인천에 있는 노동운동조직들이 들썩거렸다. '지금은 싸워야 할 때다. 숨어서 지하운동하고 있을 때가 아니다. 잡혀가더라도 공공연한 투쟁을 벌여야 한다.' 이렇게 설득하고 다녔다. 그런 판단에서 인천에서 활동하던 NL그룹과 같이 만든 것이 인민노련이었다. 인민노련은 공개적으로 이름을 내걸었다. 그 전과는 전혀 다른 운동을 벌인 것이다. 당시의 문제의식이 나중에 민주노동당을 만들 때까지 이어진다.

❝현실에 입각한 노동운동의 첫 삽**❞**

지하조직을 벗어나 도약을 준비하다

구영식 ● 조직 이름에는 '인천 지역'이 들어 있지만 전국 단위의 조직 아니었나?

노회찬 ● 함께하려는 사람이 늘어나면서 점차 전국조직으로 변모해갔다. 우리 서클만 해도 1985년 여름에 노동자수련회를 두 번이나 갔다. 사람이 많아서 한 번에 소화가 안됐다. 모든 사업에서 함께하는 노동자를 중시했고 대중 속으로 뿌리내리는 것을 중시했기 때문에 규모가 커졌다.

당시 인민노련은 단일 노동운동조직으로는 최대 규모였다. 초기부터 서울노련이나 경수노련 등 다른 조직과 함께하기 위해 노력했다. 하지만 그분들과 의견일치를 보지 못해 잘 안됐다. 우리는 조직원들을 구미, 거제도, 울산 등으로도 보냈다. 처음에는 각 지역의 맹주와 같이해보려 했는데 잘 되지 않아 우리가 스스로 파견하기 시작했다. 그때 울산으로 내려간 사람이 조승수(전 국회의원)다. 인민노련이 1987년과 1988년을 거치면서 많이 커져 1989년에는 명실공히 전국 조직으로 가야겠다고 판단했다. 그리고 〈사회주의자〉라는 기관지를 냈다. 나와 주대환, 황광우, 권우철 등이 만들었다. 거기서 전국을 관할했다. 이것이 나중에 한국사회주의노동자당으로 이어졌다. 그리고 신노선이 발표되는 과정이 있었다.

구영식 ● 노동운동을 하는 과정에서 '학출'(대학생 출신)과 '노출'(노동자 출신)의 문제가 있었다.

노회찬 ● 우리는 새로운 시도를 많이 했다. 출신과 남녀를 구별하지 않았고 학번과 나이를 따지지 않았다. 당연히 어느 학교를 나왔는지 묻지 않았다. 나와 같이 활동했던 사람들이 어느 학교 몇 학번인지도 몰랐다.

내가 책임지고 있던 주안지구위원회는 위원장이 여성이었다. 위원 중에 자기 남편도 있었다. 3개 위원회 가운데 2개 위원회 책임자가 여성이었다. 능력 있는 사람이 책임자로 일했다. 때문에 79학번이 위원장인데 위원 중에 72학번도 있었다. 학교 같으면 있을 수가 없는 일이었다. 하지만 우리는 그렇게 했다. 어느 누구도 그것을 이상하게 생각하지 않았다.

구영식 ● 노 대표는 운동을 하면서 가명을 몇 개나 썼나?

노회찬 ● 몇 개 쓰지 않았다. 이동수, 김명시, 최형기 등을 썼다. 이동수는 청소년직업학교를 함께 다니며 형제처럼 친했던 동료의 이름이고, 김명시는 항일무장투쟁에 참여한 여성독립운동가의 이름이다. 최형기는 황석영의 《장길산》에 등장하는 인물인데, 마치 장발장을 쫓는 자베르 경감처럼 장길산을 체포하기 위해 끝까지 추적하는 무관이다. 당시 7년째 수배생활을 하던 나의 처지를 풍자하기 위해 그 이름을 썼다.

용접하다가 산업재해를 입어 몇 달 쉬면서 우리나라에서 처음으로 메이데이의 역사를 통해 노동운동을 조명한 《노동자와 노동절》이라는 책을 집필했는데, 이 책이 최형기란 가명으로 석탑출판사에서 출간되었다. 황광우는 최윤희라는 가명을 썼는데 최윤희는 아시안게임에서 금메달을 딴 수영선수 이름이다. 주대환 선배는 고인이 된 세명물산 노조 간부의 이름을 가명으로 썼다.

구영식 • 1989년 10월 인민노련 사건이 터졌을 때 구속된 인사들을 보니 유독 서울대 출신들이 많았다.

노회찬 • 선배 따라 현장으로 이전하다 보니 서클단계에선 서울대, 고려대 출신이 많았지만 인민노련 시절부터는 학교구분이 무의미해졌고 인하대 등 여러 지역 출신들도 중심적 역할을 했다. 그런데 같은 학교끼리도 모르는 사람이 많았다. 우리는 '노출'을 굉장히 중시했다. 그 사람들 중에 능력 있는 사람들이 상당히 많았다.

구영식 • 어떤 사람은 인민노련을 두고 '최초의 남한 자생적 사회주의자 조직'이라고 평가한다.

노회찬 • 최초는 아닐 거다. 이전에도 '과학적 사회주의자 동맹'처럼 크고 작은 사회주의 그룹들이 있었으니까. 다만 우리는 공공연하게 활동했고, 법정에서도 "우린 사회주의자다."라고 선언했다.

구영식 • 인민노련은 '사회주의'를 지향했던 것인가?

노회찬 • 조직의 강령을 보면 사회주의혁명의 전 단계인 인민민주주의혁명, 반제국주의 · 반파쇼를 지향했다. 사회주의는 그 후의 문제였다. 물론 가치에서는 사회주의적 신념이 조직의 지배적인 분위기였다.

구영식 • 한국사회에서 사회주의가 가능하다고 생각했나?

노회찬 • 인민노련은 처음부터 NL그룹과 같이했고, 그러다 보니 인민민주주의, 민중민주주의를 지향할 수밖에 없었다. 인민노련이 사회주의를 조직의 전면에 내걸지는 않았다. 물론 본격적으로 사회주의를 공공연하게 이야기하는 것이 필요하다고 주장하는 사람도 있었다.

구영식 ● 인민노련은 다른 운동 그룹에 비해 '매체'를 잘 활용했던 걸로 안다. 〈정세와 실천〉, 〈노동자의 길〉, 〈사회주의자〉 등 비합 매체(기관지)뿐만 아니라 나중에는 합법적 대중매체인 〈길을 찾는 사람들〉(〈사회평론 길〉의 전신)까지 창간했다. 당시엔 '전국적 정치신문 발간'이라고 표현했던데.

노회찬 ● 드물게 성공한 경우다. 당시에 전국적 정치 기관지를 발간하려는 시도는 많았다. 그것을 절대시하는 풍조도 있었다. 우리도 전국적 정치신문을 향한 꿈이 있었다. 그러나 우리는 대중성을 중시했다. 사회주의나 사회과학적인 인식을 분명히 갖고 있으면서도 현실을 구체적으로 다루었다. 이렇게 급진적인 단체 중에서 노동조합문제를 구체적으로 다룬 곳은 우리가 처음이었다.

인민노련은 현실적이고 구체적인 내용을 통해 노동운동 내부의 신뢰를 확보했고, 그것에 기초해 조직을 확대해나갈 수 있었다.

> **❝ 독재 타도를 외쳤지만 그 속에는 저임금 장시간 노동 반대가 있었다 ❞**

1987년, 엇갈린 6월과 7월

구영식 ● 이제 대한민국 민주화운동에서 매우 중요한 역사가 펼쳐진다. 1987년 6월 항쟁을 어디서 맞았나?

노회찬 ● 당시 우리는 인천에서 서클적 단계를 뛰어넘는 활동을 모색하며 노동세력을 규합해가던 중이었다. 비공개적으로 인천, 부천 전체를 감당할 수 있는 조직화가 어느 정도 이루어져 있었다. 1986년 말은 인천 5·3사태 등을 거친 시기로 한편으로는 야당세력들의 민주화 요구가 점점 더 거세지고 있었고, 또 다른 한편으로는 전두환 일당이 오히려 헌법을 개악해서 장기집권체제를 유지하려는 상황이었다. 그 1986년 말부터 군사정권의 정치적 위기가 오고 있는 것으로 우리는 판단했다. 그래서 '이 정치적 위기에 적극적으로 대응해야 한다. 노동운동이 이런 시기에 현장에만 매몰돼 있어서는 안 된다. 오히려 적극적으로 자신의 의견을 가지고 공개적이고 공공연한 정치투쟁에 나서야 한다.'고 보았다.

그래서 박종철 사건이 일어나자마자 '살인강간고문정권 타도투쟁위원회(타투)'라는 이름을 내걸었다. 이 투쟁위원회 이름으로 유인물을 살포하고 투쟁을 선동했다. 그리고 그 활동 범위를 서울로까지 넓혔다. 나는 그때 남대문시장에서 유인물을 뿌리며 시위에 앞장섰다. 당시는 학교에서 유인물을 뿌리면 5분 안에 잡혀가는 엄혹한 시기였다. 일반 국민들도 그런 것을 보면 겁먹고 바라보기만

하던 시절이었다.

당시 제작된 유인물 제목 중에 "2·7에서 3·3으로"라는 게 있었다. 2월 7일, 3월 3일을 말하는데 2월 7일은 박종철 장례식이고, 3월 3일은 박종철 49재다. 그때 남대문시장에 있는 상인들이 박수 치고, 물 떠주고, 경찰이 오니까 우리를 숨겨줬다. 이미 '2·7, 3·3' 때부터 6월 항쟁의 조짐이 보였다. 그래서 우리는 더욱 확신하게 됐다. 정세 변화의 조짐을 읽은 것이다. 이럴 때 비상하게 대응해야 했다. 인천에 있던 여러 노동운동조직들에게 반합법, 반공개 정치조직, 정치적 대중조직을 결성하자고 했다. 그리고 우리는 그것을 'PMO(정치적 대중조직)'라고 불렀다.

그동안 노동조합이나 경제문제를 주로 다뤘다면 이제는 정치를 다루자는 것이다. PMO론에 입각해 정치적 대중조직을 만들자고 제안했다. 여기에 호응한 일부 NL세력이 있어서 그들과 만든 것이 인민노련이었다. 그래서 인민노련 창립일이 6월 항쟁 중 전국 동시다발 집회가 있었던 6월 26일이다.

그날 부평역에서 공공연하게 전국 동시다발 집회가 예고돼 있었다. 인천은 부평역 앞에서 하기로 했는데 우리는 그 현장에서 조직을 창립했다. 부평역 앞 가두에서 미리 준비한 창립선언문을 읽고, 인민노련의 창립을 선포하고 활동에 들어갔다. 그러니까 6월 항쟁을 미리 예견하고 조직적으로 준비하여, 바로 6월 항쟁 도중에 조직을 띄운 것이다. 그 길로 이름을 걸고 6월 항쟁에 참여하게 됐다.

구영식 ● 6월 항쟁의 조짐을 감지하면서 역사적 전율이 느껴졌겠다.

노회찬 ● 대단했다. 당시 운동권은 이론, 정세 인식, 그에 대응하는 전술 등의 차이로 많은 논쟁을 벌였다. 그런데 그런 논쟁이 단순한 탁상공론에 그치지 않고 시시각각 변하는 정세에 의해 검증되었다. 나중에는 7월 2일 현대엔진부터 시작해 계속해서 노사분규 등이 자생적으로 터져 나왔다. 이것을 '789 노동자 대투쟁'이라 부른다.

그것을 보면서 '아, 이제 우리가 한 번도 겪어보지 못한 새로운 상황이 다가오고 있다. 노동운동도 이제는 공공연하게 활동해야 한다.'고 생각했다. 우리도 사무실을 아예 드러내고 공개공간에 두었다. 우리를 위한 게 아니라 노동자들을 위해서였다. 법적으로 보장된 노동조합도 만들기 힘든 시기였지만 공공연하게 사무실을 바깥에 설치함으로써 앞으로 더 분출하게 될 자발적 투쟁과 연계해서 발전시켜야 한다고 봤다.

인민노련 사람들을 달달 볶아서 8월 말에 인천 민중교육연구소(민교연)를 만들었다. 박종렬 목사가 소장을 맡았다. 그리고 인천 민교연 휘하에 운수 상담실을 설치했다. 운수 쪽 노동자들이 움직이기 시작하니까 그들과 공공연하게 결합하기 위해서였다. 그 책임자에 송영길(전 인천시장)을 앉혔다. 그는 학출활동가답지 않게 거센 노동현장에서 발군의 능력을 발휘했다. 3개월 동안 파업이 3,000건 일어났다. 1986년 1년 동안 벌어진 파업이 200여 건인데, 1987년 석 달 동안 3,000건이 벌어질지 누가 예상이나 했을까? 그런 조짐이 일어났을 때 바로 정세 변화를 내다보고 대응하면서 엄청난 전율을 느꼈다. '아, 역사라는 게 이렇게 변하는구나.' 이런 것을 매일 체험한 시기였다.

구영식 ● 당시 노동운동을 하고 있던 사람들에게 그것이 혁명의 전조로 받아들여졌나? '한국에서 민중들에 의해 4·19를 뛰어넘는 혁명이 일어날 수도 있겠구나.' 이런 느낌은 없었나?

노회찬 ● 혁명적 변화가 일어날 것이라고 생각했다. 하지만 지도부가 없는 혁명은 항상 그 결과가 좋지 않았다. 우리는 어릴 때부터 4·19혁명을 무수히 평가하면서 자라난 세대다. 4·19혁명도 대중적 에너지는 충만했지만 이것을 올바로 이끌어가는 정치세력이나 준비된 지도부가 없어서 미완의 혁명으로 좌초하고 말았다. 1987년의 혁명적 변화에도 그런 부족함이 있다는 것을 우리는 체감하고 있었다. 그렇다고 해서 그것을 급조할 수도 없고…….

구영식 ● 여전히 주체의 역량 문제가 있었다는 것인가?

노회찬 ● 어찌 보면 우리가 준비되기도 전에 대중들이 먼저 들고 일어난 것이다. 준비된 세력이라고는 YS, DJ 등 야당 정치세력밖에 없었다. 그들이 6월 항쟁을 주도한 것은 아니지만 6월 항쟁의 정치적 성과는 그들이 차지하게 되었다.

구영식 ● 운동은 열심히 했지만, 그 운동조직들이 대중들의 삶을 변화시킬 수 있는 역량을 지니지는 못했다?

노회찬 ● 그렇다. 1987년 이후에 조성된 새로운 정세와 우리의 객관적 조건, 주체적 역량에 대한 평가, 진로 모색 등에서 노선 차이가 있었다. '우리는 준비가 덜 되어 있을 뿐 아니라 이것은 반짝 상황이다. 엄혹한 정세가 계속되기 때문에 경거망동해서는 안 된다. 우리가 먼저 나서도 안 된다. 따라서 야당을 중심으로 그들을 돕고, 그들이 집권하도록 만들어야 한다.'는 시각이 있었다. 군부통치, 군사정권이 아직 끝나지 않았기 때문에 독자적으로 나가면 힘이 분산된다고 주장했다. 반면 우리는 공공연하게 활동하면서 역량을 키워야 하고, (야당 등) 저들이 민중을 대변하는 데는 기본적으로 한계가 있다고 봤다. 이것이 독자정당 노선이다. 그때부터 갈리기 시작했다.

구영식 ● 최장집 교수는 《민주화 이후의 민주주의》에서 이런 화두를 던졌다. "거대한 민주화운동과 거대한 노동운동이 동시에 발생하지 않았다는 것은 흥미로운 일이다." 만약 동시에 발생했다면 한국의 민주화운동은 상당히 다른 방향으로 전개됐을 것이라는 분석이다.

노회찬 ● 이론적으로 보면 동시에 일어나는 것이 더욱 역동적이고 강력했을 것이다. 그러나 한국의 현실에서 그것은 불가능했다. 일본 제국주의 식민지 통치 하에서 그리고 해방 후 이승만, 박정희, 전두환으로 이어지는 독재정권에 의해 가장 집중적으로 공격받고 초토화된 곳이 바로 노동운동이었다. 민주화의 봄이 와도 앞장

설 수 있는 상태가 전혀 아니었다. 정치적 민주화가 선행되면서 뒤이어 일어설 수밖에 없었다. 그래서 6월 항쟁에도 노동자들은 '시민'으로 참여했다. 실제 6월 항쟁 때는 노동운동이 조직적으로 준비되어 있지 않았다. 당시 나는 현장에 있었는데, 6월 내내 저녁만 되면 퇴근하는 노동자들이 길거리에서 바리케이드를 쳤다. 〈레미제라블〉에 나오는 상황과 똑같았다. 어두컴컴한 한밤중에 가로등만 도로를 비추는 노동자 주택가까지 바리케이드를 쳤다. 마치 영화 세트장 같았다. 그렇게 경찰과 대립해 있다가 심야에 경찰이 치면 깨지곤 했다. 노동자들은 매일 저녁 그 일을 치렀다. 6월 항쟁을 서울에서는 일부 지식인들, 넥타이부대가 이끌었다고 하지만, 지방 같은 데서는 노동자들이 주도했다. 다만 조직화된 세력이 아니었을 뿐이다.

노동자들이 왜 그랬겠나? 일단 독재 타도라고 외쳤지만 그 몸속에는 저임금 장시간 노동·노동운동 탄압 반대라는 것이 있었다. 다만 전체적으로 보면 지금은 독재와 싸우고 있으니까 그걸 외쳤을 뿐이다. 그리고 독재가 어느 정도 물러났다고 생각했을 때 자신들의 요구를 외쳤던 것이다.

2차 세계대전 때 프랑스 사회주의 노조 계열과 기독교 노조 계열이 무엇을 했는가? 레지스탕스였다. 당연히 독일과 싸울 수밖에 없었다. 그때 노조의 목적은 파업이나 임금 인상이 아니었을 것이다. 군사독재의 오랜 탄압으로 초토화된 노동운동이 6월 항쟁에 주도적으로, 조직적으로 참여하지 못한 결과는 6월 항쟁으로 성립된 이른바 '87년 체제'의 성격에도 영향을 미쳤다. '87년 체제'하의 정권들이 정치민주화에 어느 정도 진척을 이룬 반면 경제민주화에 있어서 매우 소극적이거나 퇴행적이었던 배경은 취약한 노동운동의 상태와 밀접한 연관이 있는 것이다.

1987년부터 시작된 '87년 체제'는 김영삼, 김대중, 노무현까지 세 명의 대통령을 배출했다. 그 밖에도 이래저래 걸치고 있던 많은 사람들이 국회의원이 됐다. 그런데 6월 항쟁을 계승해 바로 뒤이어 벌어진 789 노동자 대투쟁을 주도했던 사람들은 어떻게 됐나? 그 사람들은 6월 항쟁이 배출한 세 명의 대통령 시절에 감옥에 있었고, 이 정권들의 탄압을 받았다. 이것이 무슨 얘기일까? 6월이 7월을 대변하지도 못했고, 6월이 7월과 함께 가지도 못했다는 것이다. 오히려 6월은 7월을 짓밟기조차 했다.

이렇게 해서 들어선 정부가 6월의 정신을 많이 반영한 것은 맞다. 지방자치제가 실시됐고 언론자유가 확보됐고, 정치적 민주화 등도 꽤 진전이 이루어졌다. 그러나 789 노동자 대투쟁으로 촉발된 사회경제적 민주화의 요구는 6월이 만들어낸 정권에 의해서도 충분히 수용되지 못했다. 오히려 적대시된 경우도 있다. 그 반성을 문재인, 박근혜 후보가 캐치프레이즈로 들고 나온 것 아닌가. 이제까지 못한 경제민주화를 이제 하겠다는 것이다. 지금 와서 '을'을 이야기하는데, 그 '을'이 언제부터 짓밟혔는가? '을'은 지난 25년 동안 늘 짓밟혔다. 25년 전에도 마찬가지였다.

1987년 이후 한편으로는 정치적 민주화를 추진하면서 다른 한편으로는 느린 속도로나마 사회경제적 민주화를 함께 추진해야 했다.

하지만 그렇게 하지 못했다. 사회경제적인 부분에서 한나라당(현 새누리당)과 민주당(현 새정치민주연합)은 크게 다르지 않았다. 신자유주의를 받아들이고, (한미) FTA를 수용했다. 민주당 정권이 비정규직을 없애고 차별을 완화하는 데 노력했나? 전혀 그렇지 않았다. 비정규직도 그대로 유지되어왔다. 그렇기 때문에 사회경제적 민주화가 계속해서 유보되었다. 노무현 정권 이후에 정권이 계승되지 않고 이명박 정부로 넘어간 이유가 여기에 있다. 사회경제적 민주화가 안 되다 보니까 경제문제 해결을 구호로 내세운 한나라당이 눈길을 끌었고 그 적임자를 이명박으로 사람들이 오인했다. 그럼 이명박이 실패했는데도 왜 그 이후에 또 새누리당을 선택했나? 그것은 우리 국민들의 역사적 경험 속에서 사회경제적 민주화 추진과 관련해 민주당에 대한 신뢰가 높지 않았다는 것을 의미한다. 물론 이명박 정권 내내 여당 속의 야당인 양 대응해온 박근혜 대통령의 노련한 처신 때문에 박근혜 후보의 당선은 마치 친이에서 친박으로 정권이 교체되는 듯한 효과까지 얻은 면도 있다.

❝ 노동자운동이 아니라 종업원운동으로 전락했다 ❞

789 대투쟁 계승의 실패

구영식 ● 6월세력과 789세력의 엇갈린 운명은 어디서부터 비롯된 걸까? 6월세력이 세 명의 대통령과 많은 국회의원을 배출했는데도 왜 789세력들은 민주파 정부 이전에 해왔던 투쟁들을 계속할 수밖에 없었나?

노회찬 ● 1987년 이후의 노동운동 전개과정과 오늘의 무기력한 현실을 모두 '자본과 정권'이라는 '남 탓'으로만 돌릴 수 없다. 여러 역사적 한계에도 불구하고 민주화 이후 '87년 체제'하에서도 노동운동에겐 기회가 있었다. 그러나 잘못된 노선 때문에 이 기회를 살리지 못했다.

2000년 5월 하버드대와 버클리대의 노동정치학회가 공동으로 심포지엄을 열고 한국과 브라질의 노동운동가를 한 명씩 초청하여 발표 하게 한 적이 있었다. 나는 한국측 발표자로 초청되었는데, 이 심포지엄에서 핵심적으로 다뤄진 문제는 '한국과 브라질은 비슷한 시기에 노동운동과 민주화운동이 폭발적으로 전개되었는데, 왜 그 후의 과정은 전혀 다르냐' 하는 것이었다. 즉 브라질 노동운동은 곧바로 정치세력화로 활발하게 나아갔는데, 한국은 노동운동이 정치세력화나 제도 개선보다는 임금 문제 등 개별 자본과의 투쟁에 매몰되어 있나 하는 문제였다. 브라질과 한국이 대비되면서 나는 마치 청문회에 불려나온 증인처럼 질문 공세에 진땀을 흘리기도 했다.

브라질은 쿠데타, 군부독재, 국민적 민주화운동, 군부독재 후퇴, 직선제 개헌 등 많은 면에서 한국과 비슷한 과정을 밟았다. 차이가 있다면 바로 최장집 교수가 지적한 사례 즉 민주화운동과 노동운동이 동시에 폭발한 것이다.

민주화의 결과가 아니라 민주화 과정에서 브라질 노동운동은 처음부터 독자적 정치세력화를 추진하여 1979년 브라질노동자당(PT)

을 창당하였다. 브라질 민주노총 격인 CUT는 그 후 PT가 나서서 1983년에야 만들었다.

그러던 1988년 대통령 직선제가 쟁취되자 대선에 도전하기 시작하여 결국 2002년 노동자당의 룰라가 대통령에 당선되고 지금까지 네 번 연속 집권하기에 이르렀다.

우리도 브라질처럼 789 노동자 투쟁의 힘으로 즉각 정치세력화에 나서야 했다. 정당을 만들어 정당으로 대응해야 했다. 그렇게 함으로써 6월 항쟁 세력의 부족한 부분을 메우고 연대하고 견제하면서 함께 전진하는 관계를 만들어야 했다. 하지만 노동운동이 이를 훗날의 과제로 미루고 경제투쟁에만 매몰됐다.

그러면서 노동문제를 보편적 문제로 만들어내지 못하고 당사자 문제로 축소되었다. 거기서 다시 한 번 왜곡돼 힘 있는 당사자들의 문제, 싸울 수 있는 노동조합의 문제가 된 것이다. 그래서 대기업 노조는 계속해서 좋아졌지만, 싸우기도 힘들고 노동조합 만들 힘도 없는 노동자들의 문제는 방기됐다. 노동문제가 보편적 문제가 아니라 힘 있는 사람들의 '철밥통'을 지키는 운동으로 보여지는 경우가 허다했다. 사회운동으로서의 성격을 잃어버리고 자기 실리를 지키는 운동이 돼버렸다. (보편적) 노동자운동이 아니라 종업원운동으로 전락했다. 지난 20년의 과정이 그랬다.

1987년에 나타난 노동자들의 절박한 요구나 거대한 에너지를 사회변화의 물길, 특히 사회경제적 민주화로 나아가는 물길로 만들지 못했다. 여기에는 당시 노동운동을 이끈 사람들의 잘못된 노선과 철학이 크게 작용했다고 생각한다. 당시에는 그런 정치적 구상(독자정당 건설)이 힘을 분열시키는 것이라고 봤다. 잘못된 판단이었다. 이러한 오판이 노동운동의 성장을 방해하고, 노동운동을 약화시켰다.

프랑스 국민에게 노동운동은 제2차 세계대전 당시 레지스탕스운동으로 나라를 지킨 구국의 역사로 기억된다. 독일 국민에게 노동운동은 대학무상교육을 실현시킨 경제민주화의 주역이다.

우리 국민에게 노동운동은? 불행히도 최근 역사에서 한국의 노동운동이 우리 국민 다수의 보편적 행복을 위해 헌신하고 기여한 기억이 없다.

구영식 ● 그럼에도 불구하고 6월 항쟁은 한국 민주화운동의 한 획을 그은 사건이다. 한국사회나 민주주의에는 어떤 의미가 있나?

노회찬 ● 6월 항쟁을 계기로 한국전쟁 이후 한국사회를 지배해온 독재체제가 사실상 와해되기 시작했고, 점진적으로 민주주의 시대로 들어섰다. 이것이 돌이킬 수 없는 변화의 길이라는 것이 당시 기본 인식이었다. 지금도 마찬가지다. 그래서 이제는 민주주의를 위한 경쟁, 민주주의의 방향과 폭, 속도를 위한 경쟁이 시작되었다고 보는 것이다.

그러나 당시 다수의 운동권에서 이것을 착각이고 환상일 뿐이라 주장했다. 노태우 정권의 출현을 군사독재의 부활로 규정했다. 김영삼 정권이 들어설 때도 '김영삼 독재'라고 얘기할 정도였다. 우리가 만들고 주도한 변화가 아니라는 이유로 이 변화를 인정하기 싫어하는 경향이 있었다. 그래서 사사건건 부딪쳤다. 나중에 인민노련이 신노선을 걸게 된 것도 세계적으로 국가사회주의가 몰락한 이유도 있지만 더 주요하게는 한국사회가 이제 보수세력이든 옛 독재세력 이든 야당 민주세력이든 모두 민주주의를 거역하기 힘든 상황에 다다랐기 때문이다.

한국사회 전체가 점진적이지만 민주적인 변화의 과정, 민주주의를 둘러싼 경쟁에 놓여 있다고 인식했기 때문에 그 경쟁에 우리도 뛰어들어야 한다고 생각했다. 이제 더 이상 민주적이지 않은 방식으로 권력 변동을 추구하는 것은 국민들이 거부할 것이라고 가장 먼저 판단한 조직이 인민노련이었다. 그래서 신노선을 발표한 것이다. 그 신노선이 사회주의 이상과 원칙을 폐기하는 변절자처럼 취급받았다. 하지만 그 이후부터 지금까지 일어난 모든 상황은 우리가 빨리 벗어던져야 할 외투를 언제 벗었는가에 따라 상황이 달라질 수 있음을 보여준다.

구영식 ● 1987년 6월 항쟁이 한국 진보운동에 끼친 영향은 무엇인가?

노회찬 ● 사회운동은 대중운동이어야만 자기 목표나 가치, 지향을 실현할 수 있다. 1987년 이전까지는 운동이 소수 선각자들의 희생에 의해 어렵게 명맥을 유지해왔다. 어려운 시기에 고군분투했으나 대중화되지 못함으로써 그 한계가 컸다. 그런데 1987년 이후 민주주의가 점진적으로 실현되고 대중운동의 길이 크게 열렸다는 점에서 굉장히 큰 의미가 있다. 또 운동이 대중에 의해 검증받고 대중의 동의를 얻어야만 한 발자국 더 나아갈 수 있음을 보여주었다. 이제는 대중의 동의를 얻는 게 대단히 중요한 과제가 됐다. 그 전에는 활동가들, 선각자들의 결단이 중요했다. 대중들의 동의를 얻을 수 없는 상황이었고, 엄혹한 시대에도 불씨가 다 꺼지지 않았다는 것을 대중들에게 보여주는 용기가 필요한 시기였기 때문이다. 그런 희생과 결단이 있느냐 없느냐가 중요했다. 하지만 6월 항쟁 이후에는 대중이 동의하지 않으면 운동이 아무런 의미가 없게 되는 커다란 상황의 변화가 있었다. 이것을 먼저 깨닫고 대중들의 동의를 얻는 데 적극적으로 나서려는 노력들이 있었는가 하면, 여전히 '내가 결단하면 된다.'는 식으로 운동을 하는 사람들도 있었다. 지금도 그런 흔적이 많다. 활동을 평가할 때 국민들이 어떻게 바라보느냐를 중심으로 하는 것이 아니라 어차피 국민들은 잘 모르는 사람들이니 우리가 어떻게 결단하느냐가 중요하다고 보는 식이다. 지금 진보정당에도 그런 내부관점과 이해관계를 훨씬 중시하는 사람들이 많다. 그런 관성이 오늘날까지 이어진 것이다.

구영식 ● 대중들에게 인식되기로는 1987년 6월 항쟁의 두드러진 특징 중 하나가 '386세대의 탄생'이 아닐까 싶다. 386세대는 이후에도 중요한 역할을 하는데, 이것이 민주화운동에서 학생운동이 가지는 위상을 어느 정도 반영한 것은 아닌가?

노회찬 ● 1980년대는 한국의 중산층에게 이중적 의미를 갖는 시대다. 한국은 1980년대 들어서서 중화학공업 중심의 안정적인 자본주의 발전 단계로 진입한다. 그러면서 자본주의 발전의 과실, 성과가 처음으로 중산층에게 나누어지기 시작했다. 1980년대 이전에는 소수의 관료와 자본가들이 경제적 과실을 나눠 가지는 것으로 끝났다면 1980년대에는 대우그룹이 만들어지고, 삼성그룹이 떵떵거리기 시작하고, 현대그룹이 직원들을 엄청나게 뽑았다. 당시 이름을 날리던 대학교의 학생들은 (대기업들에) 입도선매됐다. 4학년 1학기 초부터 대기업들이 경쟁적으로 대학에 와서 '우리한테 오십시오.'라고 해서 100% 취업됐다. 그들이 대기업에 들어가서 1980년대 초반에 정말 많은 임금을 받았다. 당시 제2금융권에 있던 사람들은 보너스만 1년에 1,500%를 받았다. 일도 많이 시켰지만 화이트칼라라는 세대를 사회적으로 생산해내고 중산층이 양산된 시기였다. 서울에 공급된 아파트들에 새롭게 갑자기 늘어난 중산층이 입주했다. 789 투쟁에서 드러나듯이 하층은 여전히 찬밥이었지만, 이 자본을 직접 돕는 위치에 있는 계층에게 먼저 경제적 과실이 넘어간 것이다. 그러나 경제적으로는 형편이 나아졌지만, 정치적으로는 여전히 무권리 상태였다. 이들은 여기에 분노했다. 정치적 권리를 되찾자는 것이 화이트칼라의 요구였다. 386이라는 것은 이 세대들의 정서적 표현이다. 386이라는 말 속에는 대학을 졸업했다는 말이 들어가 있다. 하지만 1960년대에 태어난 30대 중에는 8(1980년대 학번)자가 없는 사람들이 있다. 대학에 못 가고 고교 졸업 후 노동자로 취업한 사람들이다. 나는 이들을 '306세대'라 부른다. 그들이 '왜 우리한테는 분배를 안 해주나?' 했던 것이 789투쟁이었다.

386들의 요구는 민주화가 되면서 많이 충족됐다. 주로 정치적 요구였기 때문이다. 민주화 이후에는 그들이 특별하게 위협받는 것은 없었으니까 요구가 많이 해소됐다. 다만 이들이 1980년대 내내 민주화에 가졌던 각별한 문제의식, 그리고 정치권력을 몰아내는 데 앞장섰던 자부심과 자긍심, 이런 것들이 사회 곳곳에서 직장 민주화, 심지어는 지역운동, 탁아소운동 등 좋은 방향으로 확산된 지점은 분명히 많다. 이들은 대개 사무직 노동자들이었다. 그리고 789투쟁에서도 이들은 앞장섰다. 당시 화이트칼라 노조연합체인 업종회의에서 한 여론조사를 보면, 이들의 대부분이 임금 등 근로조건 개선 요구를 위해 노동조합을 만든 것이 아니었다. 절대다수가 직장 민주화를 요구했다. 업무지시, 인사고과, 고용 등과 관련된 문제들이었다. 386세대가 1987년 이후에도 그런 방면에서 문제의식을 가진 것은 사회에 기여했다고 본다.

> **❝** 시대가 막을 내렸음에도
> 정파 대립은 지속됐다 **❞**

노동의 분열

구영식 ● 정파의 문제를 이야기하지 않을 수 없다. 인민노련은 새로운 정파의 성립이었나? 아니면 새로운 조직적 노동운동의 시작이었나?

노회찬 ● 두 가지 의미를 다 가지고 있다. 1987년 6월 항쟁을 거치면서 정파 간 대립과 갈등이 있었다. NL파가 자기들이 다수가 아니라는 것을 깨닫고 독자적으로 살림을 차리겠다고 나가버렸다. 정파연합으로 시작했지만, NL이 이탈하면서 단일 정파가 되어버렸다.

구영식 ● 당시 노동운동에도 정파문제가 있었을 텐데.

노회찬 ● 심각했다. 〈강철서신〉을 계기로 1985년, 1986년부터 운동권 내 정파의 대립과 반목이 점점 심화되었다. 송영길이 당시 '지금 학내에 NL이 퍼지고 있으니 학교로 다시 보내달라. 6개월만 주면 정리하고 오겠다.'는 탄원서를 조직 상부에 올리기도 했다.

구영식 ● 정파는 운동의 보편적 양태인가? 아니면 한국적 상황의 산물인가?

노회찬 ● 다른 나라보다 우리가 훨씬 심하다고 볼 수 있다. 유럽은 주로 공산주의와 사민주의가 이론적으로 부딪혔다. 한쪽은 프롤레타리아독재를 주장한다. 하지만 주로 서유럽의 경우 민주주의가 보장돼서 선거를 실시하고 있는 상태이기 때문에 이러한 주장은 대중들에게 용납되지 않는다. 프롤레타리아독재는 소수의 지배를 역설하는데, 이것이 선거를 통해 가능한가? 선거가 보장된 나라의 경우 변혁운동은 합법적 선거를 통해야 하기 때문에 프롤레타리아독재를 배제할 수밖에 없다. 이것이 사민주의로 간다. 그렇게 생각하지 않는 사람들은 주로 소련을 모델로 한다. 표면적으로는 공산주의

대 사민주의이고, 실질적으로는 '친소냐 반소냐'다.

똑같은 양상이 여기서도 벌어졌다. 북한을 민주기지로 생각하느냐, 하지 않느냐에는 북한을 보는 태도의 문제가 근본적으로 깔려 있다. 지금도 똑같다. 분단이 낳은 구조적인 문제다. 분단이 없어지지 않는 한 이를 둘러싼 정파 대립은 사라지지 않을 것이다. 〈강철서신〉의 내용을 봐도 그렇다. 거기서 죽일 놈은 이승만이 아니고, 박헌영이다. 가장 강력한 저주를 퍼붓는 대상이 박헌영이었다. 결국 그런 적대적 대립을 통해서 자신의 정파를 키워나가는 것이 내재돼 있었다. 민주화 공간에서 활동 영역이 더 넓어지면서 정파 대립도 더욱 커졌다.

구영식 ● 정파문제는 운동권 내부의 헤게모니 쟁투로 비춰질 수밖에 없다.

노회찬 ● 동전의 양면이다. 그 면을 한 속성으로 하는 것이다.

구영식 ● 정파가 운동하는 사람들에게는 불가피한 형태였나?

노회찬 ● 운동세력에게는 이해관계보다는 신념, 노선, 가치를 중심으로 치열하게 따지고 경쟁하는 속성이 기본적으로 있다. 이해관계 중심이면 한탕 하고 흩어지면 그만이다. 정파 간의 대립과 갈등이 반드시 나쁜 것만은 아니다. 그런데 한국의 정파는 대중들이 수용할 수 있는 수준을 넘어선다. 대표적으로 북한문제가 그렇다. 북한문제의 경우 정파 갈등이 이상하게 왜곡된 형태로 대중에게 공개

되면서 대중들이 제대로 심판하지 못하도록 만든다.

또 하나는 정파 대립이 시대의 흐름을 넘어선 고질적인 분파투쟁이 되어버렸다는 것이다. 1990년대 들어오면서 소련이 붕괴되고 한국에서 민주화가 진전되면서 선거가 모든 것을 결정하게 됐다. 그럼 거기에 맞춰서 활동해야 한다. 이른바 변혁투쟁, 무장투쟁 등은 있을 수 없는 시대가 된 것이다. NL-PD라는 변혁이론에 들떴던 1980년대가 있었지만 그 변혁의 시대가 막을 내렸음에도 불구하고 그 노선을 중심으로 형성된 정파 간 대립과 갈등이 그 후에도 지속됐다. 이것은 운동 자체가 현실과 괴리되기 시작했음을 의미한다. 운동권 동창회가 되어버린 것이다. 이것이 한국 운동권의 치명적인 약점이다.

진보정당 안에서 벌어졌던 패권주의 논쟁은 특정 소집단의 이익을 위해 당의 이익이 훼손되는 걸 감수하자는 것이다. 정파는 다양한 정치적 견해 속에서 정책과 내용 경쟁을 통해 만들어지는 건강한 집단일 수 있지만, 조직까지 해치며 소집단의 이익을 관철시키면 종파가 된다. 시대적 쟁점으로 치열하게 부딪치는 과정을 통해 대중과 호흡하면서 현실에서 어느 것이 더 옳은가를 생각해야 한다. 그런데 이런 식으로 발전하는 게 아니라 존재하지도 않는 관념을 가지고 적대적으로 대립하면서 세력을 유지하고 확장해 나간다. 이렇게 해서는 건강해질 수 없다.

구영식 • 1980년대부터 시작된 정파문제는 진보정당의 핵심적인 쟁점으로 이어질 정도로 뿌리 깊은 문제다.

노회찬 • 그렇다. 여전히 극복하지 못하고 있다. 구조적으로 북한의 존재 자체가 주는 강제된 숙명 같은 측면도 있다. 다른 한편으로는 정파문제를 극복하려는 노력이 부실했다는 점도 있다. 이는 진보정당이 대중에 뿌리내리지 못하게 되는 원인이 된다.

구영식 • 대학 때부터 운동을 본격적으로 시작한 셈인데, 1980년대 운동권을 되돌아보면 어떤 평가가 가능한가?

노회찬 • 낭만과 이상이 넘친 시기였다. 아주 좋아하면서 존경하는 후배가 있다. 당시 성실하게 노동운동을 하고 깊이도 있었다. 그런데 사회주의가 망하는 것을 보며 그 후배는 운동을 접었다. 지금은 대학교수인데, 이 친구가 운동을 그만두면서 한 이야기가 지금도 기억난다.

"실망해서 나가는 게 아니라, 내가 생각한 이상적인 사회가 현실에서 더 이상 실현되기 어렵다는 것을 깨달았다. 꿈이 잘못된 것이 아니라 그것이 현실에서 이루어지기 어렵다는 것이다. 이상을 쫓는 거라면 계속할 수 있지만, 그것이 아니라면 나는 이 일을 할 이유가 없다."

이처럼 이해타산을 넘어 이상 실현을 위해서라면 모든 것을 바치겠다는 열의가 넘치는 시기였다. 모든 인간이 같은 상황에서 같은 일을 하는 것은 아니다. 하지만 이상과 그 이상에 뛰어든 자신을 긍정하고 거기에서 자부심과 자긍심을 느꼈다. 그것도 일종의 낭만이다. 내게 가장 좋았던 시기는 국회의원에 당선됐을 때도 아니고, 당 대표로 선출됐을 때도 아니다. 가장 행복했던 시기는 노동현장에 있을 때였다. 언제 잡혀갈지 모르는 속에서 힘든 일을 했던 그때의 마음이 가장 맑지 않았을까?

66 머릿속에만 혁명이 있다 99

무엇이 문제인가

구영식 ● 1980년대 운동권은 '정당'이라는 수단보다는 마르크스레닌주의, 주체사상 등 '가장 급진적이고 강력한 이론'에서 투쟁의 무기를 찾았던 것 같다.

노회찬 ● 대통령도 국민이 직접 뽑지 못하고 국가보안법 때문에 진보정당도 제대로 만들지 못하던 1980년대에 '급진적이고 강력한 이론'에 기반을 둔 변혁을 추구한 것은 불가피한 선택이라 본다. 그러나 1987년 이후 특히 1990년 이후에는 달라져야 했지만 잘못된 신념과 이론이 이를 막았다. 소련은 망했지만 북한은 망하지 않았다는 생각, 여기에 총파업 만능주의에다 이상한 노동자주의까지 가지고 있었다. 노동조합 중심, 파업 만능의 생디칼리슴 등 이런 것들이 반정치, 반정당으로 이어졌다.

앞서 이야기했듯 1977년 브라질 노동자들은 총파업에서 승리함으로써 노동운동의 위상을 높이고 그 힘으로 정당을 만들었다. 그 이후에 한숨을 돌리고 노총을 만들었다. 정치권력을 잡지 못하는 한 사회를 변화시킬 수 없다고 깨달은 것이다. 그런데 우리는 어땠나? 지식인들 관념 속에서 노동자들의 의식은 아직 멀었다고 봤다. 내가 진보정당을 만들자고 하면 산별노조도 아직 만들어지지 않았는데 어떻게 진보정당을 만드냐고 했다. 산별노조는 고도의 노동자 계급의식이 있어야 만들 수 있다고 본 것이다. 그런 관념적 발상이 운동을 잘못 이끌었다.

구영식 ● 왜 제도보다도 노선에 치중했을까? 시대적 한계라는 것이 분명하게 있긴 하지만, 그 이유는 무엇이라고 생각하나?

노회찬 ● 운동의 관성과 실사구시 정신의 부족이라고 본다. 특정한 시기에 특정한 생각을 가질 수 있다. 하지만 조건과 상황이 바뀌면 과학적으로 판단해야 한다. 나는 레닌이 그때 한국에 있었다면, 그가 제일 먼저 (노선을) 바꾸었을 것이라고 본다. 오히려 '레닌, 레닌' 하는 사람들은 안 바뀌겠지만.

구영식 ● 운동권의 이념적 급진성은 선거에 소극적으로 대응하는 태도와 선거 불참주의를 낳았다.

노회찬 ● 비과학적이고 비현실적인 운동이론에 매몰된 탓이다. 교조주의적 천착이 많은 사람들에게 해악적 요소로 작용했다. 학생운동과 노동운동 등에서 활동해온 활동가들의 잘못된 인식과 철학, 노선이 전체 운동을 잘못 이끌어온 측면이 굉장히 많았다. 학생운동과 노동운동이 더 대중적인 운동으로 발전할 수 있었는데 잘못

이끈 것이다.

구영식 ● 결국 운동권의 이념적 급진성이 정치세력화에 장애요인이 된 것 아닌가?

노회찬 ● 정치세력화를 1987년 민주화와 더불어 힘 있게 밀고 나가야 했다. 그런데 '87년 체제'를 두고 사이비민주주의, 의사민주주의라고 비판했다. 언제 군부독재가 다시 부활할지 모르니 민주세력을 하나로 뭉쳐야지, 독자세력화 운운하지 말자는 것이다. 1991년부터 지방선거가 실시됐고, 박근혜조차 선거에서 당당히 당선돼 나중에 지도자 반열에 올랐다. 그런데 이것조차 가짜 민주주의라며 딴짓하지 말고 힘을 하나로 모으자는 세력이 득세했다. 그런 식으로 진보정당, 즉 독자적인 정치세력화가 지체되어왔다.

다른 한쪽에서는 (정치세력화와는) 정반대로 대중투쟁으로 나갔다. 총파업으로 권력을 잡자는 게 뭔가? 무장봉기다. 라틴 유럽 쪽에서는 생디칼리슴이라고 해서 총파업에 의한 정권 탈취 노선이 얼마나 큰 해악을 끼쳤나? 그 바탕에는 무정부주의가 깔려 있다. 그렇게 해서 운동이 성공한 나라는 한 군데도 없다.

우리에게는 직장을 넘어선 계급적 단결이 없다. 노동운동도 많은 비판을 받아야 한다. 노동운동은 전체를 위해 싸우지 않는다. 사실 전투적 조합주의라는 게 전투력이 있는 곳에서만 싸우겠다는 주의다. 대기업 아니면 극한 상황에 놓여 있는 기업 정도다. 어느 정도 싸우면 많은 양보를 받을 수 있다고 생각한다. 물론 산별노조가 형식적으로는 존재한다. 하지만 전교조조차 교사들끼리만 뭉친다. 이들이 학교 안의 비정규직을 쳐다본 적이나 있나? 수많은 영세병원 노동자들 또한 노조 바깥에 있다. 산별노조로 싸안지 못하고 있다. 노동운동 자체가 비대중화되어 있는 탓이다. 전체를 위한다는 구호만 내걸 뿐 실제로는 소수 조직화된 사람을 위한 것이다. 이런 상태에서 무슨 노동을 위한 정치를 하겠다는 것인가? 이것은 민주노총 조합원들만을 위한 정치를 하겠다는 얘기다. 그렇다면 가난한 사람들이 그쪽을 찍을 이유가 무엇이겠는가? 가난한 사람들을 누가 대변했나? 민주노총? 내가 제일 많이 들은 얘기가 이것이다. "왜 민주노총은 민주노총만 대변하나?"

구영식 ● 노 대표가 1980년대에 노동운동을 했기 때문에 더 착잡하겠다. 노 대표가 활동했던 1980년대에 노동운동이 본격화됐다. 하지만 지금은 노동운동 자체가 쇠퇴했고, 전체 노조세력도 힘이 급격히 약화됐다.

노회찬 ● 그렇다. 지금은 거의 최악의 상태다. 하지만 나는 끝났다고 생각하지 않는다. 반전을 위한 혁신과 시도가 필요하다. 크게 보면 지금까지는 포섭전략이었다. 우리나라의 여유 있는 대자본은 힘센 노조와 결탁했다. 노조 쪽에서 요구하는 것을 보장하는 대신 나머지 다수를 무겁게 지배하는 것을 간섭하지 말라고 요구한다. 이렇게 동맹관계와 비슷한 관계가 만들어진다.

현대차에서 보는 게 그런 것 아닌가? 정규직의 요구를 보장해주는 대신 나머지를 저렇게 짓밟는 상황 말이다. 사측은 적은 비용을 쓰고 더 많은 걸 얻는다. 그래서 운동이 확산되지 않고, 대중으로부터 유리된다. 저렇게 (높은) 월급을 받으면서도 파업한다는 근거 없는 비난에도 옴짝달싹 못한다. 그래도 학생운동은 우리나라 중요한 시기마다 민족과 조국을 위해 희생했다. 그런데 노동운동은 그런 적이 있나? 힘 있는 사람들, 더 좋은 조건에 있는 사람들만 대변해오지 않았나? 이런 불신이 국민들 속에 팽배해 있는데 이를 정부나 언론 탓으로 돌려선 안된다. 스스로를 돌아보아야 한다.

구영식 ● 민주노총 위상의 약화, 노조의 약화가 대기업 노조의 이기주의에서 비롯된 부분이 있지만 다른 원인은 없나?

노회찬 ● 기본적으로 총자본의 분할정책이 있다. 잘 조직된 대기업 노조를 보장해주면서 저쪽은 저쪽대로 자기 이익을 위해 분할정책을 썼다. 그런데 그것을 극복하기 위해 적극적으로 대응해야 하는데 이쪽은 오히려 그 대응에 포섭되었다. '3년 동안 임금 안 올릴 테니까 비정규직문제 해결하라.' 이렇게 제안하지 못한다. 결과적으로 조합원의 작은 이익을 지키기 위해 더 큰 이익을 버리는 것 아닌가.

구영식 ● 민주노총 안에서도 정파문제가 심각하다.

노회찬 ● 심각하다. 이 심각한 문제가 진보정당으로까지 이어졌다. 그래서 더 힘든 문제가 되어버렸다. 현대그룹 큰 계열사 노조위원장이 내 손을 잡고 한 말이 잊혀지지 않는다. "노동운동이 이래서는 안 된다. 간부라도 하려면 어느 정파에 소속되어야 한다. 이미 현장 조직을 갖고 있는 그 사람들에게 인정받아야 간부가 될 수 있다. 간부가 되려면 줄을 서야 한다. 이런 잘못된 문화를 해결해보겠다고 하면 왕따가 된다."

구영식 ● 정파의 영향력은 여전한데, 노동운동은 내리막길로 가고 있다.

노회찬 ● 노동운동이 노조 조합원의 실리를 보장하는 경쟁이 됐다. 이념과 노선을 내세우는 경우도 있지만 현장 활동과 관계없다. 그것은 정파의 존립을 위한 명분으로만 존재한다. 누가 더 많은 걸 따내느냐의 차이만 있을 뿐이다.

03

화이부동(和而不同)
부동이화(不同而和)

군자는 남들과 어울려 조화를 이루지만
시비 분별없이 무턱대고 따르지 않고,
소인은 시비 분별없이 무턱대고 따르나
남들과 어울려 조화를 이루지 못한다.

– 공자, 《논어》 中

진보정당의 계보

구영식 ● 이제 진보정당 이야기로 넘어가보자. 노동자의 정치세력화와 관련해 노동자가 자신의 정치 대표체를 갖는 것은 어떤 의미가 있나?

노회찬 ● 정당을 통해 자신들의 요구를 정치적으로 반영할 수 있게 된다는 의미가 있다. 역사적으로 살펴보면, 정치 엘리트들과 달리 노동자들은 문제 해결을 위해 동원할 수 있는 수단과 자원이 별로 없었다. 때문에 일단 다수가 모여서 한목소리를 내야 했다. 단결하는 것이 문제를 해결하기 위한 가장 빠른 방법인데, 그 단결 방법을 오랫동안 지속적으로 모색한 결과 어느 나라나 가릴 것 없이 두 가지 결론에 도달하게 되었다. 하나는 직장 여건이 같은 사람들끼리 당장 손에 쥐어지는 고용문제, 근로조건문제, 임금문제를 개선할 수 있는 노동조합(산별노조 등)을 만드는 것, 다른 하나는 이것을 사회경제적 제도에 반영할 수 있는 정당을 만드는 것이다.

그런데 노동자들의 요구가 받아들여지는 데는 먼저 정치 과정이 어느 정도 성숙하는 시간이 필요하다. 보편적으로 대중들의 요구는 우선 정치적인 권리를 획득하는 것부터 시작해 경제적인 정의를 실현하는 것으로 나아간다. 자본주의 국가들의 정치적 변화를 보면 초기 단계에는 정치적 민주주의를 가지고 갈등을 빚는다. 정치적 민주주의가 어느 정도 확보되기 전에는 다른 요구들이 후순위로 갈 수밖에 없다. 정치민주화도 안 됐는데 경제민주화 하자는 요구는 그 실현 정도가 제한적일 수밖에 없다.

하지만 정치민주화가 어느 정도 달성되면 그다음에는 반드시 사회경제적 민주화라는 의제가 부상한다. 그렇기 때문에 사회경제적 민주화를 가지고 서로 경쟁하고, 대립하고, 타협하는 정치체제가 유지될 수밖에 없다. 이런 체제에서는 당연히 사회경제적 처지가 같은 사람들끼리 모일 수밖에 없고, 그것이 보수정당과 진보정당으로 나뉠 수밖에 없다.

반면 우리는 오랫동안 정치민주화가 이루어지지 않았다. 1987년 이후에 정치민주화와 사회경제적 민주화 요구가 동시에 나왔지만 제대로 수렴되지 못했다. 민주당의 역사적 역할이 있었지만 한편으로는 민주당을 견제하고 민주당이 해결하기 어려운 문제를 맡을 진보정당도 필요했다. 그런데 진보정당이 맡아야 했던 부분이 여러 가지 이유로 힘 있게 추진되지 못했다. 이것이 진보정당만의 문제가 아니라 한국사회 전체 정치질서에도 영향을 미쳤고, 그런 상황이 지금까지도 이어져오고 있다.

구영식 • 사실 정당을 만드는 것은 굉장히 어려운 일이다. 특히 우리나라처럼 운동의 성격이 강한 상황에서는 더욱더 쉽지 않은 일이었다. 브라질 노동자당(PT)의 룰라도 이렇게 얘기했다. "무엇보다 어려웠던 것은 노조 활동에서 정치 활동으로 옮겨가는 과정이었다. 노동운동의 프로젝트를 정치의 프로젝트와 혼동하면 안 된다."

노회찬 • 중요한 핵심이다. 정치의 해법과 노동조합의 해법은 다르다. 노동조합운동의 연장선에서 정치를 바라보면 결국 이익집단으로밖에 기능하지 못한다. 정치가 또 하나의 해결 주체로 기능하지 못하게 되는 것이다. 정치와 노동운동은 그 문법이 다를 수밖에 없다. 그것을 깨닫는 데 시간이 많이 걸렸다.

구영식 • 서구의 진보정당(사민주의 정당)들을 보면 노동운동을 바탕으로 긴 역사를 이어오고 있다.

노회찬 • 그렇다. 지나온 역사를 보면, 많은 나라들이 노동조합도 못 만드는 상황에서 당을 먼저 만들었다. 그만큼 직접적인 문제 해결이 절박했던 것이다. 오늘날에도 스웨덴이나 노르웨이, 독일 등은 전부 당을 먼저 만든 경우다. 이런 나라들은 노동조합을 만들 때 당이 앞장섰다. 그래서 당과 노동조합의 관계가 더욱더 긴밀하다. 가장 먼저 당을 만들었던 나라 중 하나인 영국처럼 노동조합에서 하다 하다 안 되니까 뒤늦게 당을 만들기로 결정한 경우도 있다. 브라질은 당을 먼저 만들고 난 뒤에 노동조합을 새로 만드는 과정을 거쳤다. 우리는 사실 노동조합이 당을 만들었다고는 하나 그 초기 단계에서는 노동조합의 소극적인 태도가 창당의 걸림돌이 되기도 하였다.

구영식 ● 오랫동안 진보정당운동을 해온 사람으로서 한국 진보정당의 계보를 정리해본다면?

노회찬 ● 이렇게 얘기할 수 있겠다. 민중당을 만들었던 두 그룹이 있다. 선배 명망가 그룹과 노동운동 그룹이다. 이들이 처음부터 같이하지는 않았다. 처음에는 민중의당도 있었고, 한겨레민주당도 있었다. 그러다 1990년 11월, 민중당을 건설하며 두 그룹이 합류한다. 그런데 이 두 그룹의 갈등이 1992년 총선을 계기로 폭발했다. 그리고 선배 명망가 그룹은 결국 한나라당 쪽으로 많이 갔다. 한나라당으로 간 이재오, 김문수, 이우재 등과 '나 홀로' 길을 간 장기표 등이 있었다.

노동운동 그룹의 원류였던 인민노련, 노동계급, 삼민동맹 등이 한국사회주의노동당 준비위원회로 1차 결집했다. 이후 민중당, 통합민중당으로 이어지고 분열했다. (명망가 그룹의 다수가 한나라당으로 간 반면) 노동운동 그룹은 그대로 남아서 지속적으로 진보정당을 추진하기로 하고 진보정당 추진위(진정추)를 만들었다.

지금은 강을 건너가버렸지만 진보정당 초기 계보에 개별 명망가 그룹이 있었던 것이다. 진정추가 한 10년을 고군분투했고, 1997년 대선이 결정적 계기가 됐다. 그 대선을 독자적 진보정당 건설의 전초전으로 삼기 위해 여러 세력들이 모였다. 민주노총, 전국연합, 진정추 세력이 모인 것이다. 이것이 민주노동당 창당으로 이어졌다. 진정추는 100% 참여했고, 전국연합도 순차적으로 들어왔고, 민주노총도 공식적으로 참여했다. 민주노동당이 2008년 진보신당과 1차 분열하고, 2011년에 통합진보당으로 다시 모였다가 진보정의당(현재 정의당) 등으로 다시 분열했다.

구영식 ● 1980년대에는 '합법적 진보정당'보다는 비합이나 반합 조직 또는 전선체조직을 선호하지 않았나?

노회찬 ● 한국의 합법적 진보정당운동은 조봉암 사건, 진보당 사건으로 크게 맥이 끊겼다. 이것이 다시 부활한 때는 4·19 이후 제2공화국 시절이다. 그때 사회대중당 등 혁신계 정당이 있었다. 하지만 해방 공간과 6·25전쟁, 이승만 정권의 탄압 등으로 인해 인물의 명맥만 유지되어왔다.

그 이후 잔존 혁신계 인사들의 당이 있었지만 서클 수준이었다. 그들마저도 5·16 쿠데타로 감옥에 많이 들어가고, 남은 사람들은 공개적인 혁신정당운동을 벌일 기력을 거의 상실했다. 이들은 대개 혁신정당운동과 비합 서클운동을 왔다 갔다 했다. 이런 부분들의 일부가 나중에 인혁당 사건이나 남민전 사건에 연루됐다. 그럼에도 불구하고 소수지만 줄기차게 혁신정당운동을 벌인 분들이 있다. 김철 씨 같은 분들이다.

1970년대 그 엄혹한 유신 시기에도 통일사회당이 있었다. 독재 치하에서 그 당의 모든 활동이 정부기관 손바닥 안에 놓여 있었다. 감시와 탄압 속에서 제대로 된 활동을 하기 힘든 조건이었다. 당을 중심으로 활동하는 것 자체가 불가능했다. 특히 1980년대 들어와 박정희 정권보다 더 정통성이 취약한 전두환 정권이 자신의 불법성을 만회하기 위해 계획적으로, 의도적으로 혁신정당을 키웠다. 그래서 두 명씩 뽑는 중선거구제 선거에서 혁신정당에 허수아비 같은 사람을 하나 내세웠다. 그 사람이 출마하는 데는 아예 다른 사람을 공천하지 않아서 반드시 당선되도록 만들었다. 그렇게 혁신정당 국회의원이 한 명 생기도록 만들어준 것이다. 그리고 '사회주의인터내셔널(SI)'이라는 국제적인 진보정당 무대에 보내 얼굴을 내밀게 했다. 한국에도 진보정당이 허용되는 것처럼 선전하는 도구로 악용한 것이다.

국보위와 짝을 이루어 국회를 해산시키고 국회를 대체했던 국가보위입법회의 위원으로도 참여시켰다. 이런 과정을 거치면서 그나마 갖고 있던 정통성마저 심각하게 훼손됐기 때문에 명맥이 완전히 단절됐다. 그래서 1987년 이후에 민주화의 장이 열렸을 때, 아예 처음부터 새롭게 만들 수밖에 없었다. 그 이전의 명맥을 유지, 발전시키는 것은 애초부터 선택사항이 아니었다. 우리로서는 완전히 새롭게 갈 수밖에 없었다.

변혁의 세상, 새로운 길을 찾다

구영식 ● 합법적 진보정당을 진지하게 고민하게 된 계기는 무엇인가? 1987년 6월 항쟁으로 민주화의 공간들이 조금씩 열리면서인가?

노회찬 ● 1987년 이전의 변혁운동에 전략상 재검토가 불가피해진 것은 6월 항쟁과 789투쟁이라는 두 개의 큰 파도 때문이었다. 그러나 곧이어 세 번째 파도가 덮쳤다. 1989년 소련 사회주의 붕괴다. 그동안 우리의 사회변혁 프로그램이 수정되어야 한다는 문제의식이 내부에서 계속 축적되어왔다. 여기에 결정타를 가한 것이 1989년이었다. 나는 6월 항쟁으로 인해 민주화의 공간이 넓어진 것, 789투쟁을 계기로 대중들이 스스로 자기 이야기를 하기 시작했다는 점, 여기에 소련 사회주의가 무너지면서 사회주의 변혁론이 더 이상 한국 사회에서 존립하기 힘들게 됐다는 점 등이 작용했다고 본다.

구영식 ● 그런 고민의 과정 속에서 이른바 '신노선'이 나왔나?

노회찬 ● 그렇다. 신노선은 1987년 이후에도 관성적으로 견지되어온 비합법 변혁정당노선을 폐기하자는 것이었다.

구영식 ● 신노선의 핵심적인 내용은 무엇이었나?

노회찬 ● 전면적인 합법정당 노선이다. 핵심은 그것이었다.

구영식 ● 신노선을 주도한 것은 결국 인민노련 그룹 아니었나?

노회찬 ● 당시 인민노련은 노동계급, 삼민동맹, 안산그룹 등과 통합하여 한국사회주의노동당 창준위를 꾸민 상태였다. 신노선은 한사노 창준위가 자신의 원래 계획을 변경하는 것이었고 인민노련 출신들이 먼저 제기하였다.

구영식 ● 신노선은 기존 운동권이 갖고 있던 변혁주의 노선의 폐기라고 봐야 하나?

노회찬 ● 그렇다. 결별이다.

구영식 ● 신노선의 운동사적 의미는 무엇인가?

노회찬 ● 굉장히 크다. 1980년대를 지배해온 것은 혁명만이 독재 정권을 무너뜨릴 수 있다는 생각이었다. 그런데 1987년 6월 항쟁으로 군사독재의 시대는 막을 내렸다. 헌법 개정으로 권력을 국민의 손으로 창출하게 되었다. 선거를 통한 권력 창출이 보장된 이상 혁명으로 세상을 바꾸자는 주장은 설 자리를 잃어갔다. 여기에 소련 등 국가사회주의진영이 붕괴하면서 이른바 사회주의혁명론도 설득력과 함께하기 힘든 것처럼 현실의 근거를 상실하였다. 활동노선과 전략의 근본적 재검토가 시급했다. 신노선은 불가피했다.

구영식 ● 당시 운동권에서는 신노선을 개량주의, 합법주의 등으로 비판했다.

노회찬 ● 사회주의 노선으로부터 변절했다는 비판이 나왔다. 그리고 개량주의, 의회주의, 합법주의로 매도됐다. 그렇게 매도했던 당시 강경 좌파들은 지금 거의 남아 있지 않다. 그렇게 앞장서서 비판하고 매도했던 사람들 중 적지 않은 사람들이 민주노동당에 참여했다. 그 비판에 참여하지는 않았지만 변혁 노선이던 민주기지론 세력들(NL그룹)은 공개적인 선언도 없이 민주노동당에 들어왔다.

구영식 ● 신노선이 당시 운동권에 미친 영향은 어느 정도였나?

노회찬 ● 상당히 컸다. 당시 운동의 두 축 중 한 축이 노선을 (합법적) 진보정당 노선으로 바꿨기 때문이다. 하지만 이것이 운동진영 전체에서 수용된 것은 아니었다. 일부 진영에서는 개량으로 폄하했다. 재미있는 사실은 혁명의 시대가 갔다고 판단한 쪽은 독자적 정치세력화로 나갔고, 그것을 개량이라고 비판했던 사람들은 낡은 권력을 계속 뒷받침하는 쪽으로 갔다는 점이다.

구영식 ● 1991년 7월 인민노련과 삼민동맹, 노동계급 등 3파가 연합해 한국사회주의노동당 창당준비위를 꾸렸다.

노회찬 ● 1987년 이후의 조직 노선은 크게 2단계에 걸쳐 진행됐다. 1단계는 주로 6월 항쟁과 789투쟁으로 인한 변화를 통해 합법정당의 필요성과 중요성을 인정하되 비합 노선을 여전히 병행하는 것이었다. 그 지점에 한국사회주의노동당 준비위가 있었다. 이는 비합정당인 한국사회주의노동당을 만들겠다는 것이었다. 그래서 정당을 만들기 전의 단계인 준비위원회에 각 정파들이 같이했다.

우리는 사노맹까지 같이하려고 만났지만 합류하지 않았다. 사노맹을 제외한 비NL의 주요 정파들이 다 모였다. 비NL 쪽에서 천하통일을 이룬 셈이다. 그런데 자세히 들여다보면 역량의 절반 이상을 투여할 정도로 합법정당 노선을 중시했지만 사실 그것은 전술단위였음을 알 수 있다. 전략적으로는 여전히 비합정당을 전략지도부로 삼으려고 하는 비합정당 노선이 견지되고 있었던 것이다. 그런데 사회주의권이 붕괴되면서 아예 비합 노선을 포기하고 합법정당 노선으로 완전히 전향하게 된다. 합법정당을 전술단위가 아니라 오히려 주된 전략으로 삼는 변화가 한 번 더 일어난 것이다(2단계). 이로 인해 한국사회주의노동당 창준위를 해산하고 한국노동당 준비위원회로, 노동자정당 추진으로 방향을 틀었다.

구영식 ● 그때도 여전히 전위조직론이 남아 있었다.

노회찬 ● 남아 있었다. 형식적으로는 존재했지만, 내부적으로도 회의의 대상이 되었다. 그런데 모든 일이 그렇지만, 어떤 생각을 한다고 하루아침에 무엇을 바꿀 수 있는 게 아니다. 다수가 논의하고 공감하고 소통하는 과정이 따를 수밖에 없다.

신노선은 전면적 합법정당노선이었다. 신노선을 채택하면서 지하 노동운동세력들은 한국노동당 창준위로 진화하였다. 그리고 이 조직을 이미 합법정당으로 기능하고 있는 민중당과 통합하는 프로젝트를 추진하였다. 나는 그 과정에서 한국노동당 그룹이 과욕을 부렸다고 본다. 과욕을 부려 쪽수로 밀어붙이려고 했다. 그것은 오판이었다.

쪽수로 밀어붙일 게 아니었다. 쪽수로 밀어붙이려고 하니까 쪽수가 적은 쪽에서 나가버렸다. 그렇게 나가버린 사람들이 바로 김문수, 이재오, 장기표, 이우재 등이다. 나간 사람들을 비판하면서 발표한 책이 《문제는 민주주의다》였다. 문제가 민주주의라는 것은 왜 쪽수대로 하지 않느냐는 얘기다. 하지만 문제는 민주주의가 아니었다고 생각한다.

구영식 ● 상당히 아이러니하다.

노회찬 ● 그때 그 사람들을 붙잡아야 했다.

구영식 ● 그러면 좀 달라졌을까?

노회찬 ● 많이 달라졌다고 본다. 당시 민중당을 격렬하게 비판하면서 참여하지 않았던 민주노총 위원장 출신에게 그때 민중당이 해산당하지 않고 지금까지 있었으면 어떻겠느냐고 물으니까 이런 얘기를 하더라.

"민중당이 내부적으로 문제가 있었더라도 당을 계속 유지해서 왔으면 대단했겠지. 원내교섭단체도 넘어섰지."

그때 한국노동당 출신들이 개별 명망가들을 비난할 때 썼던 말이 사민주의, 개량주의였다. 그럼 민주노동당만이 아니라 그 이후에 만들어진 진보정당들이 그 당시 장기표의 주장 이상으로 주장하고 있을까? 전혀 아니다. 그러니까 같이 못할 이유가 전혀 없었다고 본다.

구영식 ● 진보정당의 역사에서 가장 중요한 순간은 언제였다고 보나?

노회찬 ● 여러 가지를 댈 수밖에 없다. 1990년 11월 민중당 창당도 큰 의미를 갖는다. 그리고 1992년 4월 민중당이 해산하자 진보정당을 계속 이어가겠다고 진정추가 결의해 그 이후 10년을 버틴 것이 대단히 중요하다. 그다음 1997년에 민주노총이 대의원 대회에서 정치세력화를 선언하고 대선에 공식 참여하면서 국민승리21이 만들어졌다. 2000년 1월의 민주노동당 창당, 2008년 2월의 민주노동당과 진보신당 분열, 2011년 12월의 통합진보당 창당, 2012년 통합진보당 사태. 이런 것들이 좋은 의미든 나쁜 의미든 다 중요한 고비들이었다.

> **66** 21세기 최대의 히트 상품은
> 진보정당이 될 것이다 **99**

진보정당의 용트림 - 국민승리21

구영식 ● 진보정당의 초기 역사에서 민중당이 굉장히 중요했는데 왜 민중당은 2년여 만에 실패로 끝났을까?

노회찬 ● 민중당이 1992년 총선에서 패배한 뒤 해산하고 다시 재건에 나섰지만 실패했다. 남아 있는 사람들이 진정추를 만들었고, 내가 진정추 대표로 있으면서 새로운 정당 추진과 관련해 의견을 이론화해서 제출한 게 있다. 주요 내용은 '민중당이 왜 실패했는지 정확히 봐야 실패하지 않는 새로운 정당을 창당할 수 있다.'는 것이었다.

나는 민중당이 실패한 요인을 세 가지로 보았다. 첫 번째는 민중민주운동을 기반으로 출발할 수밖에 없는 조건 속에서 다수의 동의를 얻지 못하고 한 정파의 힘으로만 출발한 것이다. 이것이 민중당을 내내 괴롭힌 문제였다. 민중당 활동가들의 조직 역량은 구미 지구당의 상근자가 30명이었다는 것만 보아도 알 수 있다. 태백 지구당의 상근자가 15명이었다. 그 당시만 해도 운동 내에 이런 고급 인력들이 그렇게 넘쳐났다. 다 무보수였다. 그런데 그 많은 상근자들을 괴롭힌 것은 국가보안법도 경찰도 아니었다. 독자정당노선을 적대시하는 운동권 내부의 대립과 반목이었다.

두 번째는 민주노총의 지지나 지원을 얻지 못한 점이다. 민중당 지구당 위원장의 3분의 2는 현역 노동조합 위원장이거나 노동운동가였다. 실제로 민중당의 1992년 총선 후보는 노동자 출신이 반이 넘었다. 당시 전노협 중앙위원회 절반이 민중당 당원이었다. 그럼에도 불구하고 전노협, 업종회의 등 공식 노동조합의 지지나 지원을 얻지 못했다. 정파적 지지만 있었을 뿐이다.

세 번째는 선거제도와 국가보안법 등 제도적 문제였다. 앞의 두 가지는 우리가 주체적으로 해결해나가야 할 문제이지만 제도적 문제는 앞으로 싸워서 고쳐나갈 문제였다. 당시 나는 앞의 두 가지에서 진전이 없다면 성급하게 당을 만들어서는 안 된다고 분석했다. 1992년 4월 진정추가 출범했는데, 1992년 대선을 놓고 논쟁이 벌어졌다. 1992년 12월 전에 창당하느냐, 다음 해 3월에 창당하느냐를 가지고 격렬하게 싸웠다. 나는 둘 다 아니라고 봤다. 사실은 내 주장대로 되긴 했다. 1993년 3월이 아니라 2000년 1월에 민주노동당이 만들어졌으니까.

민주노동당을 만들 때도 민중당 실패의 전철을 밟지 않으려고 노력했다. 나는 전국연합, 즉 NL그룹도 함께해야 한다고 봤다. 그래야 진보정당이 운동권의 한 정파만 가지고 만들어진 문제를 해소할 수 있으리라 생각했다. 두 번째는 민주노총의 공식 지지가 있어야 한다는 것이었다. 결국 몇 년 걸려 지지를 받아냈다. 이 두 가지가 해결됐기 때문에 민주노동당을 만들었다. 민중당이 실패한 것은 이 두 가지를 해결하지 못했기 때문이다. 여기에 덧붙이자면 한국노동당과 결합하는 과정에서 지나친 힘의 논리, 패권이 작용했던 문제가 있었다. 반성해야 할 지점이다.

구영식 ● 민중당이 해산하고 국민승리21로 모이기까지 몇 년간 진보진영은 여전히 분열된 상황을 유지했다.

노회찬 ● 1987년 대선에 이어 1992년 대선도 진정추 단독으로 치른 게 아니라 사회당 추진위, 진보민청, 민중회의 등과 함께 치렀다. 1992년 대선을 치르고 난 뒤에 제안했다. 독자적 진보정당을 추진하는 여러 세력들이 우선 하나로 뭉치자고. 그래서 1992년 대선이 끝나자마자 1993년 초에 각 조직의 권한을 위임받은 수임위원회라는 걸 만들었다. 그래서 진정추, 사회당 추진위, 진보민청, 오세철 교수 등과 함께 통합을 논의했다.

당시 사회당 추진위 쪽에서 나온 사람이 우리가 앞으로 만들 정당은 사회주의정당임을 명시하자고 제안했다. 명시하지 않으면 안된다고 했다. 나뿐만 아니라 진보민청도 반대했다. 오세철 교수 쪽에서도 반대했다. 나는 우선 사회주의정당을 만들자는 부분은 빼고 나머지라도 합치자고 했는데 오히려 진보민청 등이 사회당 추진위와 통합해버렸다. 그렇게 해서 만들어진 조직이 민정련(민중정치연합)이다. 당시 진정추 대표였던 나는 포기하지 않고 다시 민정련을 설득했다. 결국 민정련이 같이하기로 해서 만들어진 조직이 진보정치연합이었다. 진보정치연합은 이후 민주노동당 창당에 참여했다.

구영식 ● 1997년 대선에 대응하기 위해 만들어진 국민승리21이 나중에 창당될 민주노동당의 모태가 된 것인가?

노회찬 ● 그렇다.

구영식 ● 진보정당 역사에서 국민승리21은 어떤 의미를 지니나?

노회찬 ● 진보정당운동의 시행착오를 극복하기 위한 새로운 시도였다. 그로 인해 민주노동당이 창당됐고, 결국 원내 진출로까지 이어졌다. 진보정당의 오랜 단절 끝에 대중적 진보정당 시대가 열리는 계기를 마련한 조직이었다. 국민승리21은 애초에 그런 용도로 설계되었다.

구영식 ● 그런데 왜 조직명이 국민승리21이었나?

노회찬 ● 하하. 왜 '노동자승리'가 아니냐는, 그런 뜻인가?

구영식 ● 운동권 인사들이 보통 가지고 있는 생각 등에 비추어보더라도 '국민승리'라는 이름은 좀 의외다.

노회찬 ● 1996년 총선이 끝난 후 진보정치연합 안에서 '오랜 기간 동안 당을 준비했지만 진보정당은 가망이 없다. 진보정당운동은 드디어 실패했다. 우리는 그만하겠다.'라고 기자회견을 하고 해산하자는 제안이 있었다. 주요 인사들이 제안했지만 나는 강하게 반대했다. 나는 "우리가 이제까지 우여곡절과 어려움을 겪은 건 사실이지만 1997년이 있고, 민주노총이 과거와 다른 전향적인 결정을 내릴 가능성이 높아져가고 있다. 민주노총 등과 더불어서 우리가 꿈꿔왔던 방식으로 진보정당을 만들 수 있다."고 주장했다. 그 결과 당 대회에서 내 주장이 채택됐다.

그런데 진보정당운동의 실패를 인정하고 그만하겠다고 한 분들이 탈퇴했다. 나는 1997년 월간 〈말〉 지 1월 호에 글을 기고하여 호소했다. 국민정당을 만들자는 내용이었다. '절대다수 국민은 노동자, 서민인데 기득권 정당들이 국민정당을 참칭하고 있다. 국민들이 직접 나서서 국민정당을 만들어야 한다.'는 것이었다. 그래서 민주노총 등 좌우가 다 모여 대선을 치르고 이후 당으로까지 나아가자고 제안했다. 당시 내가 국민정당을 이야기했다고 해서 일각에서는 맛이 갔다며 비난했다. 하지만 큰 논쟁은 되지 않았다. 아무튼 이것을 기반으로 작업에 들어갔다.

당시 우리는 참여연대까지 함께하려고 했다. 이재영이 실무를 맡아 참여연대 활동가들과 긴밀하게 만났다. 나는 전국연합 등 지도층 인사들을 맡았다. 권영길 당시 민주노총 위원장의 경우 내가 마라톤을 같이 뛰며 읍소할 정도였다. 〈한겨레〉 창간 기념 마라톤 대회를 같이 뛰면서 설득했다. "21세기 최대의 히트 상품은 진보정당이 될 것이다. 이미 늦었지만 더 이상 늦출 수 없다." 그렇게 해서 민주노총도 참여하기로 약속했다. 그해(1997년) 9월에 국민승리21이 만들어졌다. 그 과정에서 국민승리21이라는 이름 자체가 크게 문제되지 않았다.

국민승리21의 가장 큰 의미는 민주노총이 정치세력화, 즉 진보정당을 만드는 주역으로 스스로를 규정하고 적극 참여했다는 점이다. 그 이후에 과연 그런 역할 규정이 제대로 실천됐느냐 안 됐느냐 하는 평가와는 별도로 큰 의미를 가진다.

구영식 ● 전국연합이 참여한 것은 좀 예상 밖이었나?

노회찬 ● 그렇다. 그것은 쉽지 않은 일이었다. 당시 의장이었던 이창복, 주요 간부 중 한 명이었던 최규엽 등을 만나 이야기를 많이 나눴다. 이창복 의장은 흔쾌하게 동의했고, 최규엽 위원장은 가장 적극적으로 동의하고 참여했다. 전국연합의 주요 지역 조직인 울산은 이미 자체적으로 우리와 유사한 길을 가고 있었다.

당은 만들지 않았지만 지방선거에 참여하면서 성과를 내기 시작했다. 경기동부연합 중에서도 성남연합은 이미 그런 데 일찍 눈을 떠서 울산연합과 비슷한 모색을 하고 있었다. 결국 전국연합이 국민승리21을 만드는 과정에서 순차적으로 참여하게 됐다. 그것을 바탕으로 2000년 민주노동당이 만들어질 때 울산연합은 처음부터 참여했고, 나머지는 부분 참여하거나 민주노동당이 어느 정도 안정적으로 뿌리내리는 걸 지켜본 뒤 참여했다. 인천연합은 민주노동당 창당 후 2년 뒤에 참여했고 전농도 2~3년 후에 참여했다. 여하튼 한 번에 다 된 것은 아니지만 노동자, 농민, 학생 그리고 좌우를 다 포괄해가면서 참여가 확대되는 과정이 있었다. 그 출발점이 국민승리21이었다.

구영식 ● 국민승리21에 참여한 전국연합 출신 인사들 중 일부는 대선이 끝난 후에 새천년민주당에 수혈됐다.

노회찬 ● 이창복 의장, 유기홍 대변인, 이인영 조직팀장 등 몇몇 인사가 그랬다. 우리는 당연히 득표가 낮을 것이지만 앞으로 얼마든지 발전할 전망이 있다고 봤다. 하지만 이들은 대선 결과를 보고 한국에서 진보정당이 어렵다고 판단했던 것 같다. 그래서 대선이 끝나자마자 우리와 다른 길을 걷게 됐다.

구영식 ● 청년진보당 등 좌파 그룹은 "국민승리21이 (실패한) 유럽 사민주의 노선을 걷고 있다."며 비판했다.

노회찬 ● 두 당의 노선 차이가 크다고 보지 않았다. 끊임없이 통합하려고 했지만 안됐다.

비판적 지지론 그러나 논쟁은 현실이 정리한다

구영식 ● 민통련, 전국연합 등 과거 재야운동(통일전선체운동 등)이 진보정당운동에 미친 영향은 무엇인가?

노회찬 ● 반독재 민주화운동과 민중운동을 지향하는 사회운동조직과 개인들이 이른바 '재야'라는 이름으로 불렸다. 이것이 새롭게 시도된 진보정당운동에서 일정 부분 인적 기반으로도 작용했다. 그리고 문제의식이나 가치, 지향 등도 많이 계승되었다. 다른 한편으로는 재야 전체의 동의가 이루어지지 않은 관계로 진보정당운동은 초기 20년 동안 재야운동 내부 갈등의 진앙처럼 여겨졌다. 진보정당 무용론, 시기상조론 등 민주연합파의 주장이 독자진보정당운동을 가로막기도 했다. 지금은 더 이상 진보정당을 왜 하느냐가 아니라 진보정당이 잘하냐 못하냐 하는 문제로 싸우기 때문에 진보정당 존재 자체가 부정되거나 의심받지는 않는다. 하지만 당시에는 CIA 간첩이 아니냐는 얘기까지 나왔다.

나는 김근태 선배나 장기표 선배에게 진보정당을 실현하는 데 힘을 함께해줄 것을 강하게 요구해왔다. 김근태 선배는 "지금은 민주정부를 세우는 게 중요하다. 민주정부가 세워지면 바로 진보정당으로 가겠다. 그러니 일단은 김대중 정부를 세우는 데 힘을 합치자."고

역으로 제안했다. 하지만 김대중 정부가 들어선 뒤에도 김근태 선배는 진보정당으로 돌아오지 않았다. 진보정당이 재야운동을 계승한 측면이 있지만 이렇게 재야운동의 힘이 한곳으로 다 모이지 못해 매우 어렵게 시작하고, 연명해온 측면이 있다.

구영식 ● 이런 '비판적 지지론'이 진보정당의 발전을 제약해온 측면이 있지 않나?

노회찬 ● 그렇다. 거기에는 여러 가지 배경이 있겠지만, 그중 하나가 분단이라는 현실일 것이다. 다른 나라들에서도 진보운동이 단일하게 나가는 것은 아니다. 유럽의 경우 2차 세계대전 때만 해도 진보정당 세력들이 소련과 어떤 관계를 맺느냐에 따라 친소냐 아니냐로 크게 구분되었다. 우리의 경우도 분단이라는 특수성 때문에 독자적 진보정당이 불가능할 것이라는 판단이 있었다. 가능하다는 판단도 있었지만 그 두 가지가 서로 화합하지 못했다. 그것이 오늘날까지 이어지고 있다고 본다.

구영식 ● 비판적 지지론은 나중에 민주대연합론 등으로 바뀌면서 끈질긴 생명력을 유지했다. 나중에는 자유주의 정당에 의해 '진보정당 사표론'으로 악화됐다. 이런 식의 논리가 생명력을 유지한 이유가 무엇이라고 보나?

노회찬 ● 몇 가지 설명이 가능할 것 같다. 한 가지는 이미 설명한 것처럼 분단이라는 특수성을 가진 한국사회가 독자적인 길을 주저하게 만드는 방향으로 작용한 것이다. 또 처음부터 노동자 정치가 곧바로 독자적 세력화로 표현된 것은 아니었기 때문에 좀 타협적으로 갈 수 있지 않느냐는 주장도 얼마든지 있을 수 있다. 그리고 한국의 경우 애초에 진보정당운동을 하는 사람들이 운동권 내부에도 적었다. 외부의 여러 부정적인 공세도 있었지만 진보정당운동 내부의 패착도 크다.

노동운동이 스스로 정치세력화를 결단하지 못했던 것이 진보정당의 성장을 지체시켰다. 스스로 독자세력화해 정치력을 행사했어야 하는데 그렇게 되지 못했다. 노동운동세력이 관념적, 이상적으로 오랫동안 낡은 노선에 매몰되어 있었다. 지금 상황도 마찬가지다. 노동운동이 사민주의를 잘 받아들이지 못한다. 사민주의는 개량이고 위험하다는 것이다. 그런 생각을 가진 활동가와 간부가 꽤 있다. 그럼 노동자들의 인식을 사회주의 수준으로 끌어올리기 위해 노력하고 있나? 전혀 그렇지도 않다. 오히려 그대로 둔다. 그 결과가 무엇인가? 사민주의의 복지나 연대를 굉장히 등한시하고, 오히려 '우리 노조', '우리 회사'를 중시한다. 탈계급, 보수화를 용인하고 방치하는 과정이 되어가고 있다. 오히려 사민주의 국가들의 노동운동보다 더 보수화되고 있다. 이것이 대중성을 잃는 원인이 되는 것이다.

노동세력이 정당운동 자체에 굉장히 냉소적이다. 정당운동은 국회의원이 되려는 사람들의 출세를 위한 운동이라고 본다. 그래서 선거를 적극적으로 활용하지 않고, 조합원들이 새누리당이나 새정치민주연합을 찍는 상황을 방치해버린다. 경제적 문제를 해결하기 위해서는 단결하지만 더 중요한 문제인 정치문제를 위해서는 단결하지 않는다. 민주노총과 한국노총으로 분리된 토양 위에 이런 문제까지 겹치면서 완전 무장해제되어 있다. 자본의 처지에서 보면 소수의 정규직 노조, 대기업 정규직 노조에만 상당한 이익을 보장해주고, 대신 나머지는 짓밟아도 용인되는 이상한 동맹이 만들어진 것이다.

구영식 ● 현실에서 비판적 지지론 등이 먹힌 것은 결국 '약한 진보정당체제' 때문 아닌가?

노회찬 ● 그렇다. 이론투쟁도 해야 하지만, 논쟁이 논쟁을 정리하는 것이 아니라 현실이 논쟁을 정리하는 경우도 많다. 그동안 수많은 논쟁이 현실이라는 엄연한 결과 앞에서 상당수 정리됐다. 내가 진보정당운동의 깃발을 들었을 때 "저것은 개량이다."라는 지적이 많았다. 한국사회가 어떤 사회인데 성공하지도 못할 것을 한다며 당 건설에 참여하지도 않았다. 오히려 진보정당운동이 계급운동을 개량화시키고 있다며 비판했던 주요 인사 중 한 사람이 2004년에 내가 당선되니까 나를 찾아왔다. 그러고는 밑도 끝도 없이 "당신이 이겼다. 내가 인정한다."고 했다. (웃음)

민주노동당, 수면 위로 떠오르다

구영식 ● 2000년 민주노동당을 창당할 때 심정이 어땠나? 국민승리21 때와는 완전히 다른 기분이었을 것 같다.

노회찬 ● 내가 어디 기고한 글에서 그 당시 심경을 '내 인생 목표의 절반이 이루어졌다.'고 표현했다. 창당이 목표였다. 제대로 된 진보정당 하나 있어야 한다는 게 가장 큰 소망이었다. 이를 위해 엄청난 어려움과 핍박에도 한길을 걸었다.

많은 사람들이 노동운동을 하다가 정치를 한다고 하니 걱정을 많이 했다. 나는 직업으로서 정치를 하겠다고 했다. 하지만 진보정당이 없는 정치를 생각한 것이 아니기 때문에 진보정당을 만드는 일이 내 목표였다. '그것이 과연 내가 살아 있는 동안 만들어질까?' 그렇게 의심해본 시간도 있었다. 그래서 내 목표의 절반이 해결됐다고 표현한 것이다. 이후 이 당을 잘 가꾸고 발전시키는 것은 내가 아니더라도 후배들이 잘할 것이라고 봤다. 그때 말로는 몇 년 안에 두 자릿수 의석을 만들 수 있다고 큰소리 뻥뻥 쳤다. "당원이 되어주세요."라고 선전하고 다닐 때 그런 얘기를 참 많이 했다. 그런데 말은 그렇게 했지만, 그런 날이 과연 살아생전에 올까 하는 생각이 있었다. 솔직히 나도 믿지 않았다.

당을 만들 때도 내부에서 논란이 많았다. 나는 2000년 4월 총선 전에 당을 만들어야 한다고 했다. 총선 때 당의 이름으로 출마해야 하니까. 실패의 경험이 많았던 우리 쪽 사람들 일부는 이 당으로

2000년 선거에 출마하면 한 석도 못 얻을 게 분명하고, 전체 득표율이 2%도 넘지 못해 해산될 게 분명한데, 그렇게 되면 어렵게 당을 하겠다고 결심한 사람들이 다 도망갈지도 모른다고 했다. 그래서 총선 전에 당을 창당해서 심리적 타격을 줄 필요가 있느냐고 했다. 창준위 정도로 선거를 치른 후에 창당하자고 했다. 하지만 나는 반대했다. 이번 선거에서는 어떻게 될지 몰라도 이 당은 앞으로 계속 커나갈 당이라고 고집을 피워 2000년 1월 30일에 창당했다.

예상은 했지만 아쉽게도 4월에 한 석도 얻지 못했다. 물론 그때 한 석은 기대했다. 당시 우리가 한 석을 얻기 위해 밤새운 광경이 기억난다. 울산 북구에서 첫 번째 의석이 나올 것으로 봤다. 두 번째가 일산, 세 번째가 창원이었다. 과학적 운동을 주장하던 나는 여론조사를 했다. 그랬더니 울산 북구, 일산, 창원 순으로 나왔다. 울산 북구의 경우 한 석을 얻기 위해 제일 나은 후보를 내보냈어야 하는데 여기에 패권주의가 작용됐다.

상품성도 없고 득표하기도 쉽지 않은 후보를 무리하게 내보냈다가 한 석을 잃었다. 결국 이것이 나중에 큰 문제가 됐다. 나는 권영길 위원장이 일산에 나가야 한다고 생각했는데 본인은 여러 가지 생각한 끝에 결국 창원에서 나갔다. 거기는 쉽지 않은 곳이어서 의석을 얻는 데 실패했다. 그런 험난함은 이미 예상한 것이었다. 그러고 나서 그다음 선거인 2004년 총선 때 10석, 딱 두 자리 의석수를 기록했다. 내가 처음에 장담한 대로 말이다.

구영식 ● 그 아슬아슬했던 장면이 기억난다. 2000년 총선 때 〈말〉지 기자였다. 원래 개표하는 날 부산의 노무현 후보에게 가는 걸로 잠정 결정된 상태였는데 출구조사 등에서 최용규 후보가 당선되는 걸로 나오자 행선지를 울산 북구로 바꾸었다. 당시 캠프에 가보니 개표 초반에 앞서 나가면서 최용규 후보가 당선 인터뷰를 하는 등 들뜬 분위기였다. 그런데 자정을 넘기면서 선거캠프가 침울하게 변해갔다. 원내 진출의 꿈이 이루어지겠다 싶었는데 결국 안됐다. 서울로 올라올 때 해단식에 참석하러 가는 최용규 후보와 같은 비행기에 타게 돼 그 안에서 인터뷰까지 진행했던 기억이 난다.

노회찬 ● 오판했다. 그 이전 지방선거에서 받은 지지 등을 보면서 울산 북구에서는 후보만 내면 당선될 것으로 지나치게 방심했고 오만했다. 하지만 후보가 누구냐에 따라 자칫 안심했던 그 한 석조차도 얻기가 쉽지 않다는 것을 절감했다.

구영식 ● 그때 한 명의 당선자를 냈다면 어땠을까?

노회찬 ● 이루어지지 않은 가정이어서 구체적으로 확언하기는 힘들다. 하지만 2004년에 좀 더 많은 진출이 가능하지 않았을까? 국회의원이 한 명이라고 할지라도 그 4년간 진보정치가 어떻게 다르고 우리 사회에 왜 필요한 것인지를 실증적으로 보여주는 과정이 되었을 가능성이 크다. 그렇다면 2004년에 좀 더 많은 지지를 얻을 수도 있었다.

구영식 ● 그래도 2000년 총선 출마자들의 평균 득표율이 무려 13.1%였다.

노회찬 ● 좋았다.

구영식 ● 공업지역의 경우에는 40% 이상씩 득표했다. 그런 점들에서 전체 득표율은 1.2%밖에 안 됐지만 진보정당의 가능성을 확인시키지 않았나 싶다.

노회찬 ● 선거 결과 때문에 당도 다시 등록해야 하는 등 모양새가 구겨지는 상황이었지만, 계속 당원들이 늘어났다. 이렇게 해서 진보정당으로서 할 일이 정착되어갔고 지방선거를 내다보고 착실하게 준비할 수 있는 비전을 가지게 됐다.

결정적인 계기는 2002년 지방선거였다. 창당한 지 2년 만에 치러진 지방선거에서 괄목할 만한 성과를 얻으면서 자신감을 완전히 회복했다. 전략과 기획의 성공이었다고 본다. 그것이 2002년 대선과 2004년 총선으로 이어졌다. 국민승리21 창당을 준비하는 과정에서 정책기획위원장을 맡았는데 선거제도와 정치 개혁 문제를 강하게 제기했다. 실제로 세계 각국의 진보정당이 집권당에 이르는 과정에서, 즉 제1야당에 이어 집권당으로까지 나아가는 과정에서 선거제도 특히 정당명부 비례대표제의 확대가 굉장히 중요했다.

이런 이야기를 했더니 초기에는 별 이야기를 다 들었다. 부르주아 선거 개혁에 꿈을 갖고 있다 했고, 선거 혁명은 잘못된 꿈이라고도 했다. 선거를 통해 비약적으로 진출한다는 것이 잘못된 꿈이라는 얘기다. 그럼 합법정당이 선거 말고 무엇으로 세상을 변화시키나? 게다가 선거제도 개혁도 시급했다. 우리뿐 아니라 당시 선거제도와 관련해 다양한 헌법소원이 제출됐다. 그 헌법소원의 적지 않은 부분은 진정추 때부터 준비해 제기한 것이었고, 거기에서 의외의 결과가 나왔다. 창당 2개월 만에 헌법재판소에서 우리가 문제 제기한 당시 전국구 의원 선출방식이 위헌이라고 판정했다. 그래서 이후 지방선거와 총선에 1인 2표제가 도입됐다. 그런데 이것의 중요한 의미를 깨달은 곳은 우리밖에 없었다.

특히 2002년 지방선거에서 광역비례대표가 처음으로 정당투표에 의해 결정되게 됐다. 그래서 광역비례대표를 정당투표로 계산했더니 정당 득표에서 7% 이상을 얻으면 일정 수의 비례대표를 광역별로 한 명씩 얻을 수 있었다. 그렇게 해서 아홉 명 정도를 얻게 되면 국고보조금이 나오고, 국고보조금이 나오면 다가오는 대선에서 토론회 참여 등으로 발언권을 확보할 수 있었다. 이것이 2004년 총선에서 가장 중요한 활동 기반이 될 것이라고 봤다. 당시 나는 민주노동당 사무총장이었는데 정당투표에서 7% 이상 얻는 것을 목표로 정했다.

그럼 이제 어떻게 해야 하나? 정당을 많이 알려야 한다. 따라서 '광역단체장 출마 준비가 좀 안 됐더라도 나가자. 5,000만 원 내고 이름이라도 걸어두자. 그렇게 되면 기초의회 의원 및 단체장, 광역회의 의원 및 단체장을 뽑는 4대 선거에 이름이 나오고 정당 인지도가 높아지니까 정당투표에서 한 표라도 더 얻을 수 있는 것 아닌

가. 그리고 그 성과가 다음 총선으로까지 이어질 것이다.' 이런 계획을 제출했다. 그런데 당내에서 드디어 저 사람이 본색을 드러낸다는 얘기가 나왔다. (웃음) 기존 운동권이 하지 않던 계산방식이었기 때문이다. 하지만 결국 이런 계획이 통과돼서 모든 광역자치단체장 선거는 아니지만 여러 군데에 나가게 됐다. 그리고 광역비례 후보를 강제로 내게 했다.

다들 후보를 내봤자 당선도 안 될 것이라 했다. 우리는 일정하게 득표하면 한 석을 얻을 수 있지만 그 한 석 얻기가 쉽지 않았다. 제주도는 아예 후보도 없었다. 그래서 후보를 내지 못했다. 나중에 보니 후보를 내기만 했으면 당선되는 거였다. 특히 우리는 비례대표 후보 1번을 여성으로 했다. 그렇게 대부분 후보를 강제적으로 내게 해서 아홉 명이 당선됐다. 정당투표에서 놀랍게도 8.13%를 얻어 아홉 명의 광역비례 후보가 당선됐다. 이에 따라 국고보조금을 분기별로 5,000만 원 받는 쾌거를 이뤄냈다. 드디어 진보정당이 한국사회에서 시민권을 얻은 것이다.

이 지방선거가 우리에게 준 의미는 굉장히 컸다. 정당투표에서 당시 19석이었던 자민련을 우리가 눌렀기 때문이다. 자민련보다 더 높은 정당투표율을 기록한 것이다. 자민련은 이 제도의 의미를 잘 모르고 전혀 대응하지 않았다. 반면 우리는 능력 이상으로 대응해서 많이 챙긴 셈이 됐다. 결정적인 빛을 발한 것은 돈(국고보조금)이 아니라 다른 데 있었다.

그해 12월 대선 토론 방송에서 우리는 원래 배제되어 있었다. 그런데 방송토론회에 가서 우리가 국고보조금을 받는 정당이라고 얘기해 토론회에 나가는 세 명의 후보 중 한 명으로 들어갔다. 여기서 우리 후보(권영길)가 "살림살이 좀 나아지셨습니까?" 하는 유행어를 만들어냈고, 득표에는 성공하지 못했지만 존재감을 확실하게 확보하게 되었다. 그런 바탕 위에서 한 석도 없던 정당이 2004년에 10석을 얻게 된 것이다.

구영식 ● 민주노동당은 창당 초기부터 '독일식 정당명부 비례대표제' 도입을 가장 앞서서 주장했다. 물론 그 제도를 도입하는 데는 이르지 못했지만 '변화된 비례대표 선출방식'(정당투표제)이라는 제도의 효과를 톡톡히 봤다.

노회찬 ● 그렇다. 게다가 제도의 변화를 우리 힘으로 이끌어냈다는 점에서 의미가 크다.

구영식 ● 민주노동당은 결국 2004년 총선에서 10석을 얻으며 원내 진출에 성공한다. 그날은 심정이 어땠나? 특히 마지막 비례대표를 두고 JP와 붙어 극적으로 당선됐다.

노회찬 ● 나는 당시 비례대표 후보 8번이었다. 오후 6시에 출구조사 결과가 발표됐을 때 비례대표 후보 9번까지 당선되는 걸로 나왔다. 여기에 울산과 창원까지 합치면 11석이 되기 때문에 엄청난 대승이라며 좋아했다. 그런데 개표에 들어가자 오후 10시부터는 비례대표 후보 7번까지 당선되는 것으로 굳어졌다.

나는 낙선되는 것이었다. 당이 정치적으로 성공했다는 자부심이 있었기 때문에 내가 당선되는 것을 크게 기대하지 않았다. 당선되면 좋겠지만 그것이 쉬운 일도 아니어서 오후 10시 반쯤부터는 텔레비전 앞을 벗어나 그냥 편하게 사무총장실에서 잤다. 사람들은 내가 자고 있는 줄도 모르고 차마 그 방으로 들어오지 못했다. 당선되는 줄 알았는데 안 되는 방향으로 가고 있었으니까. 그런데 새벽 2시 반쯤에 윤영상 위원장이 방에 들어와 나를 깨우더니 당선됐다고 했다. MBC, KBS에서 '당선 확실'로 보도되고 있다는 것이었다.

나는 그때 여유 부린답시고 "AFKN에는 어떻게 나와?" 하고 물었다. (웃음) 9번까지는 안 되고 8번에서 끝났다. 299명을 뽑는 선거에서 298명까지 당선이 확정되고 그 마지막 한 명이 김종필이냐 노회찬이냐를 가지고 새벽 2시 반까지 갔는데 내가 당선됨으로써 김종필 총재가 떨어졌다. 그 열흘 전에 내가 민주노동당 홈페이지에 게재하던 일기(〈난중일기〉)에다 "김종필의 10선을 저지하겠다."고 썼는데 그대로 된 것이다. 그날 사람들이 사무실 주변에 운집해 난리도 아니었다. 나는 그날도 마지막 업무를 처리하기 위해 밤을 꼬박 새우고 다음 날 아침 8시가 되어서야 집에 들어갔다.

구영식 ● 본인의 원내 진출은 굉장히 극적이었지만, 당의 원내 진출은 출구조사에서 확인되고 있었다.

노회찬 ● 나는 꼴찌로 당선됐다. 원내 의석이 제일 적은 당에서 지역도 아닌 비례대표인데, 그것도 299번째로 당선됐다. 그때 나는 〈아침마당〉 등 모든 텔레비전 아침 프로에 출연했다. 〈주간한 국〉, 〈주간경향〉, 〈한겨레21〉은 물론이고 심지어 〈주간동아〉까지 내가 표지를 장식했다. 제일 꼴찌로 당선된 사람이 최고 화제의 당 선자가 돼버렸다. 그리고 4년 후인 2008년엔 낙선했는데 최고 화제 의 낙선자가 되었다. 그때 KBS 〈일요스페셜〉에서 상계동에서 일어 난 것을 다뤘는데 (떨어진) 내가 주인공으로 나왔다. 그리고 4년 후 인 2012년에 당선됐는데 8개월 만에 요란스럽게 국회의원직을 박 탈당했다. (웃음) 이것이 팔자가 아닌가 싶다.

구영식 ● 팔자다?

노회찬 ● 그렇게밖에 설명이 안 된다. (웃음)

<blockquote>❝결국 모든 것은 투표소에서 결정된다❞</blockquote>

미완의 과제, 노동 단결

구영식 ● 창당한 지 4년 만에 원내에 진출했는데, 그 배경은 무엇 이라고 생각하나?

노회찬 ● 일단은 민주화 덕분이라고 생각한다. 특히 김대중 정부 에 이어 노무현 정부까지 연속적으로 민주정부가 탄생하면서 우리 국민들이 민주화를 신뢰하고 확신하는 수준이 그 전보다 많이 높아 졌다. 그런 것들이 진보정당을 경계하기보다 힘이 약하더라도 저런 세력은 하나 있어야 정치가 좋아진다는 생각을 하게 만들었다. 그런 과정에서 진보정당에 작게나마 문을 열어주는 태도의 변화가 있었다.

그만큼 1987년 이후 민주화가 안정적으로 이루어진 것이라 볼 수 있다. 이제는 국민들도 무상교육, 무상의료 등 사회경제적 민주화를 외치는 사람도 있어야 한다고 생각한다. 1인 2표에서 후보는 민주당을 찍으면서도 정당은 우리 당을 찍었다. 우리가 지역구에서 상품성이 있고 바로 호응받을 수 있는 후보가 많지 않았지만 그래도 당은 한 번 밀어줘야겠다는 분위기가 있었다. 여기에 1인 2표제 도입이 크게 영향을 미쳤다.

제도가 마련되어도 정당이 준비돼 있지 않으면 아무 소용이 없다. 그런데 다행히 지지를 보낼 대중들의 마음에 변화가 있던 차에 적절하게 제도가 뒷받침되었고, 초기에 진보정당의 컬러를 분명히 내세운 점 등이 크게 작용했다. 민주노동당이라는 이름은 좀 생소하고 낯설지만 무상의료, 무상교육, 부유세 등을 통해 우리 사회도 이제 변해야 한다는 메시지를 상징적으로 보여준 것이 성공 요인이었다.

구영식 ● 노동운동가 이근원 씨는 《아빠의 현대사》에서 민주노동당의 원내 진출 성공 요인으로 민주노총의 배타적 지지 방침과 정당명부제 도입을 들었다.

노회찬 ● 민주노총의 배타적 지지 방침도 도움이 됐다고 생각한다. 하지만 그것이 결정적이었다고 보지는 않는다. 당 초기에는 배타적 지지 방침에도 불구하고 삼십 몇 퍼센트밖에 안 찍지 않았나? 물론 그 삼십 몇 퍼센트도 배타적 지지 방침이 있었기 때문에 가능했다. 그 사람들이 표만 찍은 게 아니라 물심양면으로 분위기를 만들어줬기 때문에 의미가 있다.

구영식 ● 《아빠의 현대사》에 2002년 대선 때 민주노총 조합원 36.8%가 권영길 후보를 찍었고 그보다 11% 정도 많은 47.4%가 노무현 후보를 찍었다는 내용이 나온다. 자신의 이해관계를 대변할 당의 후보를 찍어야 한다는 것이 우리의 기본 생각인데, 선진적 노동자들이라는 민주노총 조합원의 47.4%가 노무현 후보를 찍었다. 이 간극을 어떻게 설명할 수 있나?

노회찬 ● 그 조사만 있는 게 아니다. 그보다 5년 전인 1997년 대선에 관한 조사도 있다. 1997년 대선에서는 권영길 민주노총 위원장이 대선후보로 나섰다. 그때 민주노총 조합원들이 던진 표를 1998년도에 조사했다. 조사에 따르면 1위가 김대중, 2위가 이회창, 3위가 권영길이었다. 어떤 면에서 보면 이해되기도 한다.

민주노총 조합원 중에서도 충청도 쪽 조합원은 김종필을 찍기도 했다. 그러니까 노동자로서 투표했다기보다 지역주민으로서 투표한 것이다. 늘 하는 얘기지만, 결국 모든 것은 투표소에서 결정된다. 현장에서 임금 인상 요구할 때는 분명 노동자인데, 투표소에 들어갈 때는 노동자로서가 아니라 시민으로서 들어간다. 그것도 그냥 시민이 아니라 '내 고향이 어디더라?' 하면서 경상도 출신 시민, 호남 출신 시민으로 투표소에 들어간다. 이것이 극복되어야 한다.

조끼에 단결과 투쟁을 써놓고, 단결과 투쟁을 외치지만 이것은 제한적 단결이다. 임금 인상 요구할 때만 단결하고 왜 정치적 문제를 해결할 때는 단결하지 않나? 정치적으로 단결하지 않으면 정치권에서 우습게 본다. 5만 명, 10만 명이 노동자 대회에 모여도 눈 하나 깜빡하지 않는다. 지금 저렇게 모여도 투표할 때는 다 뿔뿔이 흩어진다는 것을 경험적으로 알기 때문에 이쪽을 달랠 이유도 없고 겁낼 이유도 없는 것이다.

노동자들이 정치적으로 단결해야 한다. 이것을 계속해서 각성시켜야 한다. 그런 점에서 우리는 아직 성공하지 못하고 있다. 사실 민주노총 조합원은 전체의 5%도 안 된다. 그럼 나머지 노동자들, 특히 노동조합도 갖고 있지 못한 90%의 노동자에게 자기들을 대변해주는 조직으로 민주노총이 인식되어야 하는데 그렇지 않다. 오히려 그 반대다.

**❝새정치민주연합이
진보정당이 될 가능성은 없다❞**

끝나지 않은 실험, '거대한 소수 전략'

구영식 ● 2000년 민주노동당을 창당했을 당시에는 원내 진출이 언제쯤 이루어질 것으로 내다봤나?

노회찬 ● 최소 10년. 10년 이상 걸린다고 봤다.

구영식 ● 그러면 그것보다는 엄청 빨리 이루어진 셈이다.

노회찬 ● 굉장히 빨리 이루어졌다.

구영식 ● 2000년 민주노동당 창당은 상당한 성공을 거뒀다고 봐야겠다.

노회찬 ● 예상보다 빠른 성공이었다.

구영식 ● 진보정당이 일반 국민들에게 각인돼서 확고한 자기 자리를 갖는다는 것 자체가 한국사회에서는 험난한 일이었다. 민주노동당은 원내 진출 초기에 '거대한 소수 전략'을 내세웠는데, 이것이 성공했다고 보나?

노회찬 ● 성공 가능성은 확인했지만 성공하지 못했다. 그렇다고 이 실험이 완전히 끝났다고 보지는 않는다. 그래서 전략이나 노선 자체를 폐기할 필요는 없다고 본다. 이것은 진보블록이 한국사회의 정치지형을 어떻게 바라보고 변화시키려 하는지에 대해 전략적인 노선과 맥을 같이하는 문제다. 그래서 굉장히 중요한 의미를 지닌다.

진보세력이 소수정당으로 존재할 수는 있을지언정 더 이상 커나갈 수는 없으리라고 보는 사람도 많다. 보수정당과 좀 중간적 보수정당, 즉 자유주의 정당 그리고 소수의 진보정당체제를 상정하는 것이다. 하지만 현실은 이러한 3자 구도조차 제대로 정립되지 않은 2.5당체제이기 때문에 진보정당이 자유주의 정당의 진보블록으로 들어오는 게 낫지 않느냐는 주장이 있다. 이른바 '빅텐트론'이 대표적이다. 1987년 민주화 이후에 진보진영에서 독자정당이 필요한가, 독자정당이 가능한가 하는 논쟁의 핵심도 이것이었다. 당시는 어렵다는 쪽이 더 많았고 또 어렵다는 쪽에서는 일단 민주당을 강화해서 집권할 정도가 되면 진보가 따로 나와도 된다고 주장했다.

지금도 마찬가지다. 지금도 내게 새정치민주연합에 들어가는 게 낫지 않느냐고들 한다. 그런데 나는 기본적으로 보수와 진보로 대별되는 정당체제가 가장 선진적인 경쟁체제라고 본다. 미국을 빼놓고 모든 선진국들이 그렇다. 지구상의 나라들은 양축체제를 갖고 있다. 그 양축이 바로 보수와 진보다. 그런데 미국만이 보수와 진보가 아니라 강경보수와 온건보수, 즉 자유주의로 짜여 있다. 우리나라도 국회 의석의 대다수는 강경보수와 온건보수의 두 축으로만 짜여 있다.

그렇다면 우리는 앞으로 미국식 길을 갈까, 유럽식 길을 갈까? 나는 유럽식 길을 가야 한다고 보는 사람이다. 미국도 선진국이고 유럽도 선진국이지만, 미국은 복지국가가 아니고 유럽은 복지국가이기 때문이다. 어느 누구도 미국을 최강대국이라고 부를지언정 선진복지국가라고는 부르지 않는다. 그냥 선진국이다. 선진복지국가에 가장 걸맞은 정치체제는 보수-진보가 경쟁하는 체제다.

우리나라에서 정치민주화 시기에는 한나라당-민주당의 (보수양당)체제가 어느 정도 견딜 수 있었다. 그러나 경제민주화 시대로 가면 가장 적합한 체제는 보수-진보다. 그런데 새정치민주연합이 스스로 진보가 되지는 않을 것이기 때문에 보수-진보 양대체제를 만들기 위한 복잡한 과정이 과도기적으로 있을 수밖에 없다. 그 과정 중 하나로 3자정립 구도를 생각하는 것이다.

3자정립 구도에서 세 번째 정당이 의미 있는 정당으로 서려면 한 국 정치 현실에서는 최소한 20석은 가져야 한다. 원내교섭단체를 꾸릴 수 있도록 15~20%의 지지율로 20석은 확보할 수 있어야 3자 정립 구도가 가능하다고 본다. 그리고 이것이 충분히 실현 가능한 목표라고 생각한다. 거대한 소수 전략에서 소수가 거대한 힘을 발 휘하기 위한 최소조건이 바로 원내교섭단체라고 봤던 것이다. 민주 노동당은 원내교섭단체를 이루어내지는 못했지만 그 가능성을 확 인하게 된 아주 중요한 실험이었다.

2004년 첫 선거에서 13.03%로 10석을 얻었고, 그해 말에는 거 의 20%에 육박하는 지지율도 확보했다. 물론 제일 높이 뛰었을 때 의 기록이기는 하나 남이 뛰어준 것은 아니고 본인이 뛴 거니까 의 미가 있다. 2012년 19대 총선에서 13%에 13석을 얻었다. 그 이후 에 당도 깨지고 지지율도 많이 추락하긴 했지만, 2012년 총선에서 얻은 13석은 잠재력을 보여준다. 특별하게 조건이 좋았다면 15석, 17석도 가능하다는 잠재력 말이다. 즉 20석도 멀지 않은 정도가 됐 다는 것이다. 우리 사회가 진보세력을 받아들이는 데 있어 20석 정 도 줄 수 있는 여건은 이미 조성된 것으로 봤다. 다만 그걸 현실화 시키는 문제가 남아 있다.

한국 정치가 향후 몇 년 안에 유럽식 양당체제로 갈 가능성이 있 을까? 그럴 가능성이 거의 없기 때문에 보수-진보의 양대체제로 가기 위한 몸부림은 20석짜리 진보정당을 만들어내는 일에서 시작될 수밖에 없다. 그런 점에서 여전히 '거대한 소수 전략'은 유지되어야 한다.

**❝ 이제는 박근혜가
무상보육을 이야기한다 ❞**

지금도 무상복지가 황당한가?

구영식 ● 민주노동당이 줄기차게 내세웠던 '무상교육, 무상의료, 부유세' 등은 유효했다고 보나?

노회찬 ● 매우 유효했다. 그러나 그것을 제대로 밀고 나갔는지는 반성할 부분도 많다.

구영식 ● 많은 사람들은 거기에 매력은 느끼지만 실현 가능성은 의심했던 것 같다.

노회찬 ● 양면이 다 있었던 것 같다. 사람들이 무상교육, 무상의료 등을 대단히 낯설어했다. 또 대중적 호응을 얻기 힘들 것으로 봤다. 특히 민주당에 있는 분들은 한국 급진세력들의 문제점을 드러내는 사례의 하나로 폄하하기도 했다. 그러나 2004년 총선에서 기대보다 지지율이 높았다는 점에서 우리의 의제는 어느 정도 빛을 봤다고 볼 수 있다.

내가 만난 많은 분들도 그것이 실현되지 않을 것이라고 알고 있었다. 하지만 그런 것을 주장하는 정치세력이 우리나라에 너무 없었다. 소수세력이지만 그것을 주장하는 사람들이 있어야 그것이 실현되지 않더라도 교육, 의료 등에서 복지가 확대될 수 있다.

이 문제에는 뿌리가 있다. 나는 1987년과 1992년의 백기완 민중후보, 1997년의 권영길 후보, 2002년의 민주노동당 독자후보 권영길 후보 등 1987년 대통령 직선제 개헌 이후 모든 대통령 선거에서 독자후보, 민중후보, 노동자후보 진영에 깊숙이 개입해왔다. 그런데 돌이켜보면 1987년과 1992년에는 그냥 민중후보를 냈고, 정책적으로 조금 날을 세워 급진적인 주장을 나열했을 뿐이지 정책적으로는 치밀하게 준비하지 못했다. 하지만 1997년 대선부터는 민주화 이후 한국사회 각 분야에서 진전된 진보적 어젠다를 총괄적으로 수렴했다. 대선은 그런 어젠다들을 총괄적으로 집대성하는 의미가 있었던 것이다.

각 분야의 진보적 정책들을 하나의 로드맵 위에 담아냈다는 점에서 의미가 굉장히 컸다. 1997년에 참여한 교수만 하더라도 300명이 넘었다. 지금 각 당의 진보적 정책 브레인들, 자문교수들이 다 여기(국민승리21)에 있었다. 어느 당에서도 이것을 소화해낼 의사와 수용해낼 태세가 안 되어 있었기 때문에 여기로 다 집중됐던 것이다. 이것이 1997년 대선과 2002년 대선을 거치면서 상당히 세련되게 정리됐다. 무상교육, 무상의료, 부유세 등은 이런 과정이 있었기 때문에 가능했다. 당시는 국회의원 하나 없는 세력, 원외세력의 주장이고 공약이었기 때문에 채택되고 실현될 가능성이 높지 않았지만 정치권에 던진 메시지는 굉장히 강했고, 울림이 있었다.

구영식 ● 진보정당 안에서 '내적 축적'이 이루어졌다는 얘기인가?

노회찬 ● 그렇다.

구영식 ● 게다가 최근 복지국가 담론이 제기되면서 당시 그런 전략이 많이 대중화됐다.

노회찬 ● 놀랄 만큼 빠른 속도로 대중화되었다. 나는 이 느낌을 1987년 노동자 대투쟁과 거의 비슷하게 보고 있다. 전두환 체제하에서는 노동자라는 말만 해도 사람들이 깜짝 놀라서 고개를 돌려 다시 쳐다봤다. 노동조합을 만드는 일이 비밀결사체를 만드는 것만 같았다. 그랬던 사람들이 6월 항쟁 이후 석 달 만에 수천 건의 파업을 일으키면서 스스로 일어섰다.

무상의료, 무상교육을 얘기하면 빨갱이라는 이미지를 떠올리던 것이 불과 몇 년 전이었다. 그런데 오히려 정치권보다 대중이 그것을 더 빠르게 소화하고, 흡수하고, 요구할 정도로 변했다. 내가 2010년 서울시장 선거에 나갔을 때 가장 센 무상보육 공약을 내세웠다. 만 4세까지 완전 무상보육을 하겠다는 것이다. 한명숙 민주당 후보하고도 달랐고, 오세훈 한나라당 후보는 우리 공약이 황당무계하다며 텔레비전 토론에서 나와 설전을 벌였다. 그것이 2010년인데, 불과 2년 후인 2012년 박근혜 후보의 무상보육 공약은 당시 내가 내세운 것보다 더 셌다. 만 5세 완전 무상보육을 내놓은 것이다.

내용은 다 같은데 적용 범위가 넓어졌다. 왜 이런 상황이 됐을까? 2004년도에 민주노동당이 무상교육, 무상의료를 들고 나왔을 때는 이미 IMF체제가 7년째 진행되면서 사회 양극화가 심해지고, 비정규직이 증대하고, 서민경제가 악화되어 있었다. 스스로 느끼지는 못했지만 복지라는 주사가 필요할 만큼 몸은 계속 아픈 상황이었던 것이다. 즉 복지를 향한 잠재적 갈망이 커져가고 있었다는 것이다. 그런 갈망이 가장 왜곡되어 표현된 것이 MB의 선택이었다.

나는 요즘 국민들이 왜 노무현 대통령을 뽑았을까 생각한다. 노무현 대통령을 뽑은 것은 김대중 정부하에서 진행된 정치민주화가 부진해서 그것을 더 큰 폭으로 진행하기 위한 선택이 아니었다. 김대중 정부는 민주화를 큰 폭으로 진척시켰고 남북관계에서도 진전을 이루었다. 하지만 김대중 정부하에서는 IMF로 인해 국내 양극화가 심각했다. 서민들의 경제적 고통이 날로 증대되었다. 그렇기 때문에 사람들이 서민 대통령을 갈망했다. 경제민주화에 신경 써달라는 것이었다. 그런데 5년 동안 그 방면에서는 별로 달라진 게 없었고, 비정규직 증대 등 오히려 상황이 더 악화됐다. 이에 국민들은 '경제'라면 지푸라기라도 잡을 심정이었고 경제해결사를 자처한 MB를 선택했다.

이번에 박근혜를 선택한 것도 박정희 때문이라기보다 경제문제 해결사로서 선택한 것이라고 본다. 경제민주화를 위한 각종 프로그램이 있지만, 박근혜의 프로그램이 조금 부족할 수는 있어도 더 확실할 것이라는 신뢰가 강하게 깔려 있었다.

구영식 ● 복지담론이 급속하게 대중화됐던 가장 강력한 배경은 IMF 이후에 급속히 진행된 사회 양극화라고 봐야겠다.

노회찬 ● 그 이전까지 우리 사회에는 잘살면 복지도 나아질 것이라는 믿음이 있었다. 그런데 기다리기가 힘들었던 것이다. 기초노령연금 등 이전에 없던 제도가 팍팍 나오는데도 별 저항이 없지 않나. 노인 자살의 배경을 보면 70% 이상이 경제적 이유라고 한다. 강도 높은 보육 처방에도 별 저항이 없다. 지금 출산율이 1.2명으로 세계 최저이기 때문이다. 양육비가 겁나서 애를 못 낳겠다는 것이다. 이런 최악의 상태이기 때문에 보육 처방을 내놔도 부족하면 부족했지, 보육이 그렇게 급하냐는 얘기는 별로 없다. 그만큼 우리 사회가 황폐화되었기 때문에 전과 다르게 복지를 보는 것이다.

구영식 ● 아이러니하게도 한국의 진보정당이 제기한 의제를 보수정당이 따라가는 양상이 됐다.

노회찬 ● 결과적으로 그렇다. 그런 점에서 보면 후회되는 부분도 많다. 무상교육, 무상의료, 부유세로 주목받고 기대감을 얻으면서 13%에 10석, 심지어 지지율이 20%까지 올라갔는데, 이 부분을 성숙하고 정교한 복지프로그램으로 지속적이고 실천적으로 이어가지 못하고 부끄럽게도 선거용 구호로만 활용한 셈이 됐다. 그래서 그 다음 해인 2005년에 이미 지지율이 8%까지 내려갔을 때, 나는 8% 이하로도 떨어질 수도 있다며 강하게 쇄신을 제기했다. 그때 7대 과제 특별위원회, 즉 7가지 복지위원회를 만들었다. 당에 특별활동본

부를 두고 말이다. 그런데 이것도 역시 일회용 이벤트로 끝나고 지속되지 않았다. 현실문제에 천착해서 복지정책을 완성해야 할 시기에 국가보안법 폐지 등 자신들 고유의 운동권적 관심사들에 올인해 버렸다. 그것도 필요하긴 했지만 그로 인해 결국 복지 이슈를 빼앗겨 버렸다.

　그러다 보니까 2006년 지방선거 때부터 '당신들은 뭘 했나?' 하는 문제 제기가 쏟아졌다. 복지를 더 심화시켜 끌고 나가면서 열린우리당과도 차별성을 가지고 가야 했다. 실제로 10석, 심지어는 지지율 20%까지 얻은 당이 한 일이 뭔가 하면, 각을 세워가며 싸우기도 했지만, 비정규직문제, 교육문제, 사학법 개정 문제, 국가보안법 폐지 문제 등에서 열린우리당과 보조를 맞추는 식으로 갔다. 그래서 저쪽이 올라가면 우리도 올라가고 저쪽이 내려가면 우리도 같이 내려갔다. 결국 2007년에는 열린우리당과 함께 국민에게 심판받았다.

04
패권의 알을 깨야
새가 나온다

권력 추구가 전적으로 대의에 대한 헌신을
목표로 하는 것이 아니라
객관성을 결여한
순전히 개인적인 자기도취를 목표로 하는 순간,
정치가라는 그의 직업이 갖는 신성한 정신에 대한
죄악이 시작된다.

- 막스 베버, 《소명으로서의 정치》中

종북이 아니라 패권이 문제였다

구영식 ● 진보정당은 사실 창당 때부터 불안 요소를 가지고 있었다고 본다. 그것이 결국 터져 지금의 상황을 만든 것이 아닌가 하는 생각을 지울 수 없다. 진보정당의 분열을 이야기하자면 먼저 민주노동당 시절로 가야 할 것 같다. 특히 당명은 정당의 정체성을 압축적으로 보여준다. 창당할 당시 '민주노동당'이라는 당명을 놓고 설왕설래가 많았는데.

노회찬 ● 그랬다. 엄청난 논란 끝에 투표해 결정했는데도 당명에 불만들이 많았다.

구영식 ● 민주노동당이라는 당명은 당내 주요 세력들을 절충한 것 같다.

노회찬 ● 그런 셈이었다. 초기에 사민주의 계열의 당명들, 즉 사회당, 민주사회당, 사회민주당, 이런 당명들은 다 배척됐다. 그리고 남은 당명이 민주와 노동과 진보가 짝짓기 하는 당명들이었다. '통일'이라는 단어가 들어가는 당명을 선호하는 분들도 있었는데 결국 그것을 피해서 민주노동당으로 절충했다.

구영식 ● 밖에서 보기에는 자주파와 평등파로 불리는 세력을 절충한 것 같다.

노회찬 ● 지금도 똑같은 양상이다. 지금도 당명에 사회민주주의를 강하게 담고 싶어 하면서도 노동은 싫어한다. 노동 자체를 굉장히 꺼리는 분위기가 있다. 사실 노동 없는 사민주의는 가짜 아닌가? 다른 한편에는 노동을 중시하면서 사민주의를 꺼리는 이상한 경향이 있다. 본래 사민주의와 노동은 굉장히 친화력이 높다. 사민주의와 노동은 동전의 양면 아닌가? 그런데 서로 꺼리고 알레르기 반응을 보이며 거부하는 양상이 있다.

구영식 ● 민주노동당 분당은 불가피한 일이었나?

노회찬 ● 처음에 나는 여러 가지 이유를 들어 분당을 강력히 반대했다. 당시 제기된 문제들은 당 안에서 해결해야 하고, 기본적으로 NL과 PD가 당을 같이해야 한다고 생각했다. 그러다 보면 북한문제가 제기될 수밖에 없지만 그것도 당 안에서 해결해야 할 문제였다.

민주노동당은 민주노총, 전농 등을 기반으로 하고 있었다. 나는 분당하면 민주노총도 두 개로 쪼개야 하느냐며 강하게 반대했다.

그러나 현실은 분당을 재촉하는 방향으로 진행되었다. 그때 일심회 사건 관련자들 문제가 핵심이었다. 조직의 주요 당직자가 조직원들의 인적 사항을 포함한 주요 기밀을 조직 외부(북한)로 유출시켰는데 이를 내부에서 징계하는 것조차 불가능한 상황이었다.

결국 분당했다기보다 그냥 밖으로 내몰렸다고 생각한다. 나가지 않을 수 없을 정도로 상황이 악화되어갔다. 결국 불가피하게 나오게 됐다. 사실 분당 사태의 본질은 리더십의 문제, 정치력의 문제였다. 다양한 생각을 공존하게 하는 노력이나 능력이 서로에게 부족했다. 상황이 이렇게 악화되지 않도록 노력해야 했는데, 그러한 노력이 총체적으로 부족했다. 앞으로 이것이 반복되어서는 안 된다.

2011년도, 내가 진보신당 대표로 있을 때 민주노동당과 다시 통합하려고 했다. 2007년으로 돌아가자는 얘기도 아니었고, 2007년 말, 2008년 초 일이 잘못됐으니 그 전으로 돌아가자는 것도 아니었다. 분당된 현실 자체가 긍정적으로 유지될 이유가 없다고 봤기에 통합을 추진했다. 거기에는 분당 사태를 반성적으로 고찰하는 것도 포함되어 있었다. 서로 잘못했고, 그리하여 오지 말아야 할 상황까지 왔으므로 과거의 반성을 전제로 같이 모이자고 해서 통합을 추진했던 것이다. 그런데 그 과정에 '참여당' 문제가 나타나면서 일이 굉장히 복잡해졌고, 진보신당 안에서도 여러 가지 견해로 나뉘면서 부분적으로 통합하는 데 그쳤다.

구영식 • 노 대표에게는 민주노동당의 분당이 어떤 의미로 다가 왔나?

노회찬 ● 1990년대 초반, 진보정당이 안착하지 못하고 만들어졌다 깨지는 실패를 보면서 나 나름대로 새로운 진보정당의 상을 그렸다. 실패하지 않는 진보정당의 상 말이다. 첫 번째는 한쪽 정파만으로 당을 만들면 안 된다. 그리고 진보진영 다수가 함께해야 한다. 두 번째는 민주노총, 전농 등 기층 대중조직과 결합해 그들의 공식 결의를 이끌어내 같이 가야 한다는 것이었다. 세 번째는 선거제도 등 제도의 변화가 필요하다는 것이었다. 구체적으로 (NL그룹인) 전국연합의 일부와 함께했고, 민주노총과 전농에서 공식 참여 결의가 있었고, 제도개선에서도 충분하지는 않았지만 1인 2표제 도입 등 진전이 있었다. 이 세 가지가 충족돼서 만들어진 것이 민주노동당이다.

민주노동당을 운영하는 과정에서 나온 병폐들은 초기부터 나타났다. 2002년 총선을 앞두고 전농을 끌어들이려고 앞장섰는데, 나와 비슷한 성향을 가진 사람들이 '그 사람들은 NL이고, NL이 들어오면 NL이 더 커진다. 그런데 NL도 아닌 당신이 NL을 더 끌어들이려고 하나?' 하고 지적했다. 나는 NL과 PD가 함께 있어야 하고, 전농은 NL, PD 이전에 농민 쪽 대중조직이기 때문에 이 당에 들어오는 것이 맞다고 봤다. 그것이 내가 그린 진보정당의 상을 더 잘 실현하는 과정이라고 본 것이다.

정파적 경계심이 요구됐지만 나는 그것을 거부하고 전농을 끌어들이려고 했다. 그러면서 나름대로 생각한 방향이 있었다. 나는 이

당의 NL과 PD의 연합체라는 성격이 점차 희석되어야 한다고 생각했다. 하지만 당을 만드는 초기에는 그럴 수밖에 없다. NL이라는 현실세력이 있었고, PD라는 운동진영이 있기 때문이다. 이것을 도외시하고 일반 개인, 시민으로 당을 만들 수는 없었다.

당시 우리는 7,000명으로 창준위를 만들었고, 1만 명을 좀 넘어서 창당했다. 나는 계속 당원이 늘어날 수밖에 없다고 봤다. 3~4년 지나면 당원 10만 명의 당이 될 수 있다고 자신했다. 이 당이 30만 명 규모가 되면 NL이니 PD니 하는 운동세력이 당을 좌우할 수 없을 것이라고 봤다. 30만 명 정도의 조직이 되면 NL, PD로 규정되지 않는 건강한 시민의식이 발동한다. 즉, 앞으로 30만 명 중 3분의 2 이상이 NL, PD와 무관하게 상식으로 노선을 선택할 것으로 본 것이다. 우리는 당원들이 모든 것을 결정한다는 당내 민주주의 원칙을 정해놓고 있었기에 자신 있었다.

이 당이 초기에는 운동권 정파의 영향하에 놓이고, 운동권 정파가 가지고 있는 폐단으로부터 자유로울 수 없겠지만, 당이 대중화되면 이 문제를 해결할 수 있을 것으로 봤다. 또한 민주노총, 전농이 갖고 있는 폐쇄성에도 문제가 있지만 이것도 다수 대중이 들어오면 그 속에서 해결될 수 있을 것이었다. 그런데 이런 문제들이 대중적으로 해결되기 전에 민주노동당의 분당이 일어났다.

당의 규모가 커지면서 대중의 상식에 의해 해결하는 가장 좋은 해법에까지 가지 못한 채 정파 대립과 정파 분열이 일어난 것이다. 조직을 깨지 않고 해결할 수 있는 가장 좋은 방법에까지 가기 전에 정파끼리 대립하면서 돌이킬 수 없는 파괴적 양상이 나타났다. 이것이 가장 안타깝다.

해결할 길이 없는 것도 아닌데 조기에 이렇게 파탄 났다. "그럼 해결하지 않고 가야 했나?" 분당이 잘못됐다고 얘기하면 이렇게 말하는 사람들이 있다. 내 말은, 다른 차원에서 승화시키는 방식으로 해결할 수 있었는데 그것을 참지 못하고 또는 조기에 격하게 대립하면서 그런 기회를 스스로 놓쳐 정파와 정파가 나눠지는 식으로 분열됐다는 뜻이다. 그러면서 민주노총도 두 동강이 났다. 어느 한쪽을 지지할 수도 없고, 안 할 수도 없고. 지금 민주노총은 앞으로 어느 쪽도 배타적으로 지지하지 않겠다고 말한다. 이로써 '대중적인 자기 기반 확보'라는 대중정당의 두 번째 필수 조건까지 상실됐다. 내가 그리는 모습, 즉 NL과 PD가 함께하는 당, 대중조직에 뿌리내리는 당의 얼개 자체가 어그러지고 만 것이다.

나는 이 얼개 자체를 포기하고 있다. 하지만 이런 과정까지 거쳤기 때문에 초기와 달리 민주노총의 배타적 지지에 연연해하지 않고, 오히려 조직노동이 아닌 쪽을 어떻게 더 많이 모아내느냐를 중요한 과제로 가져오게 된 점도 있다. 내가 초기에 세우고자 했던 진보정당의 상은 사실 무너졌다. 민주노동당 분당이 내게 의미하는 바는 그것이다.

구영식 ● 민주노동당은 초기부터 평등파와 자주파가 동거해왔다. 분당문제에 직면했을 때 그런 연합의 불가피성을 헤아리고 판단했어야 하지 않나 싶다.

노회찬 ● 동거해야 한다는 점을 감안해야 했다. 노동조합에서는 자주파나 평등파나 각자 자기 편으로 표를 싸그리 몰아줬다. 정도의 차이는 있었지만 한쪽만의 문제는 아니었다. 처음 당을 만들었던 사람들이 당에 굉장히 익숙하고 당내 민주주의가 중요하다는 점을 알고 있는 사람이라면, 다른 쪽은 여의도에 와서 자기 세력을 확대하는 것이 중요하다고 생각했다.

구영식 ● 어찌 보면 기존 운동권 정파 대립 구도가 결국 민주노동당의 분당으로 이어진 것으로도 볼 수 있겠다.

노회찬 ● 그렇다. 또 당시에 만연했던 운동권 문화의 측면도 있다. 민주노총은 다 그런 식이었다. 처음에는 탄압 속에서 민주노총을 지키기 위해, 민주노조를 만들기 위해 노력했지만 이런 것들이 거듭되면서 결국 그것이 하나의 권력이 됐다. 그 권력을 유지하기 위해 패거리 문화를 만들었다. 두 개 내지 세 개의 패거리로 나뉘어 자기들의 영향력을 높이는 데 수단과 방법을 가리지 않고 싸움을 벌여나갔다.

구영식 ● 실제 민주노동당 내 자주파의 패권주의 행태가 어떤 식으로 나타났나? 분당을 결심할 정도로 심각했나?

노회찬 ● 보수정당에서 패권주의는 일상적인 정치 환경이고 정치 문화다. 보수정당만큼 패권주의가 강하게 발현되는 데가 또 어디 있나? 하지만 원칙적으로 진보정당에서는 그런 문화를 인정하기가 어렵다. 평당원들이 직접 당직자나 공직 후보자를 선출하고 하향식 공천제도가 존재하지 않는 것 자체가 패권주의를 반대하고 근본적으로 용납하지 않겠다는 것을 전제한다. 그것이 강한 자부심의 기반이 되고 보수정당과 차별화되는 기초였다. 그런데 그 평당원 민주주의를 패권주의로 악용한 데 분노한 것이다.

존재하지도 않는 사람들을 당원으로 위장해서 등록하거나 사람들을 거주하지도 않는 곳에다 집단적으로 이주해 다수를 형성한 뒤 자기 쪽 위원장을 만들었다. 그런 상식 이하의 일들이 여기저기서 무차별적으로 행해졌다.

구영식 ● 민주노동당은 평당원 민주주의의 가장 강력한 실천자가 되어야 함에도 불구하고 왜 자주파의 패권주의가 당내에서 계속 유지되었을까?

노회찬 ● 울산연합 쪽 주요 인사와 이 문제를 얘기한 적이 있다. 내가 볼 때는 정치 문화의 차이가 분명했던 것 같다. 과거의 가혹한 공안 탄압, 군사정권의 폭력적인 억압에 맞서는 과정에서 현행법을 어기기도 했는데 그런 것들에 별로 양심의 가책을 느끼지 않았다. 경찰이 사람을 죽일 정도로 최루탄을 쏘아대는데, 거기에 대항해 화염병을 던지는 것은 자연스러운 대응이었다. 때문에 폭력적 수단에 큰 경계심을 갖지 않았다. 위장 취업도 그런 것이다. 신분증 위조는 분명 불법이다. 하지만 거기에 양심의 가책을 느끼는 사람은 한

명도 보지 못했다. 노동조합 활동을 한다고 하면 보안사 지하실로 끌려가는 판이니 노동3권을 외치기 위해서는 그럴 수 있다는 것이다. 이런 것들이 그 당시에는 용인됐을지 몰라도 합법정당이 생길 정도로 민주화된 사회에서는 더 이상 용인될 수 없다. 그런데도 당안에서 폭력이나 절차적 불법성을 고민하지 않았던 것이다. 나는 그것이 가장 큰 문제였다고 본다.

여기(합법정당)는 같은 뜻을 갖고 비슷한 진보적 지향을 가진 사람들이 서로 룰을 지키면서 민주적으로 운영해야 마땅한 곳이다. 그런 곳에서 그렇게 선거 부정 같은 일을 저질렀다. 얘기해보니까 자기들도 초기에 멋모르고 그랬다 하더라. 그런데 그러면 안되겠다 싶어서 나중에는 안 했단다. 인천에서, 울산에서, 서울 용산에서 다 그렇게 했다. 그런데 어느 정도 시간이 지나면서 한쪽은 '아, 이렇게 하면 안되는구나.' 하고 좀 자중했지만 다른 한쪽은 계속 그런 식으로 해나갔다. 결국 동지를 동지로 보지 않은 것이다. 자기들 패밀리(정파)만을 동지로 보았다.

구영식 • 가장 많이 민주주의를 얘기했던 한국의 진보진영도 민주주의 훈련을 제대로 받지 못했고, 거기에 익숙지 않았던 것 아닌가?

노회찬 • 그렇다. 역설적인 일인데 민주주의를 위해 가장 크게 희생했지만 스스로에게 민주주의를 적용시키는 데는 굉장히 서툴렀다.

> **❝ 당이 깨져도 상관없다는 태도다 ❞**

제2의 폭풍, 통합진보당 사태

구영식 ● 민주노동당의 분당이 진보정당의 1차 위기였다면 통합진보당 사태가 2차 위기를 제공했다. 통합진보당 사태는 왜 일어났다고 보나?

노회찬 ● 좋은 뜻에서 여러 가지 목적 아래 통합진보당으로 결집했다. 진보정당의 1차 위기를 낳았던 민주노동당 분당 사태와 분당이후 분열 상황을 극복한다는 좋은 취지도 있었고, 다른 한편으로는 세를 키워내자는 욕심, 결과적으로는 팽창주의적인 측면이 있었다. 따질 것을 제대로 따져보고, 함께할 수 있는 세력인지를 점검하고, 함께하는 데 필요한 룰을 만들고, 그것을 지킬 수 있도록 약속하는 과정이 충분하게 다져지지 않은 채 졸속으로 통합했기 때문에 사고가 났다.

가장 크게 나타난 것은 선거 부정이었다. 그런데 이것도 한쪽만 한 것이 아니었다. 거의 다는 아니지만 많이들 선거 부정을 저질렀다. 선거 부정은 반칙 행위를 해서라도 자파 쪽 권력을 더 얻겠다는 욕심의 발현이다. 설사 그랬다 하더라도 잘 해결하면 넘어갈 수 있는데 해결하는 과정에서도 당보다는 자파 이익을 앞세웠다. 자파가 좀 망가지더라도 당은 지키겠다가 아니라 당이 망가지는 한이 있더라도 자파의 손실을 최대한 막겠다는 것이다. 그로 인해 당이 깨지게 됐다. 그러니까 당이 깨진 데는 두 가지 원인이 있었다. 선거 부정 사건과 사건 수습 과정에서 합의에 실패한 것이다. 설사 따로 사는 한이 있더라도 우리 것은 지키겠다는 정파 이기주의가 존재했다. 그것은 함께하는 당의 가치가 해당 정파의 가치보다 높지 않았음을 의미한다.

구영식 • 통합진보당 사태에서도 정파주의가 작동한 것인가?

노회찬 • 강하게 작동했다. 그렇다면 그 통합이 무엇이었겠나? 거꾸로 얘기하면 자파세력을 더 늘리겠다는 욕심에서 만들어진 통합이었다. 함께하는 데 있어야 할 신뢰나 일체감 등을 확인하는 것은 전혀 중시되지 않았다.

구영식 • 민주노동당 때는 자주파로 불리는 정파의 패권주의가 있었고, 통합진보당 사태에서는 자주파의 핵심세력인 경기동부연합의 패권주의가 작동한 것으로 보인다.

노회찬 • 민주노동당 때는 확실히 범자주파세력이 가동됐다. 분당 이후 자주파 내부에서 이렇게 된 데는 자신들의 패권주의 문제가 작용했음을 인정하고 반성하는 과정이 있었다고 한다. 그런데 결과적으로 보면 당보다 정파의 이익을 앞세우는 폐단이 재현된 것이다.

구영식 • 통합진보당 사태를 해결하자고자 했던 쪽에서는 이정희 대표의 리더십을 기대했던 것 아닌가? 아니면 기대할 수 없는 수준이었나?

노회찬 • 아무도 기대하지 않았던 것 같다. 왜냐하면 이정희 대표가 일관되게 어느 한쪽 편에 강하게 서 있었기 때문이다. 실제로 본인이 해결하려 했다고 하더라도 해결할 수 있는 상황은 아니었다.

구영식 ● 이정희 대표는 진보진영의 아이콘으로 떠올랐다가 통진당 사태로 '경기동부연합의 아이콘'으로 전락했다.

노회찬 ● 안타까운 일이다.

구영식 ● 사태를 지켜보며 통합진보당에 합류하지 않은 진보신당에서는 그럴 줄 알았다는 식의 반응이던데.

노회찬 ● 그런 평가도 있을 수 있다. 사실 진보신당 안에서도 민주노동당과 통합하자는 쪽이 반을 넘었다. 다만 3분의 2가 안 돼서 통합안이 통과되지 않았을 뿐이다. 나는 그 당시 진보신당은 대중정당의 길을 가느냐 아니면 그냥 신념을 지키는 서클로 전락하느냐의 기로에 서 있다고 봤다. 나나 심상정 의원, 조승수 의원은 진보신당에 남아 있어도 그다음 선거에서 야권 연대(단일화)가 예정되어 있었고, 진보신당도 총선에서 야권 연대를 반대하지 않았기 때문에 통합 여부는 2012년 총선에서 정치적 활로를 열어나가는 데 별 영향을 미치지 않았을 것이다.

우리 세 명이 정치적으로 살아남기 위해 통합을 선택한 것이 전혀 아니었다. 세 명만 놓고 보자면 진보신당에 있더라도 아무런 상관이 없었다. 그 후에 통합진보당 사태를 겪으면서, 거꾸로 진보신당이 2011년 통합진보당에 모두 합류했었더라면 사태를 해결하는

데 있어 훨씬 나았을 거라는 강한 아쉬움이 들었다. 안 가길 잘했다는 시선에는 거꾸로 진보신당이 그렇게 남아서 뭘 했는지, 뭘 얻고 뭘 지켰는지 묻고 싶다. 오히려 여기로 왔으면 문제를 잘 해결하는 데 힘이 됐을 것이다.

구영식 ● 진보신당 안에 '노심조'(노회찬-심상정-조승수)를 향한 비토 분위기가 상당히 존재하는 것 같다.

노회찬 ● 당연히 있을 것이다. (웃음) 그 당시에는 불가피한 선택이었다. 진보신당이 결의해서 다 왔으면 작년의 통합진보당 사태에서도 더 좋은 결과가 났을 것이라고 나는 믿는다.

❝낡은 진보운동의 임계점, 이석기 사태❞

진보에 불어닥친 쓰나미

구영식 ● 이석기 통합진보당 의원 내란음모 의혹은 '이석기 사태'라고 부를 수 있을 것 같다. 지난 6월에 열린 통합진보당 해산 심판 및 정당활동정지 가처분신청 사건 8차 변론에 통진당 측 증인으로 나섰다. 어떤 이야기를 했나?

노회찬 ● 민주노동당 당원들은 어떤 정파에 속하든 어떤 정치적 지향을 가지든 '당내 선거'를 통한 당직자 선출에 대해 대단한 자부심을 갖고 있었다. 북한의 지령에 따라 선거를 했다는 법무부 측의 주장은 수만 명 당원들에 대한 모독이라고 했다. 정당 해산 요건은 헌재에서 정하지만 일반 국민들의 상식 수준에서 생각할 때 '차떼기 사건' 등을 일으킨 새누리당 등 기존 정당은 스무 번이라도 해산돼야 한다. 물론 국민의 기대에 제대로 부응하지 못해 제대로 발전시키지 못한 점은 대단히 송구스럽게 생각한다. 하지만 사상에는 사상으로, 신앙에는 신앙으로, 양심에는 양심으로 대응하는 게 민주주의가 가야 할 길이다. 정당에 대한 평가와 심판은 국민들의 선거를 통해 이뤄지는 것이 가장 바람직하다고 생각한다고 말했다.

구영식 ● 이제 그 충격의 시간으로 다시 돌아가 보자. 이석기 사태를 처음 접했을 때 어떤 생각이 들었나?

노회찬 ● 일단 믿기지 않았다. 물론 설익은 공안 사건을 터트렸다는 점에서 그 목적성은 분명했다. 또 증거도 녹취록뿐이다. 이런 사건의 경우 몇 년을 거쳐 증거를 잡아 터트린다. 내사만 3년간 했다고 하지만 핵심적 증거 또는 범법 사실과 연관된 부분은 바로 그 석달 전의 일이다. 100여 일밖에 안 된 걸 급하게 터트린 건 국정원이 그만큼 궁지에 몰렸음을 보여준다. 이 사건을 터트린 배경에는 국정원의 선거 개입 사건을 덮으려는 정치적 의도가 분명히 있었다. 또 이 사건을 터트리는 과정에서 피의자 피의 사실 공표 등 법을 심각하게 어긴 점도 굉장한 문제라고 할 수 있다. 그러나 이런 모든 문제를 덮을 만큼 더 큰 문제가 다른 한편에 분명 존재한다.

그것은 전쟁이 일어날 것이라 진짜 믿었다는 이 사람들의 판단이다. 그 전쟁이 벌어졌을 때 남의 자주세력과 북의 자주세력이 힘을 합쳐서 적과 싸운다는 발상도 너무 충격적이었다. 게다가 그것이 한두 명의 치기 어린 발언이 아니라 집단토론, 즉 발제·토론의 과정을 거친 결과라는 점도 놀랍다. 통합진보당 사정을 아는 사람으로서 이는 당원 모임이 아니다. 참가한 사람들의 대다수는 당원이었을 것이지만 실상은 경기동부연합의 핵심 대오 모임이었을 것이다.

솔직히 말하면 30년 전엔 너도나도 혁명만이 길이라 했다. 그러나 나도 이제는 달라져야 한다는 판단 아래 새로이 노선을 정립해 적응했다. 그들도 그런 식으로 개화됐어야 하는데 그렇게 되지 않은 거다. 앞으로 내가 말하게 될 '세속화 전략'은 세속적으로 저급한 가치에 천착하자는 것이 아니다. 세속사회, 현실사회의 대중정당, 합법정당이라면 노선과 행동양식, 추구하는 목표 등에서 현실성과 대중성을 갖추어야 한다는 것이다. 나는 진보정당이 그런 과정을 거쳐왔다고 생각한다. 그들도 더디지만 그런 과정을 거쳐야 했는데, 시대에 뒤처진 생각에 아직도 갇혀 있었던 것이다. 그 사실이 나를 놀라게 했다.

구영식 ● 조금 더 근본적인 문제로 들어가 보자. 일심회 사건(민주노동당), 부정경선 의혹과 폭력 사태(분당 전 통합진보당)에 이어 이석기 사태(분당 후 통합진보당)까지 터졌는데 이 일련의 사태들이 보여주는 것이 무엇인가?

노회찬 ● 대중적으로 보면 진보세력이 갖고 있는 강점과 약점이 있다. 강점은 점점 키워야 하고 약점은 점점 해체해 혁신해야 한다.

진보세력의 여러 가지 약점에 대한 혁신이 지체되면서 진보 전체가 지금 위기에 빠지게 되었다.

내용적으로 보면 우리 사회의 진보에 세 축이 있다. 먼저 1980년 대 그 엄혹한 시절에 온몸을 내던지면서 혁명으로라도 이 사회를 바꿔야겠다고 생각한 세력들이 있다. 그 세력들은 1987년 민주화 이후 진보정당의 출현을 통해 새로운 진보를 재구성한 주요 축이다. 이것은 부정할 수 없는 역사적 사실이다. 또 하나는 민주화 이후에 형성되기 시작한 대중조직들의 신선한 힘이다. 이것이 노동운동, 농민운동, 시민운동 등에서 펼쳐진 두 번째 축이다. 세 번째 축은 진보정당에 새롭게 참여하는 자발적 시민들이다. 촛불시민 등이 대표적이다. 이 세 축이 잘 만나 새로운 진보정당으로 나아가고 정치혁신에도 이바지해야 한다.

그날 합정동 모임에서 오간 이야기는 통합진보당 강령에도 위배되는 내용이다. 국민에게 거짓말을 한 것이다. 게다가 냉정하게 보면 그들이 지상지고의 가치를 부여하는 6·15선언에도 위배된다. 전시에 북과 남의 자주세력이 손을 잡아 적을 무찌른다? 이는 오직 평화로만 가야 한다는 노선, 절대평화주의 노선에서는 있을 수 없는 일이며 상정도 하면 안 될 말이다. 예를 들어 통합진보당에서 '우리는 평화주의입니다. 평화통일 해야죠. 그러나 우리 뜻과 관계없이 전쟁이 일어난다면 그때는 어쩔 수 없이 저쪽하고 손잡을 겁니다. 양해해주세요.' 이렇게 얘기하는 것이다. 이정희 대표를 포함해 울산연합, 광주전남연합 등이 자기들과는 견해가 다르다는 것을 밝힐

의무가 있다. 또 견해가 같다면 같다고 이야기를 해야 한다.

국가보안법 때문이라고 핑계를 대선 안 된다. 국가보안법이 있을 때도 '사회주의자'라고 이야기했다. 내가 원래 사회주의자인데 국가보안법 때문에 사회주의자라고 말 못하겠다고? 처벌받으니까? 그럼 긴급조치로 재심받는 사람들은 어떻게 된 것인가? 그런 논리대로라면 그 사람들도 긴급조치하에서 유신헌법 나쁘다는 말을 하지 말아야 했다. 말하는 순간 처벌받고 구속되는 걸 알고 있으니. 지금 와서 '국가보안법이 엄존하는 대한민국에서 그런 얘기를 할 수 없다.'고 하는 것은 비겁하다.

구영식 ● 이석기 사태는 낡은 진보운동이 임계점에 이르렀다는 생각을 하게 만든다. 그동안 비밀에 부쳐졌던 진보의 마지막 낡은 요소가 날것으로 드러났지 않은가?

노회찬 ● 비록 이것이 진보의 한 분파 혹은 그 분파에서도 일부 세력에 의한 사건이지만 사실은 그간의 중첩된 문제로 보아야 한다. 게다가 엎친 데 덮친 격으로 더 이상 과거 방식으로는 한걸음도 나아가기 어렵게 됐다. '나는 이석기가 아니니까. 나는 경기동부연합이 아니니까. 우리는 어찌 됐든 작년에 잘 헤어졌으니까.' 이렇게 말하면 안 된다. 진보를 안 한다고 하면 몰라도 하겠다고 하면 그간의 과정을 평가하는 것은 물론, 이제부터 무엇을 할 것인지, 새 진보는 무엇이 되어야 하는지를 밝혀야 한다.

구영식 ● 이석기 사태로 인해 진보가 위기를 맞은 것은 분명한 사실이지만, 진보운동의 마지막 낡은 요소를 털고 갈 수 있다는 점에서 기회라고 볼 수도 있다.

노회찬 ● 그런 면은 분명히 있다. 이 사건을 바라보는 시각과 관련해 두 개의 조류가 있다. 하나는 정의당이 대외적으로 공표한 것으로 '더 이상 저런 식의 종북활동은 안 된다.'고 선을 긋자는 것이다. 다른 하나는 노동당의 공식 의견이기도 한데, '문제는 있지만 국정원 놀음을 지지해줄 수 있느냐.' 하는 것이다. 거기서 더 나아가 '엊그제까지 우리가 그렇게 반대하는데도 바람피워 놓고 이제 와서 돌던지는 것은 부적절하다.'는 것까지 있다. 지식인들의 경우 진중권 교수가 전자라면 이택광 교수 등이 후자에 속한다. 하지만 나는 둘 다 아닌 것 같다. 둘 다 진실의 일부를 포함하고 있지만 이것은 단기적인 관철이다.

어디 가서 "나는 이석기 부류 아닙니다. 경기동부연합이 아니에요." 이렇게 말한다고 치자. 효과도 없거니와 당장 이 프레임에 같이 갇혀버리고 만다. '민주당은 이석기를 사면했지 않은가? 통합진보당과 선거 연대를 하지 않았나?' 이렇게 추궁받는 상황이기 때문에 오히려 그보다는 앞으로 제대로 된 진보가 필요하다는 쪽으로 가야 한다. 그럼 제대로 된 진보는 NL만 아니면 될까? 경기동부연합만 아니면 될까? 나는 그것은 아니라고 본다. 2~3년이 걸리더라도 제대로 된 진보를 만드는 작업을 해야 한다. 위기에 빠진 진보의 해법은 진보의 재구성이다. 하드웨어보다는 소프트웨어의 문제가 더 먼저다.

　무엇이 진보인지, 진보의 정체성에 대해 우선 합의해야 한다. 그에 맞추어 하드웨어적 변화가 수반되어야 의미가 있다. 그렇지 않으면 옛날 우리가 겪은 시행착오, 즉 선거를 앞두고 급조해서 몸을 부풀렸다가 다시 깨지는 것을 반복할 수밖에 없다.

> **❝** 권력은 공개적인 평가 속에서 규제될 때
> '악의 꽃'으로 변질되지 않는다 **❞**

자가당착

　구영식 ● 합법정당을 통해 원내에 진출했는데도 그들은 아직도 지하운동을 하고 있는 것 같다.

　노회찬 ● 그것은 묵과하기 힘든 문제다. 앞으로는 같이할 세력들에게 이렇게 할 건지 물어보지 않을 수 없게 되었다. 국민들이 가장 화난 부분도 이 대목이라고 본다. "내란이라는 국정원 주장에 동의하느냐?" 이 질문에 야권 지지자 3분의 2가 내란 음모는 아니라고 답했다. 그런데 이 3분의 2가 "이석기 의원이 무죄라고 생각하는가?" 하는 질문에는 "말도 안 된다. 유죄다." 하고 답했다. 즉 내란 음모가 아니라고 해서 죄가 없는 건 아닌 상황이다. 국민 세금 받아가는 정당과 국회의원으로서 있을 수 없는 사건이었다.

　한 젊은 친구가 트위터로 멘션을 보내왔다. "앞으로 전쟁 나면 우선 통합진보당 당원들이 어떻게 하는지 봐야겠어요. 저를 죽일지도

모르니까요." 그날 합정동에서 한 얘기는 농담이었다고 덮을 사안
이 아니다.

구영식 ● 이석기 그룹은 정치조직과 전위조직, 대중조직과 전위조
직 등 1980년대에나 썼을 법한 이분법적 조직전략을 갖고 있다. 하
지만 이러한 조직운동방식은 현재 전혀 유효하지 않다.

노회찬 ● 그렇다. 당 내에 정파라는 것은 있을 수밖에 없다. 하지
만 이제까지 은밀하게 존재해온 정파는 자신의 존재 자체를 부정해
왔다. 이제까지 경기동부연합이라는 정파가 있었음에도 불구하고
이쪽 사람들 한 명이라도 시인한 바 없다. 대한민국에서 좌우를 막
론하고 두 시간 안에 130명 모이는 데는 여기밖에 없다고 생각한다.
이게 어디서 가능하겠나? 다른 데서는 불가능한 일이다. 그런데 이
렇게 타이트하게 움직이면서 그런 조직이 없다고 얘기해온 것 자체
가 문제가 생길 때 책임지지 않겠다는 것이다. 이게 민주주의에서
가장 큰 문제다.

권력이라는 것은 많을 수도 있고 적을 수도 있다. 하지만 권력은
공개적인 평가 속에서 규제될 때 '악의 꽃'으로 변질되지 않는다. 그
래서 그것을 공개적으로 잘 처리하는 게 정파등록제 같은 제도다.
정파등록제가 없더라도 새정치민주연합의 경우에는 비밀 정파가
없지 않나. 모든 정파는 사실상 공개돼 있다. 누가 있는지 무얼 주장
하는지 공개돼 있고 그에 따른 평가도 받는다. 그러니까 친노가 당
권을 잡았다가 잘 안 되면 김한길이 당권을 잡기도 한다. 이렇게 당

내 권력이 교체된다. 그러나 여기는 그렇지 않다.

이석기 의원의 경우에도 나는 2012년 당내 비례대표선거 이전까지 이석기라는 이름을 들어본 적이 없다. 나뿐만 아니라 대부분이 그랬다. 입당도 2012년 총선을 앞두고 당내 비례대표 후보 경선이 임박해서 한 걸로 보인다. 이런 식으로 검증되지 않은 지하의 리더가 튀어나왔다. 이것 자체가 국민들에게 설명하기 힘든 것 아닌가?

구영식 ● 공개적 대중정당에서 밖으로부터 오더(order)를 받아 그것을 안에서 관철하는 방식은 적절하지 않다.

노회찬 ● 그렇게 하면 지하당이다. 특정 정파가 지하당처럼 움직였다. 여기에서 오더를 내리면 이제까지는 그것을 다 관철해온 거다. 5월 12일도 그랬지 않나. 아무리 현역 의원이지만 당직도 맡고 있지 않은 사람이 이정희 대표를 한칼에 베지 않았나.(이석기 의원이 합정동 모임에서 미사일 쏘지 말라고 발언한 이정희 대표를 "자기 무기 자기가 쏘는데 왜 쏘지 말라고 하나?" 하고 비판한 일을 말한다.) 그날 이후로 다 달라졌다. 당 성명서고 뭐고 다 달라졌다.

구영식 ● 이들은 여전히 '애국 대 매국', '반미 대 친미', '분단 대 통일' 등의 이분법적 사고를 하고 있다. 과연 이런 식의 이분법적 인식구조와 논리구조가 유효한가?

노회찬 ● 첫 번째는 대중을 설득시키는 힘이 없다. 그래서 유용하지 못하다. 두 번째는 자기가 세뇌된다. 대중에게는 설득력이 없는

데 자기는 그런 단순화로 퇴보한다. 노동, 복지, 세금 등 대중이 더 관심 갖는 문제들을 포착해내 해법을 제시하고, 그 해법의 우월성으로 진보의 차별화를 시도하는 노력들을 방기한 채 별로 의미도 없는 단순한 논리에 빠져 있다. 반미냐, 친미냐? 솔직히 일반인들의 경우 반미도 아니고 친미도 아니다.

나는 사실 NL의 사상이 반미라고도 생각하지 않는다. 내가 북한에 가서 크게 느낀 점 중 하나는 이 사람들이 지금은 미국과 이해관계가 대립하니까 저러고 있지, 미국과 대화가 되는 순간 오히려 우리보다 더 친미가 될 수 있겠다는 거였다. 반미라는 것은 전술적으로 대립하기 때문에 생긴 정서나 의견이다. 자기 철학과 세계관으로 형성된 노선이 아니다. 그렇기 때문에 자주도 마찬가지다. 그래서 이 사람들이 여차하면 미국으로부터 정권의 안전을 보장받는다든가, 미국과 대화하고 협력할 수 있는 관계가 오면 미군이 이북에 주둔하는 것도 수용할 수 있겠구나, 아니면 그렇게 하도록 요청할 수도 있겠구나 싶더라. 그렇다면 정말 재미있는 것 아닌가. 러시아, 중국, 미국 사이인 원산항이나 나진항에 미국을 들인다고 생각해보자. 북한으로서는 엄청난 빅 카드를 하나 쥐고 있는 셈이다.

구영식 ● 북한이 정말 그렇게 한다면 중국과 러시아가 발칵 뒤집어지겠다.

노회찬 ● 이런 정도라면 미국이 북한 정권 하나 보장하지 못하겠나? 우리가 어떤 생각을 하든 확실하게 정권을 보장해줄 것이다. 그런데 왜 북한이 개방을 못하나? 정권만 보장되면 개방할 것 아닌가? 그 개방이 가능한 정권을 누가 보장해주나? 자력으로는 어렵고, 남한도 보장해줄 수 없다. 그것을 보장해줄 만한 힘은 미국이나 중국이다. 러시아도 안 되고 중국은 좀 얘기가 다르다. 그렇게 되면 반미라는 것은 종이를 태워 날리는 것과 같다. 신탁통치를 막 반대하다가 위에서 찬탁을 결정하니까 남쪽에 있는 친북단체들이 전부 바보가 됐지 않나.

1991년도에 남북한이 유엔에 동시 가입할 때, 유엔 동시 가입은 두 개의 국가 정책이라며 남쪽의 일부 진보진영은 계속해서 반대했다. 두 개의 한국, 반 통일정책이라고 해서 북한정부도 남쪽 진보단체도 계속 반대해왔는데, 북이 딱 합의하는 순간 남쪽에서 '벙쩌게' 됐다.

❝ 진보가 아니라 퇴보다 ❞

자조적 자주

구영식 ● 이석기 의원은 지난해 5월 12일 합정동 모임에서 "한국 사회의 진보와 보수, 진짜와 가짜를 가리는 유일한 기치가 자주다." 하고 말했는데 동의하나?

노회찬 ● 전혀 동의할 수 없다. 그걸 보면서 '아, 이 사람들에게 나는 진보가 아니겠구나.' 하는 생각이 들었다. 나하고 같이한 것은 진보로서 같이한 게 아니었다. 이들이 말하는 진보, 즉 자주의 힘을 키우는 데 적절하게 활용할 가치가 있으니까 일시적으로 같이했을 뿐인 것이다. 나는 자주가 중요하다고 보지만, 지금에서는 자주보다 평화라고 생각한다. 왜냐하면 자주든 통일이든 평화든 다 남북문제를 중심으로 한반도의 운명을 어떻게 개척해나갈 것인가의 문제로 본다면 그중 핵심 테마는 평화다. 통일도 아니다. 왜냐하면 통일은 평화의 어떤 귀결점이기는 하겠지만, 통일 우선주의나 통일 중심으로 문제를 푼다고 해서 문제가 풀리지 않기 때문이다. 또한 가장 올바른 해법도 아니다. 오히려 평화의 정착이야말로 가장 합리적인 통일 방안이다.

통일이나 자주를 확보하기 위해서라도 평화를 강조하고 평화를 중심에 놓아야 한다. 그 사람들이 말하는 자주가 무엇인가? 지금 미국하고 싸우는 자주정권은 평양정권이라는 것이다. 평양정권은 자주정권이기 때문에 핵도 용인되고, 3대 세습도 눈 감아줘야 한다는 주장이다. 자주가 나쁜 건 아니지만 우리의 정체성을 무엇으로 할 것이고 우리가 나아갈 길을 무엇으로 할 것인가? 우리는 국민들을 어떻게 설득할 것인가? 예를 들어서 그 사람들이 자주를 기치로 한다면, 정세관, 현실사회와 우리 역사의 분석, 미래의 정책 등에서 전혀 다른 생각을 갖고 있는 거다.

구영식 ● 그런 점에서 자주를 최고의 가치로 여기는 자주파가 과연 자주적인지 의문이다. 북한의 관점에서 운동을 한다는 점에서 가장 비자주적인 거 아닌가?

노회찬 ● 그렇다. (웃음)

구영식 ● 우문 같지만 자주파는 왜 그렇게 '자주의 가치'를 목숨처럼 소중하게 여긴다고 보나?

노회찬 ● 자주라는 것은 김일성 정권이 미국과 서방세력으로부터 자신을 지켜내고, 자신에게 감 놔라 배 놔라 하는 소련과 중국으로부터도 자기를 지켜내기 위해 강조했던 국가이데올로기다. 자기를 합리화시켰던 이데올로기이기도 하다. 그래서 자기 반대파를 숙청할 때도 보면 스파이 혐의를 씌운다. 자주의 반대가 스파이다. 자주를 향한 가장 저열한 도전이 스파이다. 부패 등으로 모는 게 아니라 스파이로 몰아간다. 진짜 부패했는지도 모르겠지만 박헌영 일당을 미제의 스파이라 해서 처벌하는 식이다. 그게 지배이데올로기다. 그게 지금 국민들에게 무슨 설득력이 있겠나? 우리가 한미 FTA를 반대한 것도 우리가 경제적으로 손해 보기 때문이었다. 자주 때문에 반대한 게 아니다.

구영식 ● 그들은 그렇게 생각했을 가능성이 충분히 있다.

노회찬 ● 그렇다면 앞으로 북한 정권이 가장 비자주적인 정권이 될 수 있다는 것을 알아야 한다.

구영식 ● 어떻게 보면 북한은 '반미자주'보다는 '친미의존'을 원하는 것 아닌가?

노회찬 ● 그렇다. 내가 2000년엔가 처음 방북해서 제일 관심 있게 봤던 게 북한의 사회경제체제였다. 동독이나 소련 몰락 이후에 러시아 등에서 나온 과거 문서들을 보고, 중국을 여행하면서 조선족 등에게 북한 경제 이야기를 들어보고 내린 결론은 '주체경제의 실패'였다. 자주를 그렇게 강조했으면서도 북한을 자주적 경제노선 위에 올려놓지 못한 것이다. 고난의 행군 이전의 북한이 남한에 비해 경제적으로 앞선 지점들이 있었던 것은 사실이다. 1980년대 초반까지만 보면 그렇다. 북한의 경제 활황기는 청산리사업이나 천리마사업, 대안사업체제 등 북한 주체경제 노선의 산물은 아니었다. 이는 북한 경제가 고난의 시기로 들어서면서 드러났다.

냉전의 시대에 우리는 서방진영의 쇼윈도였다. 동서 이데올로기가 충돌하는 상황에서 남한은 서방이 어느 정도 좋은 사회인가를 알려주는 창구였던 것이다. 그래서 차관경제 등 집중적인 투자를 받았다. 지금 한국경제 성공의 절반은 그로 인한 것이다. 여기다가 어느 나라에도 없던 엄청난 초과수탈이 작용했다. 외국인 회사는 노조도 못 만들게 하고 노동3권 등으로 완전히 손발을 꽉 묶어놓았다. 그리고 저임금 장시간 노동을 했기 때문에 자본축적이 빠르게 이루어졌다. 그런 것들 때문에 고도성장을 할 수 있었던 것이다. 박정희 덕분에 고도성장한 게 아니다. 박정희는 이걸 관리, 감독한 사람일 뿐이다. 그런데 북한도 남한처럼 쇼윈도였다. 그래서 에너지 자원은 주로 중국을 통해서 받고, 나머지는 소련과 동부유럽을 통해서 지원받았다. 정상적인 자립경제가 아니었다. 미국이 경제

봉쇄를 했다고 하지만 그 반대급부로써 일방적인 지원이 동시에 있었다. 그런데 사회주의권이 무너지면서 러시아와 동부 유럽의 지원이 다 끊겼다. 이게 북한경제가 무너지는 고난의 행군을 걷게 된 직접적 원인이다.

두 번째는 그 과정에서 중국이 자신들을 위해 북한에 대한 지원을 줄인 점이다. 그러자 북한은 갑자기 기아상태가 됐다. 이제까지 자기가 영양분을 만들어 섭취한 게 아니라 딴 데서 오는 링거를 꽂고 있었으니 그중 주요한 부분이 많이 철거되자 빈사상태에 들어가게 된 것이다. 특히 심각했던 게 에너지와 에너지원들이었다. 그 에너지원들을 이제 자기가 돈 주고 사야 하게 된 것이다. 그런데 그 돈은 달러다. 미국으로 인해 모든 교역이 봉쇄된 상태에서 갖고 있는 달러가 매우 적었다. 그러면서 에너지가 고갈되고, 동력이 없으니 공장을 가동할 수 없었다. 생산량이 떨어지자 그 여파가 일파만파였다. 결국 1990년대 초반부터 남북한 격차가 쭉 벌어졌다. 북한이 진짜 자주노선을 잘 실현하고 주체사상에 입각한 경제를 성공시켰다면 주체의 힘이 가장 빛나야 할 때는 1990년대 초반이었다. 사회주의권의 붕괴에도 불구하고 북한의 자주노선이 꽃을 피워야 했다. 하지만 그러지 못했다. 이는 자주가 구호로만 존재했다는 것을 증명하는 것 아닌가?

" 이석기 사태는 끝이 아니라 출발점이다 "

더디 가도 갈 것이다

구영식 ● 이석기 사태에서 진보진영이 성찰하고 얻어야 할 부분은 무엇인가?

노회찬 ● 이석기 사태에 즉자적으로 대응하는 것은 불가피하다. 하지만 그것만으로는 문제가 해결되지 않는다. 오히려 이를 계기로 내용과 형식, 즉 노선과 정책, 조직건설과 조직운영 등에서 총체적으로 진보를 재구성해야 한다. 낡은 진보 또는 지난 시기의 진보를 재조립해서는 새로운 진보를 재구성할 수 없다. 힘들고 시간이 오래 걸리더라도 선거 등에 지나치게 연연하지 말고 일차적으로 그 일을 해야 한다.

지난 15년 동안 진보정당을 봐왔다. 후퇴만 하지 않으면 더디게 커도 상관없다. 얼마든지 우리에게 많은 기회가 올 수 있다. 15년간 후퇴만 안 했어도 지금 대단했을 것이다. 그러니 빨리 성장하는 게 아니라 후퇴하지 않는 게 중요하다. 이번에 와서는 안 될 사건이 터지긴 했지만, 오히려 언젠가는 터질 문제였다는 점에서 진보의 재구성 시기를 앞당길 수 있는 기회가 될 수도 있다.

구영식 ● 그렇지 않을 경우 구시대적 운동권세력과 구시대적 공안세력의 적대적 공존관계는 계속 유지될 수밖에 없다.

노회찬 ● 제일 우려되는 지점이다. 일부 사람들은 저런 세력 망해서 좋다고 하는데 나는 전혀 그렇게 생각하지 않는다. 솔직히 이 땅에서 과거 반독재 민주화운동에 이어 진보운동까지의 과정이 힘들었던 가장 큰 이유는 북한문제 때문이다. 남북 분단이라는 조건으로 인해 오해받고, 우리의 주의 주장이 왜곡되거나 받아들여야 할 계층에게 받아들여지지 않은 어려움이 분명 있었다. 이 전선이 아직 해소되지 않았는데 한국사회 내부에서 이 주체사상파로 인한 공안몰이와 "사상의 자유도 없나?" 하는 말로 전선이 그어지고, 이 전선이 계속 뜨거운 전선이 되어버렸다. 이것은 대한민국 안에 휴전선이 하나 더 있는 것과 다름없다. 이렇게 되면 진보가 설 자리는 없다. 오로지 공안에만 맞서거나 동의할 수 없을 만큼 완고한 낡은 세력들 간의 싸움이 중심이 되면 안 된다. 그런 점에서 더욱더 비상한 위기의식을 가지고 진보 재건에 나서야 한다.

2016년 총선이나 2017년 대선은 다 포기하자. 대신 진보를 새롭게 세우자. 그러지 않고 2016년 선거에서 우리 정파의 세력을, 우리 정당의 세력을 조금이라도 유지하고 보존하려 덤벼든다면, 국회의원 한두 명은 살아남을지 몰라도 그 의미는 지금보다 더 없지 않을까 싶다.

❝정치를 그만둘 생각도 했다**❞**

무능과 분열의 방정식

구영식 ● 민주노동당 분당 이후 진보정당의 궤적은 어지럽기 그지없다. 진보정당의 분열이 민주노동당 분당 이후 급속화되는 것을 보면 어떤 생각이 드나?

노회찬 ● 여전히 진보와 보수를 비교하면서 한쪽은 분열로 망하고 한쪽은 부패로 망한다고 한다. 하지만 진보가 태생적으로 보수보다 더 쉽게 분열한다고 생각하지는 않는다. 물론 이념을 따지다 보니 쉽게 분열하긴 하지만 앞으로 계속 분열해서 모래알처럼 흩어지다 맥없이 주저앉을지 아니면 시행착오와 초기의 경험 속에서 뭔가 새로운 구심점을 만들고 자기의 정체성을 확립해갈지는 가봐야 안다. 그런데 뼈저리게 느끼는 것은 과거를 돌아보면 대개 분열 이후의 상황까지 내다보며 신중하게 판단하지 못했다는 점이다.

패권적 이익, 종파적 사고방식이나 행동양식이 많았다. 자기 생각만 고집하면 다 찢어지고 망하니까 서로 양보하고 공존해야 한다는 절박한 의식이 확실히 부족했다. 너나 할 것 없이 다 마찬가지였다. 조금씩 양보하고 버티면서 공존할 수 있는 질서를 만들어야 했는데 그런 노력들이 부족했다. 앞으로 제일 중요한 것도 그런 것들이다.

생각을 똑같게 만드는 것이 장기적으로는 가능할지 몰라도 당장에는 잘 되지 않는다는 것을 인정해야 한다. 생각에 조금이라도 차이가 있으면 계속 싸워야 할까? 아니다. 그렇게 반성하고 모인 것이 통합진보당이었다. 그런데 통합진보당의 실패도 선거 부정에서 촉발되었다고는 하지만, 이런 식으로 끝날 것이라고는 생각하지 않았다. 내 기억으로는 6월, 7월까지만 해도 분당은 상상할 수 없었다. 그런 생각이 지배적이었다. 사건이 5월에 일어났는데 결국은 그렇게 분당되고 말았다.

구영식 ● 노 대표도 14년 동안 네 개의 당을 거쳤더라.

노회찬 ● 정치 입문 당시 TV토론 같은 데 나가면 당적 자주 옮긴 정치인들을 철새정치인이라며 비판했다. 그런데 내가 지금 그 처지다. (웃음) 물론 개인의 이해관계로 옮긴 것도 아니고 어떤 의미에서 진보정당이 뿌리를 내리는 과도기적 현상이라 볼 수도 있지만 괴로운 경험이다.

구영식 ● 14년 동안 네 개의 당을 거치면서 심경이 복잡했을 것 같은데.

노회찬 ● 복잡한 정도가 아니고, 살아도 살아 있는 것 같지 않았다. 민주노동당이 나 혼자 만든 당은 아니지만 오랫동안 기다려왔고 작업해왔던 정당이기 때문에 그 당에서 내가 나온다는 것은 상상조차 할 수 없는 일이었다. 그런데 그 불가능한 일이 현실에서 일어나면서 굉장히 많은 상처를 받았다.

진보신당은 생각과 철학과 정서가 가장 비슷한 사람들이 모인 곳이었다. 그런 사람들마저도 설득하지 못했다는 자괴감이 굉장히 컸다. 가장 가까운 사람도 설득하지 못하면서 무엇을 한단 말인가?

민주노동당에서 나올 때는 분당하지 않으려고 했다가 막판에 같이 못하겠다고 해서 나왔다. 그런데 진보신당에서 나올 때는 같이 가자고 했는데 같이 안 가겠다고 하니까 우선 나부터 먼저 나온 것

뿐이다. 나중에 같이하자는 뜻이었기 때문에 전혀 분당으로 받아들이지 않았다. 다만 같이 움직여야 마땅한데 그렇게 안 된 데서 오는 자괴감, 가장 가까운 사람들을 설득해야 하는데 그것에 실패한 데서 오는 자괴감이 컸다. 그래서 통합진보당 때는 엄청난 사태가 벌어졌음에도 불구하고 처음부터 분당은 없다고 생각했다. 해서는 안 된다. 옳든 그르든, 불가피하든 아니든. 분당보다 더 큰 트라우마가 있을까? 과거 민주노동당에서도 분당했었는데 통합진보당 분당으로 똑같은 사람들과 한 번 더 헤어진 셈이 되었다. 그러니까 재혼했다가 같은 사람하고 또 이혼해야 하는 상황이어서 정치를 그만둬야 하는 것 아닌가 하는 생각까지 했다.

개인적으로는 진보신당에서 나와야 했던 해가 내게 최악의 해였다. 삼성 X파일 재판 때문에 국회의원직이 박탈된 것은 일도 아니다. 이것의 1,000배 정도의 아픔이었다. 지금도 거기서 완전히 회복된 것은 아니다. 죽지 못해 산다는 말이 이해된다. (웃음)

구영식 ● 민주노동당과 통합진보당의 분당 사태가 한국 진보진영에 주는 교훈은 무엇인가?

노회찬 ● 하나하나 따지면 그 잘못의 크기가 다르다고도 볼 수 있겠지만 정치적으로 반성하는 차원에서 보자면 다 함께 소탐대실했다. 당 전체를 더 키워 한국사회와 한국 정치를 바꿀 수 있는 소중한 기회를 잃어버렸다. 그런 점에서 소탐대실한 것이다. 우리는 스스로 가해자면서 피해자다.

구영식 ● 분당 사태에서 한국 진보의 치명적인 문제점인 '무능'과 '분열'이 다 드러났다고 생각한다. 폭력 사태까지 벌이면서 그런 문제를 드러내지 않았나.

노회찬 ● 그렇다. 유구무언이다.

구영식 ● 진보정당의 분열, 노동운동의 약화 등 한국 진보진영은 최악의 시기를 지나고 있는 것 같다.

노회찬 ● 동의한다. 오히려 나는 지금이 최악이었으면 좋겠다. 더 내려갈 게 남아 있다면 그것이 더 끔찍하다. 최악이면 반등이라도 있을 것 아닌가. 올라갈 길만 남아 있으면 좋겠는데 혹시 최악이 아니라 더 나쁜 게 있을까 봐 걱정이다.

구영식 ● 이러다가 진보정당이라 할 만한 정당이 없어지는 것은 아닐까? 결국 진보정당이 소멸 과정으로 가고 있는 게 아닌지 많이 걱정된다.

노회찬 ● 충분히 그런 생각이 들 수 있다. 그런데 나는 그렇게 생각하지 않는다. 지난 15년의 실험이 참혹한 결과로 나온 것은 사실이지만, 다른 측면을 많이 보려고 한다. 지지율이 낮고 국민적 여론이 굉장히 안 좋은 상황이지만, 어떤 면에서 보면 민주노동당에서 국회의원을 열 명이나 배출하고 지지율이 20%까지 올라갔던 2004년보다도 지금 진보정당을 수용하고 인정하는 국민들의 긍정적인 태도가 더 강해졌기 때문에 희망이 있다고 본다. 그래서 '백약이 무효

다. 이제 무슨 일을 해도 더 이상 가망이 없다.'고 말할 그런 상황은
아니다.

굉장히 어려운 조건에 처한 것은 사실이고, 여기가 바닥이 아니
라 더 깊은 바닥이 있는 것은 아니냐고 할 정도로 위기인 것도 사실
이다. 이 위기 상황을 어떻게 돌파할 것인지 좀 갑갑하기도 하지만,
다른 한편으로 보면 허송세월만 한 것은 아니다. 나아진 면도 있고,
축적된 면도 있다. 경남이나 호남 지역, 심지어는 경북 일부 지역에
서도 익숙해질 정도로 활동의 축적이 이루어졌다. 그러면서 꽤 기
반을 갖추어가고 있다. 그동안 유실하기만 한 게 아니라 그렇게 축
적된 것들도 꽤 확인됐다.

전주, 익산, 목포에 가면 우리가 조금씩 성장하고 있음을 느낀다.
여기에 너무 익숙해지고 관성화되지 않을까 걱정될 정도다. 다만
전국적 규모로 지지가 확대되고 있기는 하나 굉장히 예민한 정치적
차원에서 보면 국민들에게 야단맞는 국면이 계속되어온 것은 사실
이다. 하지만 아직 설 자리가 있다는 것을 느낄 수 있다. 그래서 그
나마 그동안의 활동이 만들어낸 성과들을 소중히 활용할 경우 진보
정당의 새로운 장을 열 수 있다고 본다.

구영식 ● 과거 진보정당의 유력한 이론가였던 주대환 전 위원장
은 민주노동당 분당 이후부터 "진보정당의 역사는 끝났다."고 했다.
인민노련 등에서 같이 활동해왔던 동지로서 그의 주장을 어떻게 생
각하나?

노회찬 ● 물론 동의하지 않는다. 그분은 그래서 당시 민주당으로 간 건데 나는 오히려 민주당의 역할이 끝났다고 봤다. 당장 내일 아침에 문 닫는 것은 아니지만 한국 정치에서 새정치민주연합식 존립의 효용은 사실상 끝났다고 본다. 2012년의 안철수 현상이 당시 민주당만을 겨냥했던 것은 아니지만 안철수 현상도 그것을 보여주는 강력한 징후 가운데 하나다.

구영식 ● 주대환 전 위원장처럼 생각하는 사람들은 미국식 양당체제를 상정하고, 진보세력이 새정치민주연합 안의 좌파블록(진보블록)으로 있는 게 현실적이라고 주장한다.

노회찬 ● 한국 정치는 새누리당계와 새정치연합계라는 양축을 중심으로 전개됐다. 이것이 정치민주화가 이루어지는 시기, 또 양 김이 살아서 정치를 하던 시기에는 유효했고, 힘을 발휘했다. 그런데 그 이후부터는 양축체제 자체가 흔들리고 있다. 그때가 진보정당이 막 생기기 시작했던 시기이기도 하다. 2010년 MB정권 시절, 중간평가의 성격을 가진 지방선거에서 민주당이 대승했는데, 그럼에도 불구하고 그때부터 대선까지 가는 과정에서 민주당이 지지율 30%를 넘긴 적이 없었다. 언제나 새누리당보다도 지지율이 더 낮았다. 이런 추세는 앞으로도 마찬가지일 거라고 본다. 지난 대선에 야당 후보로 지지가 48%나 모였고 좀 더 잘했으면 이겼을 수도 있었겠지만, 민주당 지지는 20~30%였다. 이는 민주노동당이 10석을 가지고 다다랐던 수치와 크게 다르지 않은 수치다. 그리고 안철수는 당을 만들기 전에도 민주당을 앞섰었다. 이런 것들이 수십 년간 진행되어온 양당 중심 체제에서 모든 것을 해소할 수 없음을 보여준다.

새로운 패러다임이 올 것인데 내가 볼 때는 새정치연합이 바뀌고 나서 뒤따라 새누리당도 바뀔 것이다. 서로 적대적 의존 관계이기 때문에 호남에 그 기반을 둔 당이 해체되면, 영남에서 그 기반을 다져온 당도 흔들리게 된다. 물론 그 변화가 특정 방향으로 꺾일지, 아니면 과도기가 계속될지는 가봐야 알겠지만 지금 체제가 유지되지는 않을 것이다.

구영식 ● 그럼 앞에서도 언급했듯이 새누리당과 새정치연합, 진보정당의 3자정립 구도가 가능하다고 보나?

노회찬 ● 가능하다. 가능한데 당장에 어떨지는 좀 지켜봐야 한다. 국민들 사이에도 좀 더 나은 사람이 들어간다고 새정치연합이 좋아질 것이라 보지 않는 시각이 지배적이다. 새정치연합 중심으로 힘을 좀 모아서 부족한 것을 메우고 가자는 의견이 예전처럼 그렇게 높지 않다. 특히 과거 민주당의 지지 본산이었던 호남에서도 마찬가지다. 그런데 실제 어떻게 될지는 가봐야 안다. 어쩌면 새정치연합이 A그룹과 B그룹으로 나뉘어 큰 민주당과 작은 민주당이 될 수도 있다. 단기적으로는 당이 서너 개로 나뉠 가능성이 크다. 중장기적인 관점에서 보면 진보가 저쪽으로 투항하지 않는 한 진보, 중도, 보수가 있는 체제가 될 가능성이 더 많다. 장기적으로 보자면 진보가 20석 이상 얻어서 나름대로 활약하게 되면 중도에 영향을 많이 줄 것으로 본다. 진보정당 후보로 서울에서 당선될 수 있다면 진보정당 후보로 나갈 사람들이 적지 않다. 그렇게 되지 않고 진보가 맥을 못 춰서 가운데로 수렴되면 미국식 체제가 될 수도 있다. 가운데가 좀 흔들려서 보수, 진보가 확 구분되면 유럽체제로도 갈 수 있다. 어느 쪽으로 갈지는 다 가능성이 있다고 본다. 보는 사람에 따라서 이쪽 가능성이 더 높아진다고 얘기할 수는 있지만, 어느 한쪽이 끝났다고 보이지는 않는다.

❝진보정당은 '세속화'되어야 한다❞

부활은 극복을 전제로 한다

구영식 ● 사면초가, 진퇴양난, 지리멸렬. 현재의 진보정당을 이렇게 표현해야 하지 않나 싶다. 하지만 진보정당은 한국사회에 반드시 있어야 하는 존재다. 진보정당이 지금 이렇게 분열된 상황에서 부활할 수 있다고 보나?

노회찬 ● 해야 한다는 당위가 더 큰 것 같다. 지금의 제반 상황을 근거로 모든 게 끝났다고 볼 수는 없다. 오히려 국민들이 주체세력을 평가하는 조건 등이 굉장히 악화돼 힘들어졌지만 우리 사회에서 진보정당의 활동 여건은 상당히 좋아진 측면이 있다. 과거의 시행착오를 더 이상 반복하지 않도록 노력한다면 충분히 부활의 여지가 있다.

구영식 ● 진보정당이 부활하기 위한 조건이 현재 분열된 진보정당 간의 통합이라고 보나?

노회찬 ● 그것은 아니다. 부분적 통합은 계속 추진해나가야 할 것이다. 하지만 모두 다 모여야 한다고 이야기하기 전에 우리가 어떻게 변할지, 무엇을 계승하고 버릴지 분명히 해야 한다. 버릴 것과 새롭게 취할 것에 국민적 공감대를 만들어나가는 것이 굉장히 중요하다. 그런 조건하에서 통합해나가야 한다. 우리도 신중할 수밖에 없다. 쉽게 모였다가 쉽게 깨지는 것을 반복하지 않아야 하기 때문이다. 최근까지 쓰라리게 경험한 것, 엄청난 수업료를 지불한 교훈을 살리기 위해서라도 신중해야 한다.

구영식 ● 민주노동당의 자산이었던 인력들이 적지 않게 새정치연합으로 갔다. 이것도 진보정당의 위기를 보여주는 한 가지 징후라고 생각한다. 이런 인적 역량들이 진보정당 안에서 재생산되고 있는지 의문이다.

노회찬 ● 뼈아픈 지적이다. 물론 지적한 부분은 상당히 아쉽고 안타깝지만 그것 때문에 진보정당의 진로 자체가 무너지는 것은 아니다. 문제는 새로운 인적역량을 조직적으로 길러내고 영입하고 있느냐 하는 것이다.

구영식 ● 지금 국민들은 자기들 삶의 문제를 유능하게 해결하지 못하면 인정하지 않는다. 진보정당도 좋은 레토릭을 구사하는 것과 별도로 문제 해결에서 유능해져야 한다. 그런 점에서 민주노동당 초기에 결합했던 능력 있는 사람들이 나중에 많이 흩어져버린 점은 아쉽다.

노회찬 ● 물론이다.

구영식 ● 분열이야 부분적 통합을 통해 극복하면 된다고 하지만, 무능의 문제는 심각하다. 보통 사람들의 실질적인 삶의 문제를 해결할 수 있는 능력을 보여줘야 국민적 지지가 다시 높아질 수 있다. 그런 능력을 어떻게 만들 수 있다고 생각하나?

노회찬 ● 가장 중요한 문제는 정치를 재인식하는 것이다. 현실 정치는 현실의 국민과 소통하고, 그들에게 이해를 구하고, 지지를 얻고, 참여를 도모하는 것이다. 그런데 우리는 정치를 자기 운동의 관성과 관념을 위한 하나의 수단으로 본다. 정치 그 자체를 중시하는 게 아니라 운동을 통해 다른 어떤 것을 추구하는 경향이 있다.

나는 진보신당에서 그런 것들을 참 많이 느꼈다. 서울 노원병에 처음 출마했을 때 한 당원 부부는 내가 당선되지 않기를 바랐다고 한다. 내가 당선되면 현실 정치로 자꾸 세속화될 가능성이 있어서 당선되지 않고 계속 투사로 남아주길 바랐다는 것이다. (웃음) 하지만 나는 진보정치가 더 세속화되어야 한다고 본다. 더 현실화되어야 하고, 더 냉정하게 대중에게 평가받고, 평가받은 것을 인정하고, 그것을 바탕으로 반성하고 개선해야 한다.

한국의 진보는 운동과 정치를 잘 구분하지 못하고 있다. 운동이 정치의 우위에 있거나 운동이 정치보다 더 높은 가치를 지향하는 것으로 오해하고 있다. 그런 편견에서 벗어나야 한다. 심지어 '정치는 나쁜 것이다.'라는 반정치적인 측면까지 있다. 정치를 안 할 사람이라고 하면 도덕적 우위를 부여한다. 정치를 건강하게 인식하지 못하고 있는 것이다.

구영식 • 노 대표가 주창하는 '진보의 세속화 전략'을 좀 더 구체적으로 얘기한다면.

노회찬 • 그동안의 관념성을 버리고 적극적으로 정치의 영역을 활용하는 현실주의적 접근을 중시해야 한다는 것이다. 아직도 활동가들의 목표 자체가 굉장히 비현실적인 경우가 많다. 예를 들면 "내 목표는 사회주의다."라고 얘기하는 것이다. 그런데 사회주의가 금방 이루어지지 않는다는 것도 잘 안다. 사회주의가 금방 이루어지지 않기 때문에 자기가 바쁠 이유도 없다. 여기에 이상한 패배주의가 결합한다. 그 때문에 현실을 향한 적극성이 떨어진다. 신념을 간직하는 것이 더 중요하다는 과거의 정서, 문화가 남아 있는 것이다.

자기 이상은 높고 자기는 옳다고 주장한다. 대중이 그렇지 않다고 평가해도 그것을 인정하지 않는다. '사람들이 아직 잘 몰라서 그런 것이다. 사람들 의식이 낮아서 그런 것이다. 이것은 내가 바꾸려 노력해도 쉽게 안 바뀐다.'고 이야기한다. 현실을 가지고 평가하고 그것에 기초해 판단하고, 다시 그 현실의 개선을 도모하는 게 아니라 자기는 늘 높은 이상을 보고, 현실에서는 별로 할 수 있는 일이 없다고 한다. 선거를 위한 활동은 자신들의 순수성이나 이상주의적 지향을 오염시킬 수 있는 것으로 치부한다. 이렇게 의식이 분절돼 있다.

진보정당이 더 세속화되어야 한다고 이야기하는 것은 이 거리가 좁혀지는 걸 의미한다. 자신이 하고 있는 일이 자기 이상이 되어야 한다. 그런 점에서 새정치민주연합 등은 굉장히 세속화된 세력들이다. 패배하면 당장 큰일 난다. 그래서 승리하기 위해 별짓을 다 한다. 하지만 여기는 꼭 그렇지는 않다. 속 편하게 머릿속과 손발이 따로 논다. 아니면 손발을 묶어버리고 머릿속만 가지고 세상을 바라본다.

구영식 ● '진보적 가치'와 '정치적 현실주의'는 양립 가능한가?

노회찬 ● 양립해야만 하고, 양립할 수 있다. 사람이 권력을 가까이 하면 탁해질 수밖에 없다거나 인간이 권력과 관계를 맺으면 점차 이상과 현실의 괴리를 느끼며 타락해간다고 하는데 이런 관점이 과연 옳을까? 정치가 원래의 기능을 하면 할수록 신뢰받는 권력의 과정으로 자리 잡을 수 있다고 본다. 그리고 그것은 이미 도달되어 있는 현실이다.

구영식 ● 진보적인 것과 정치적인 것은 다른가?

노회찬 ● 똑같은 것은 아니다. 차원이 다른 개념이다. 그런데 정치적일수록 진보성을 잃는다거나 두 가지가 양립하기 힘들다고 보는 경향들이 더 많았다. 내가 세속화되어야 한다고 주장하는 것이 이 때문이다. 정치는 엄연한 하나의 현실이고, 진보주의자의 기본 덕목은 실사구시다. 현실을 인정하고 현실을 이해하고 현실 위에서 현실을 바꾸는 게 진보주의자의 덕목이라면 이것은 양립해야 한다. 진보의 가치는 정치화되는 만큼 실현되는 것 아닌가? 그런 점에서 정치를 새롭게 인식할 필요가 있다.

❝ 신앙과 정치는 다르다 ❞

운동권을 탈피하라! 진보를 재구성하라!

구영식 ● 진보의 재구성은 오랫동안 중요한 과제였고 여전히 중요한 과제다. 진보의 재구성을 위해서는 정치의 복원, 정당의 복원이 제일 중요해 보인다. 어떻게 해야 진보의 재구성 문제를 잘 풀 수 있을까?

노회찬 ● 우리가 해야 할 일을 좀 더 정확하게 규정해야 한다. 동시에 우리가 하고자 하는 바를 제대로 알리는 것이 중요하다. 그것을 위해 편의적으로 쓰고 싶은 개념이 '운동권 진보'에 대응하는 '탈운동권 진보'다.

운동권 진보는 과거 운동권 세력과 그들의 사고방식, 행동양식을 가리키기 위한 말이다. 변혁운동이 자리 잡고 활약하던 시기의 운동적 방식과 내용들이 정당 활동에 그대로 이전되면서 여러 가지 문제를 발생시켰다. 운동권 진보는 존재하는 방식과 행동하는 양식이 있는데, 존재하는 방식은 NL과 PD라는 정파이고, 행동하는 양식은 머리띠를 매고 집회에 나가는 식이다. 요즘에는 많이 없어졌지만 민주노총에서도 전투적 조합주의가 대기업 위주 노동운동을 부추겼고, 노동운동이라는 계급운동을 종업원운동으로 전락시킨 사상적 근거가 됐다. 이것이 변혁운동론의 잘못된 변종 가운데 하나였다. 그런 점에서 이제는 추구하는 가치, 존재하는 방식, 행동하는 양식까지 운동권 진보와 달라져야 한다.

질문에서 지적한 대로 탈 운동권 진보는 정당과 정치의 복원을 통해 이루어질 수 있다. 그런데 이제까지 이것이 잘 되지 않은 이유는 무엇인가? 운동권의 문화와 정서와 관행 속에서 정치를 한다고 하면 그것을 출세주의로 봤기 때문이다. 정치를 하나의 과업으로 보지 못한 것이다. 사람들이 어떻게 의사를 형성하고 바꾸고 결정하며 그 속에서 어떻게 리더십이나 이니셔티브를 쥐게 되는지를 과학적으로 고려하지 않고, '정치는 출세주의자들의 활동의 장이고, 나는 지고지순의 가치를 추구하는 사람이다.'라고 선을 그어버린 것이다. 그런 면에서 진보는 정치를 잘 다루지 못했다.

과거 민주화운동은 우리 사회에 기여한 바도 많다. 하지만 이젠 흘러간 옛일이다. 그런데 아직도 그 아련한 추억에 매달려 낡은 훈장인 양 연연해하며 자기들이 희생하고 운동할 때 운동하지 않은 다수에게 우월의식이나 선민의식을 가지고 있다. 참 놀랐던 일이 하나 있다. 현재 제1야당의 초선의원인데, 이 사람도 옛날에 감방에는 안 갔지만 노동운동을 한 사람이다. 이 사람이 '감방 안 갔다 온 사람은 행세를 못한다.'고 했다. 나이가 40, 50이 넘어가는데 그것을 따지고 있다. 극단적인 일화이긴 하지만, 이제는 운동권적 진보에서 탈 운동권적 진보로 넘어가야 한다. 그래서 진보가 무엇을 추구하고, 어떻게 다르고, 왜 나왔는지를 이제는 새롭게 설명해야 한다. 그리고 새롭게 인정받아야 한다. 더디지만 이 아픈 과정을 거쳐야 한다.

구영식 • 탈 운동권 진보는 앞서 언급한 '세속화 전략'과 연결된다.

노회찬 • 같은 얘기다. 정치와 정당은 선거에 나가 권력을 추구한다. '우리가 하면 더 잘살 수 있다. 더 깨끗하게 하겠다.' 이렇게 나가야지, '나는 권력욕이 없습니다.' 이렇게 가면 안 된다. 왜 권력욕이 없어? (웃음) 권력욕이 없으면 정치를 하지 말아야지.

구영식 • '이제 노회찬은 운동이 아닌 정치나 정당을 택했다.' 이렇게 얘기해도 되겠나?

노회찬 • 나는 원래도 정치, 정당을 택했다. 결국 진보정치가 제대로 되려면 운동권을 극복해야 한다. 우리가 운동권을 부정할 수는 없지만, 그건 흘러간 옛날 얘기다. 운동권의 폐습이 상당히 많다. 신앙과 정치는 다르다. 신앙은 자기를 간직하면 되지만, 정치는 끊임없이 국민을 설득해서 동의를 구하는 것이다.

구영식 • 세속화 전략, 탈 운동권적 진보를 주장하지만 여전히 운동에 매달려 있는 사람들이 적지 않다.

노회찬 ● 나는 정치를 하지만, 운동도 있어야 한다. 진보정당이 잘 되기 위해서는 노동운동, 환경운동도 있어야 한다. 다만 진보정당을 운동으로만 생각하면 안 된다. 정당은 정당법과 선거법에 의해 작동하는 것이니까. 민주노총 위원장은 국민들에게 선출되지 않아도 되지만, 여기(정치)서는 국민에게 지지받아야 한다.

❝바뀌지 않으면 만나지 말아야 한다❞

혁신이 없다면 통합도 없다

구영식 ● 진보정당은 현재 '진보정당 다당제'(통합진보당-정의당-노동당-녹색당) 구조로 가고 있다. 이 상황을 어떻게 봐야 하나?

노회찬 ● 이제까지의 모순이 폭발한 필연적 귀결이다. 이 상황을 계속 유지해야 하는지 고민해봐야 할 시점이다. 이 상황을 극복하고 넘어서야 하는데, 어떻게 넘어설지가 중요하다. 그런 점에서 기계적 통합, 무조건적 통합은 올바른 목표가 아니라고 본다.

혁신 없이는 통합도 없다. 혁신하지 않은 상황에서는 통합해도 의미가 없다. 이기고 지고, 승자가 패자를 다 먹어버리는 식의 경쟁이 아니라, 진보의 혁신을 더 많이 이룬 쪽이 혁신의 좋은 가치들을 모아나가는 속에서 진보의 통합이 이루어져야 국민에게 환영받는다.

나는 다 바뀌어야 한다고 본다. 통합진보당을 떠날 때도 바뀌지 않으면 우리는 만나지 말아야 한다고 말했다. 그때 한용운의 시구 (時句) "만날 때 떠날 것을 염려하는 것처럼 떠날 때 다시 만날 것을 기약한다."는 부분을 인용하면서 "지금 떠나는 마당에 다시 만날 것을 그냥 기약하지 않겠다. 저도 달라져야 되고, 여러분도 달라져야 한다. 그래야 우리의 새로운 만남이 의미가 있을 것이다. 달라지지 않는다면 우리는 만나서는 안 된다. 오히려 만나는 것을 유보할 필요가 있다."고 했다.

구영식 ● 진보정당이 계속 약한 이유는 무엇일까? 지금 영향력이나 국민적 지지도가 굉장히 많이 떨어진 상황인데 왜 그런 상황이 만들어졌다고 보나?

노회찬 ● 잘 못해서 그렇다. 진보세력들이 추구하는 가치와 그것을 다루는 기술과 능력이 일치하지 않았다. 우리도 몰랐다가 그간의 과정에서 확인됐기 때문에 시인할 필요가 있다. 그래서 운동권 진보를 탈피해야 한다고 얘기한 것이다.

진보세력들이 굉장히 중요한 역할을 할 수 있고, 아직 다른 세력이 대체할 수 없는 역할들을 할 수 있다고 본다. 그래서 가능성이 있다. 다만 그간의 과정에서 우리의 능력과 비전을 많은 사람들에게 제대로 보여주지 못했다. 기대감과 지지를 얻은 부분도 있지만 다른 한편으로는 굉장히 위험한 세력, 믿기 힘든 세력, 골치 아픈 세력, 말이 잘 안 통하는 세력이라는 부정적 이미지도 많이 만들어냈다. 우리의 부족함 때문이다.

지금은 전망이나 있을까 걱정될 정도로 좋지 않은 상황이지만 지금까지의 상황만 놓고 판단할 것은 아니다. 이제까지의 상황은 좀 잊어버리면 좋겠다. 그런데 국민들에게 잊어달라고 할 수는 없다. 진보세력들 스스로 자신감을 회복해 사회가 바라는 진보세력으로 거듭날 필요가 있다. 그렇게 되면 다른 세력으로 대체할 수 없는 진보세력만의 고유 역할과 자리를 충분히 잡아나갈 것이다. 이제까지 도달했던 것보다 훨씬 더 큰 역할을 할 수 있다.

과거의 폐습을 버리고 활동해간다면 2016년 선거에서 교섭단체를 이룰 수 있다고 본다. 우리가 집권세력이 되는 것은 너무 이를지 몰라도, 교섭단체가 되면 다른 당 70~80석 이상의 힘을 발휘할 수 있다. 그런 것들이 진보세력을 새롭게 인식하는 계기가 되고, 세력화에서도 새로운 경지에 도달할 수 있는 기회가 될 것이다. 내 정치적 상상력은 이렇다. 그래서 정말 희망을 갖고 걸어갈 필요가 있다.

“쌍용차 문제를 만든 자들이
복지를 말할 수 있나”

노동 있는 민주주의를 향하여

구영식 ● 최장집 교수의 일관된 논지 가운데 하나는 '노동 없는 민주주의'의 위험성이다. 그동안 제도권에서는 왜 노동문제가 배제되어왔다고 생각하나?

노회찬 ● 한국 정치는 일제하부터 시작해 한국전쟁을 거쳐 군사독재와 투쟁하는 과정에서 진보세력의 씨가 말랐다. 그런 상황이 수십 년간 진행되었기에 한국 정치의 반독재세력 내에 진보가 없는 것이다. 브라질은 반독재세력에 사회주의세력 등 다양한 진보세력이 포함돼 있었다. 그런데 한국에서는 반독재세력에 진보가 없거나 혹은 지하운동권으로만 존재했다. 그래서 온건보수분파, 자유주의적 온건보수분파들이 반독재의 주도권을 차지했다. 이들이 민주화 과정에서 제1야당이 돼 두 번의 집권에 성공했다. 이들이 노동문제를 보는 인식은 1987년 789 노동자 대투쟁 때 YS, DJ가 낸 의견과 같다. 친노동은 아닌 것이다. 다만 노동을 다루는 데 폭압적이지 않다는 점에서는 차이가 있다. 그러다 IMF 이후 거의 폭압적으로 변했다. 그것에 더해 정치적 민주주의는 추진했지만, 사회경제적 민주주의는 제대로 추진하지 않았다.

'노동 없는 민주주의'를 제일 먼저 지적하고 대안을 내놓은 곳은 민주노동당이었다. 민주노동당이 처음 출범할 때 여기저기서 '왜 출범하는가?'를 물었다. "민주화를 부정하는 것이 아니라 민주화는 됐지만 '노동 없는 민주주의'다. 그래서 우리가 나섰다."고 답했다. 그것이 민주노동당의 출발 정신이었다. 그 말을 인정받았기 때문에 13%를 얻었다. 그런데 그 말이 진짜 맞다는 것을 보여줘야 할 때 이상한 것을 보여줘 오히려 지지가 추락했다. 최장집 교수가 노동 없는 민주주의를 얘기하는 것 자체가 그간의 진보가 성공하지 못했다는 것을 반증한다. 그간 잘했다면 노동 없는 민주주의에서 진보정당 덕분에 노동이 세워져가고 있다는 평가를 받았을 것이다.

구영식 ● 결국 노동 없는 민주주의는 약한 진보정당체제의 결과

물일 수도 있겠다.

노회찬 ● 그렇다. 나는 '노동 있는 민주주의'를 민주당이 할 수 있었다고 보지 않는다. 애초부터 민주당이 그것을 하기는 힘들었다. 그것을 진보정당이 보완했어야 하는데 하지 못했다. 민주와 진보가 '노동이 함께 가는 민주주의'를 만들어낼 수 있는 연대 고리를 만들어내지 못한 것이다.

구영식 ● 결국 노동 '없는' 민주주의를 노동 '있는' 민주주의로 만들기 위해서는 진보정당의 역할이 중요할 수밖에 없겠다.

노회찬 ● 중요하다. 아니면 새정치민주연합이 진보정당이 되든가. (웃음) 그러면 복잡한 일도 없는데, 그게 안 된다면 진보정당은 필요할 수밖에 없다.

구영식 ● 노동문제가 한국사회의 주요 문제로 다루어지기 위해서는 진보정당의 영향력을 키우는 것이 가장 중요하다.

노회찬 ● 그렇다. 그런데 지금 진보정당을 키우는 데는 양적 성장이 중요하지 않다. 오히려 진보가 스스로 혁신하는 속에서 커나가야 한다.

구영식 ● 한국에서 관심이 커지고 있는 복지국가 담론도 결국 핵심은 노동권과 고용문제라고 생각한다. 이것이 잘 해결돼야 복지국가 담론도 현실에 가까워질 수 있다.

노회찬 ● 그것이 굉장히 중요하다. 고용도 노동시장의 문제이기 때문에 사실은 노동문제다. 노동문제에 진전이 없으면 복지는 요원하다. 새정치민주연합마저도 복지를 이야기하지만 노동은 적게 이야기한다. 그 부분이 우려되는 지점이다. 실업 수당을 두 배로 주겠다는 공약보다도, 실업자를 줄이겠다는 공약과 더불어 실업 수당을 현실화하겠다는 공약으로 나서야 한다고 생각한다.

노동문제를 건드리지 않고 복지만 약속하는 것은 병은 놔둔 채 약만 주겠다는 것이다. 약을 더 많이 주겠다는 건데, 이것은 결국 병 주고 약 주는 격이다. 강연에서 나는 복지 감별법을 이렇게 얘기한다. "복지만 얘기하면 거의 다 가짜다. 하지만 노동을 얘기하면서 복지를 얘기하면 진짜일 가능성이 높다. 누가 복지의 중요성을 얘기하면서 많은 복지를 약속하면 그건 믿지 마라. 그리고 노동문제를 얘기하는지 살펴 들어보자. 과거와 다른 방식으로 노동권을 보장하고 노동시장의 다른 방식을 약속하면서 그러나 이것만으로 부족하니까 복지까지 하겠다고 할 때 그 복지가 진짜 복지다." 그런 점에서 보자면 새정치민주연합이 노동문제에서 과거와는 달리 좀 나아졌지만 여전히 불신받고 있다. 솔직히 쌍용차 문제를 누가 만들었나? 자기들이 만든 것 아닌가?

구영식 ● 그렇다.

노회찬 ● 그런 것들을 반성하지 않고 잘못을 시인하지 않고 넘어간다.

구영식 ● 노 대표의 얘기를 요약하자면 노동 없이 민주주의 없고, 노동 없이 복지도 없다고 할 수 있겠다.

노회찬 ● 맞다.

구영식 ● 도전하고 싶은 우리 사회의 금기가 있나?

노회찬 ● 차별금지가 굉장히 중요하다고 생각한다. 우리나라는 차별금지법도 아직 통과시키지 못한 나라다. 그런 점에서 우리의 민주화는 아직 절반밖에 안 됐다. 17대 국회에서 처음 차별금지법 제정이 논의되었는데 아직 여야가 합의를 못해 통과되지 못하고 있다. 이것은 결국 부분적으로 차별이 필요한 사회라는 의미다. 정말 잘못된 모습이다. 차별을 금지하면 약자를 배려하는 것뿐 아니라 사회를 더 건강하고 성숙하게 만들 수 있다.

최근 민감하게 논란이 된 것은 동성애자 차별금지에 관한 것인데, 그것뿐이 아니라고 본다. 법이 난항을 겪은 것은 동성애 관련 조항 때문이지만, 우리 사회 전체를 놓고 보면 차별 의식 자체가 엄청 강하다. 〈개그콘서트〉를 좋아하는데 예전에 방송된 '황해'라는 코너에 문제 제기가 적었던 것이 몹시 가슴 아프다. 우리는 재미있다고 계속 보는데 당사자(조선족)들에게는 모욕적이기 짝이 없는 코너다. 여성 차별 등이 우리 사회의 생산력을 얼마나 갉아먹고 있는지, 우리 사회의 진화에 어떤 장애를 초래하고 있는지 알아야 한다. 여성이 최고의 학력을 갖고 있는 나라이면서 취업률이 제일 떨어지는 나라가 우리나라다.

남양유업에서는 여성 정규직 사원들이 결혼을 하면 계약직으로 자동 전환된다. 예외가 없다. 그다음 임신하는 순간 자동 해고된다. 이러한 관행이 계속 유지되고 있다는 사실이 지난 해에 드러났다. 조사해보니까 정규직 여성이 한 명도 없었다. 계약직만 존재하는데, 사람들이 계약직으로 가는 순간 더러워서 그만두거나 그나마 계약직으로 남아 있는 사람도 애를 가지면 잘리고 마는 것이다. 이것이 보도되니까 그날 다 정규직이 됐다고 한다. 이런 황당무계한 회사가 있나. 특히 남양유업은 애 분유를 팔아 먹고사는 곳이다. 그런데도 이런 정신도착증 같은 고용 관행을 유지하고 있었다.

66 당이 리더를 두려워하는 것이 말이 되는가? 99

리더는 쇄빙선의 맨 앞에서 얼음장을 깬다

구영식 ● 진보신당(현 노동당)의 쇠락을 보면 진보정당도 '인물정치'의 한계를 보이는 것 아닌가 싶더라.

노회찬 ● 거기에는 크게 동의하지 않는다. 나는 기본적으로 진보정당의 재통합에 합류하지 않고 고립노선을 고수한 상태에서 불가피한 결과라고 생각한다.

구영식 ● '노심조'가 없으니 힘을 못 쓰는 것 아닌가?

노회찬 ● 2012년 선거 후 통합진보당 당원 한 사람의 부모님을 만났는데 그분이 진보신당을 찍었다고 했다. 이유를 물으니 거기는 노회찬, 심상정이 있는 당 아니냐고 하더라. 우리끼리 웃었다. 아마 그런 일도 있었을 것이다. 그러나 명색이 정당인데 '노심조'가 없어서 힘을 못쓴다는 것은 말이 안 된다. '노심조' 세 사람이 도드라져 보이는 현실 자체가 문제다. 진보정당 원내 진출 10년 차인데 이제 '노심조'가 최소 10명은 되어야 하지 않은가?

구영식 ● 결국 진보정당에서도 인물정치가 작동한다는 것인데.

노회찬 ● 야권 단일화도 안 했던 2008년 총선에서 진보신당 이름으로 서울 노원병에 출마해 40%를 얻었다. 그런데 내 지역구에서 당은 6%를 얻는 데 그쳤다. 그것이 아직까지도 우리의 현실이다. 몇몇 사람은 개인적 이유 때문에 더 많이 얻기도 한다. 그러다 보니까 당이 인물로 표현될 수밖에 없다. 일단은 그것이 현실이다.

인물들을 당 수준으로 낮출 이유는 없다. 그런데 당을 인물 수준으로 바로 높일 수도 없다. 이 두 수준이 같아지는 순간까지는 지금 상황이 계속될 것이다. 그럼 앞으로 어떻게 해야 발전할 수 있겠나? 인물의 수준을 낮추는 것은 발전 방향이 아니다. 수준 있는 인물을 많이 만드는 것이 당을 키우는 것이다. 노선이 잘못돼서 이렇게 된 것이지 인물 우대 정책을 쓰고 특정 인물에게 다 맡겨놓아서 이렇게 된 것은 아니라고 생각한다.

특정 인물이 문제라고 한다면 특정 인물들을 없애면 된다. 그런데 특정 인물들을 없애면 당 지지도가 올라가나? 6%의 당과 40%의 후보 때문에 생긴 문제를 어떻게 해결하겠는가? 당이 계속해서

40%까지 올라가는 식으로 커나가야 한다. 그렇게 되기 전까지는 계속해서 인물만 보일 수 있다.

구영식 ● 인물정치 대신 리더십이라는 용어를 쓴다면 진보정당을 이끌어가기 위한 리더십의 조건은 무엇이라고 생각하나?

노회찬 ● 이 문제를 본격적으로 이야기해야 한다고 생각한다. 진보정당의 특징 가운데 하나는 인물을 잘 키우지 않는다는 데 있다. 인물을 키우기 위한 의식적인 노력이나 배려가 적다.

아주 노골적으로 얘기하자면 이런 사례가 있다. 2004년도에 10석을 만든 뒤 처음으로 민주노동당 중앙위원회와 당 대회가 열렸는데, 첫 국회의원을 배출한 쾌거를 이룬 다음 당에서 제일 먼저 한 조치가 국회의원을 당직에서 제외시키는 것이었다. 그래서 당 대표도 국회의원이 겸하지 못하게 했다. 물론 당이 키우는 리더가 국회의원만 있는 것은 아니다. 하지만 국회의원은 당이 키운 리더 중에서 대중과 가장 많이 접촉한 사람 중 하나다. 그 사람들을 집중적으로 키워 리더군을 확보해야 하는데 오히려 당에서는 이들이 당에 간섭하고 개입할까 두려워 당직 금지를 결정했다. 당직을 못 맡게 한 이유가 무엇인가? 국회의원들은 명망가라는 이유다. 처음부터 자신의 진정한 리더가 명망가가 되는 걸 두려워하는 것이다. 이 이야기는 조직 안에서 어떤 개인이 1인 1표를 넘어서는 권한을 갖게 되면 두렵다는 말이다.

기본적으로는 (대중적) 리더가 있는 것을 두려워한다. 리더적 영향력을 갖는 사람이 생기는 걸 두려워한다. 누가 이런 분절의식을 가지고 있나? 정파 지도자들이다. 그래서 지도체제도 대표-부대표의 리더체제에서 힘이 분산되는 집단지도체제로 바꾸었다. 맨 처음 당을 설계할 때는 대표가 권한을 다 갖게 했다. 그런데 집단지도체제라는 이름하에 명망가들, 국회의원들을 들어오지 못하게 했다. 이름 없는 정파 대표자들이 최고위원회를 구성했다. 이들은 정파 안에서는 리더이지만 대중적 리더가 아니다. 이런 정파의 리더들이 검증 없이 정파의 쪽수를 가지고 조직의 리더가 됐다. 그래서 당 안에서 리더의 분절현상이 생겼다. 대중적 리더와 정파 리더가 따로 존재하는 것이다.

구영식 ● 왜 그런 현상이 생겨났다고 보나? 여전히 정파주의가 작동하고 있기 때문 아닌가?

노회찬 ● 과거 오랜 기간 파쇼 독재체제에서 억압받으며 지하 활동을 했던 습성이 있다. 그 시절, 정파의 실세들은 다 수면 아래에 가라앉아 있었다. 학생회 때부터 그랬다. 서클이 따로 있고, 학생회가 따로 있고, 실력자들은 다 지하에 있었다. 그리고 열린 반합법 공간에는 명망가를 내세웠다. 그런 과거의 낡은 의식과 문화가 남긴 습성이 합법정당에까지 이어졌다. 하지만 정파 리더들도 나중에는 다 선거에 출마하기 시작했다.

시간이 더디지만 이렇게 수렴되는 과정을 밟고 있는 중이다. 왜냐하면 나중에 대중에게 선택되지 못하면 조직의 리더도 될 수 없기 때문이다. 그런 과도기에 놓여 있지만 초기에는 과거의 관성 때문에 과도하게 대중적 리더를 견제했다. 지금도 그러는 사람은 별로 없다. '국회의원은 절대로 당직을 맡지 못한다.' 이런 주장은 없어졌다.

나는 진보정의당 때 최고위원회를 없애자고 강력하게 주장했다. 이론적으로 보면 집단지도체제가 더 민주적인데 우리의 집단지도체제는 대중에게 검증받지 않은 정파 지도자들을 안배하는 구조였다. 제일 많이 안배한 곳은 4명, 어디는 3명, 어디는 2명이었다. 그러면 이들이 정치적으로 잘 조율하면 된다. 하지만 집행부에서 집행하는 게 아니라 정파 지도자들이 집행을 결정한다. 그리고 실제 집행은 실무자들이 알아서 한다. 이런 것들이 조직 원리에도 맞지 않다.

구영식 ● 리더의 분절현상이 과도기라고 얘기했는데, 그 징표 중 하나가 경기동부연합의 핵심 리더라고 하는 이석기 의원이 국회의원이 된 것 아닌가?

노회찬 ● 울산연합 등도 다 마찬가지다. 자기들이 보기에도 그런 식으로 이원화해 계속 가기는 어렵다고 보고 있다. 그래서 그동안 가라앉아 있던 정파 리더들이 조금씩 위로 나오는 것이다. 본래는 당 안팎의 대중적 검증 속에서 리더가 되는 것이 바람직하다. 진보신당은 당에서 보유하고 있던 대중적 리더들이 몇 명 안 되기 때문에 그 리더들이 나가면 당연히 타격을 받는다. 나를 향한 비판은 거기서 오는 고통이나 아픔을 표현한 것이라고 본다.

그런데도 당은 오히려 명망가를 만드는 데 방해물로 작용해왔다. 다른 당에서는 행사를 하거나 선거를 할 때 명망가를 내세운다. 그런데 여기는 원리 원칙을 따지느라고 명망가들에게 오히려 기회를 덜 준다. 명망가가 권한을 행사하기가 더 힘들었다. 여기는 또 집단 지도체제를 적용하니 다른 당보다 리더들의 자율이나 결정권이 훨씬 적다. 리더가 자기 나름대로 노선을 펼치면 개인주의라고 생각한다. '노선은 네가 정하는 것이 아니라 우리 중앙에서 정한다.'는 식이다.

물론 히틀러 같은 사람은 견제해야 하지만 여긴 그런 것도 아니다. 그러다 보니까 의식적으로 사람을 발굴해서 키우는 것은 쓸데없는 노력이 되고 만다. 그래서 그런 일을 잘 안 하려고 한다. 여기서는 사실 '지도자'라는 말조차 금기어 중 하나다. 지도자라는 말을 권위주의적 용어로 생각한다.

구영식 ● 대중적 지지도나 인지도 등에서 당과 리더의 격차가 유독 진보정당에서는 심하다. 그것을 어떻게 극복해나가야 하나?

노회찬 ● 앞서 있는 것을 끌어내릴 필요는 없지 않나. 결국 격차를 좁히는 것이 중요한데, 그러려면 리더들을 많이 만들어내야 한다. 지지율이 높은 사람을 많이 확보하면 조직의 지지도도 올라간다. 야권 후보를 단일화했기 때문에 더 높아진 측면이 있지만, 재작년 선거의 경우 내가 57%를 얻었다. 작년에 통합진보당은 정당투표에서 서울 평균 13%를 얻었다. 내가 출마한 서울 노원병에서는

20%가 넘었다. 노원병에서만큼은 후보와 정당의 지지율 격차가 적어졌다. 하지만 보통은 후보 지지율과 정당 지지율의 격차가 크다. 정당 지지율이 높아지려면 정당 지지율이 높은 지역이 많아지면 된다. 그것을 끌어올리는 것은 사람(리더)이다. 그렇기 때문에 대중적 리더들을 많이 만들어내기 위해 노력해야 한다. 그런데 우리는 그런 노력은 별로 안 하고 알아서 크라고 한다.

구영식 ● 어쨌든 진보정당에서 리더군을 많이 만들어내는 것은 필요하다.

노회찬 ● 의식적인 노력이 많이 필요하다. 리더들이 활동을 대중적으로 평가받고 검증받는 시스템이 잘 작동해야 한다. 그런데 지금 보면 정파들이 자기들에게 유리한 선거제도를 만들었다. 많은 경우, 잘 알려지지 않은 사람들이 출마한다. 그리고 정파의 오더에 따라 찍는다. 센 정파에서 많이 당선될 수밖에 없다. 그 개인의 리더십과 실력으로 당선된 것이 아니라 정파의 리더십, 정파의 조직력으로 당선된다. 그런 구조 속에서 검증 없이 당선되니까 최고위원을 맡아도 리더십으로 뿌리를 내리지 못한다. 최고의 자리에 몇 년째 있어도 당원들이 리더를 잘 모르는데 그것을 이상하게 생각하지 않는다. 정파구조를 유지한 채 계속 그렇게 당선시키며 한계를 많이 보여왔다. 이쪽이나 저쪽이나 마찬가지로.

구영식 ● 당원 직선제를 계속한다면 정파적 영향력이 강한 구조 속에서 정파의 리더들이 계속 지도부에 앉아 있을 수밖에 없지 않나?

노회찬 ● 그런 반성들이 개혁 차원에서 많이 나왔다. 그래서 1인 2표제를 도입하려 했는데 정파 리더들이 강하게 반대했다. 1인 2표제를 하면 소수파가 들어설 구멍이 생긴다. 그래서 부결시켜버리고 자기들이 차지했다가 당이 깨질 위기가 되어서야 도입하겠다고 했다. 이제는 1인 2표가 일반적이다. 좀 느린 속도로 변하고 있다고 본다.

구영식 ● 노 대표가 생각하는 진보정당 리더십의 조건은 무엇인가?

노회찬 ● 약한 세력일수록 요구되는 것이 더 많을 수밖에 없다. 참 상반된 것이기는 한데 일단 두 가지만 이야기하고 싶다. 하나는 당의 활로를 열어나가는 개척자적 정신이 필요하다. 당을 잘 관리하고 대표하는 것은 부차적이다. 당 자체가 아직 허약하기 때문에 리더는 쇄빙선의 맨 앞처럼 얼음장을 깨고 나가는 능력, 정치력, 돌파력을 갖추어야 한다. 그러기 위해서는 신념과 철학이 확고하고 분명해야 한다. 또한 그런 신념과 철학을 잘 구사할 수 있는 능력을 가져야 한다. 그것이 없는 사람들을 많이 봐왔다. 그러니까 안에서는 리더지만 국민들이 볼 때는 리더가 아닌 것이다. 그러면 당을 키워낼 수 없다.

운동권 출신들은 일상 활동을 열심히 하면 이런 괴리를 돌파할 수 있다고 생각한다. 하지만 그것이 먹히는 데는 한계가 있다. 러시아의 레닌이 일상 활동을 열심히 해서 혁명에 성공한 것도 아니고, 스웨덴 사민당이 각 지역에서 일상 활동을 열심히 해 지금처럼 커진 것도 아니다. 일상 활동은 일상 활동대로 중요하고, 더 중요한 것은 당 전체의 정치적 리더십이다. 또 하나는 최근 진보정당의 뼈아픈 역사가 말해주듯 다양한 세력을 공존시키는 정치력, 다양한 세력과 함께하게 하기 위한 리더십이다.

05
진보, 넌 누구냐

"저항하라, 창조하라, 그리고 희망하라. (중략)
세상을 바꾸고 싶어하는 이들은 모두 옳다.
그러므로 멈추지 말고 진보하라."

– 스테판 에셀, 《멈추지 말고 진보하라》 中

진보는 노동의 가치를 실현한다

구영식 • 지금 진보에는 폭풍이 휘몰아치고 있다. 이 격랑을 헤쳐 나가기 위해서는 먼저 자신을 굳건히 해야 한다고 생각한다. 진보 의 관점, 진보의 가치를 확인하고 고민하는 것이 필요한 이유다. 지 금 이 시대의 진보는 무엇이라고 생각하나?

노회찬 • 굉장히 어려운 질문이다. 일단 한국사회에서 정치적으로 진보라고 한다면 크게 두 가지다. 하나는 정치적 민주화만이 아니 라 사회경제적 민주화까지를 추구하는 것이고, 다른 하나는 한반도 에 평화체제를 구축하는 것이다. 여기에 생태문제를 덧붙일 수 있 겠다. 이것들을 다 아울러 평등, 평화, 생태를 지향하는 가치체계를 진보라고 이야기할 수 있다.

구영식 • 지금 한국사회에서 보수와 진보를 가르는 가장 강력한 기준은 무엇인가?

노회찬 • 요즘으로 따지면 경제민주화다. 시장에서, 특히 노동시장에서 약자의 편에 확실히 서는 것, 재분배를 통해 서민의 편에 확실히 서는 것이 진보다. 노동 보호와 재분배를 강력히 추진하느냐, 아니면 그 불만을 무마하는 수준으로 가느냐를 보면 진보와 보수를 판가름할 수 있다.

구영식 • 노 대표가 생각하는 진보의 핵심 가치는 무엇인가?

노회찬 • 진보의 핵심 가치는 평등이다. 기회의 균등과 차별의 최소화를 통해 평등을 지향하는 일체의 노력이 진보의 근간을 이룬다.

구영식 • 노 대표가 생각하고 있던 진보나 실천해온 진보의 방향이 점점 더 현실에 밀착되는 듯하다.

노회찬 • 맞다. 나 개인만이 아니라 우리 집단도 처음에는 굉장히 이념 지향적이었고, 그런 만큼 이상주의적이었다. 근본을 잃었다고 생각하지는 않지만 점차 더 현실적인 계획으로 전환되거나 진화되는 과정을 겪었다.

강령 변천사를 놓고 보더라도 그렇다. 1987년 대선, 1992년 대선에서 백기완 후보의 선거강령, 1997년 국민승리21의 선거강령, 그리고 민주노동당의 강령과 대선공약, 진보신당의 강령, 진보정의당의 강령 등을 보면 아주 큰 틀에서는 변함이 없지만 실제 내용은 굉장히 실용적인 쪽으로 바뀌었다. 과거에는 최대강령과 최소강령이 막 섞여 있었는데 점점 최소강령 중심으로 바뀌었다. 당장 실현할 수 있는 것에 집중한다. '나는 이런 것을 원한다.'가 아니라 '이런 것을 할 수 있다.' 또는 '이런 것을 약속할 수 있다.'는 쪽으로 굉장히 현실화되어가고 있다.

구영식 ● 현실에 더 천착하고 가까워지는 방향으로 진보를 생각하게 된 것은 진보 내부에서 얻은 경험의 축적 때문인가? 아니면 외부 환경의 변화에 따른 것인가?

노회찬 ● 관찰하는 사람에 따라서는 이러한 일련의 과정을 '우경화되고 있다.' '체제에 포섭되어가고 있다.' 또는 가장 흔히 쓰는 말로 '개량화되고 있다.'고 평가하기도 한다. 그렇게 보일 수 있다고 생각한다. 물론 나는 그렇게 생각하지 않는다. 오히려 나는 이것을 '정치화의 과정'으로 보고 있다. 지금 진보세력에는 이상과 현실이 혼재되어 있고, 운동과 정치가 혼재되어 있다. 운동을 하다 정치를 하면 타락하는 것으로 생각한다. 그러나 현실정치에 참여해 여기까지 오는 과정에서 내가 얻은 깨달음은 정치는 정치로 풀어야 한다는 것이다.

사회운동은 사회운동대로 또 다른 영역에서 관계를 맺어야 한다. 그전에는 굉장히 분열적인 모습이 있었다. 진보세력도 선거 때는 한 표라도 더 얻으려고 굉장히 현실적인 정책을 쓰지만 선거가 끝나면 자기들끼리만 통하는 언어를 쓰고, 이상주의적인 지향을 여전히 유지한다. 현실정치에서 권력을 얻기 위해 출발한 세력이 아니라 사회 변화나 자신의 이상을 현실에 실현하고자 하는 원대한 이상주의에서 출발한 세력이기 때문이다. 결국 이것이 현실정치에 적응하는 과정이 아닐까 싶다.

구영식 ● 한국 진보의 가장 큰 문제점은 무엇이라고 생각하나?

노회찬 ● 한국 진보의 가장 큰 문제는 노동문제에 있다. 진보세력이 정치적으로 세력화되는 데 가장 큰 대중적 기반은 노동자 계층인데, 우리는 노동운동을 대중화하는 데 실패했다. 민주노조운동의 초기 노선이었던 전투적 조합주의가 결과적으로 전투력 있는 조합만 살아남게 만들면서 대기업 노조 중심으로 흘러갔던 탓이다. 다른 나라의 경우 사회복지는 기본적으로 노동조합의 요구로 이루어졌다. 그 노동조합의 요구를 정당이 받아서 대변했다. 반면 우리나라의 투쟁할 힘이 있는 노동조합원들은 복지가 일반 국민보다 높은 수준으로 해결된 사람들이다. 그래서 투쟁적으로 복지를 추진하지 않는다. 조직력이 있는 곳은 이미 복지가 많이 보장돼 있으니까. 우리 사회 전반이 도달해야 할 복지 수준보다 더 높게 누리고 있으니까 임금이나 더 올려달라는 요구만 한다. 이런 식으로 가면 노동조합원이 아닌 사람은 이들의 운동에 주목할 하등의 이유가 없어진다. 이것이 진보의 세력화에 근본적인 취약성으로 작용하고 있다.

두 번째 문제는 진보세력들의 지나친 관념성이다. 이상을 높게 평가하고 현실주의적인 접근을 극도로 경계하는 습성이 있다. 선거를 위한 활동은 자신들의 순수성이나 이상주의적 지향을 오염시킬 수 있는 것으로 치부한다. 선거운동은 개량주의로 흐를 수밖에 없고 가치와 원칙을 무너뜨린다는 것이다. 그런데 선거가 끝나면 그 결과를 가지고 지도부나 조직을 평가하는 이중적인 모습을 보인다. 이렇게 해서는 안 된다. 선거에서 더 많은 성과를 얻기 위해 노력하고, 그것으로 평가하는 쪽으로 가야 한다. 선거와 무관한 가치 추구는 운동의 영역에서 하면 된다. 정당의 틀을 가지고서 탈정당적 가치를 추구하는 것은 이도 저도 아닌 애매한 것이 될 수 있다. 정당은 계속 국민들에게 평가받아야 한다. 좋게 평가받으면 그만큼 권력을 갖게 되고, 권력을 잘 행사하면 더 큰 것을 얻을 수 있다. 그런데 평가받기를 두려워하거나 평가하기를 거부한다. 자신의 공동체나 신념을 지키는 것이 더 중요하다는 것이다. 실제로 보면 선거에 나가서 더 좋게 평가받기 위한 활동을 잘 안 한다. 그런 활동은 출세하려는 정치지망생이 하는 일이라고 본다. 진보는 이런 관념을 탈피해서 좀 더 확실하게 세속화돼야 한다.

구영식 ● 대중적인 시선에서 보자면 한국 진보는 크게 '무능'과 '분열'의 문제점이 있다고 본다.

노회찬 ● 둘 다 인정한다. 그 무능이 참 아이러니하다. 선민의식으로부터 나온 무능이기도 하다. 문제의 근본에 천착하기 때문에 오히려 해결을 못한다. 자본주의는 잘못된 세상이고 우리가 바라는 세상이 와야 하는데, 당장 세상을 뒤엎는 것은 불가능하니 자기가 할 수 있는 일은 없다고 보는 사람들이 많다. 사민주의를 이야기하니 한 노동조합 활동가는 "사민주의는 사회주의가 아니다."라고 얘기한다. 그러면서 사민주의가 사회주의적인 신념을 희석시킨다고 경계한다. 그런데 그가 얘기하는 사회주의는 자기 머릿속에만 있고 자기는 사회주의를 위한 활동은 할 수 없으니 현실에서는 그냥 "단체교섭이나 잘하자."로 간다. (웃음) 사회주의적 활동을 하고 있으면서 사민주의 활동에 반대한다면 이해하는데, 사회주의 활동을 안 하면서 사민주의를 개량이라고 반대한다. 그러면서 현실에서는 밤낮 자본가와 타협하는 일만 하는 모순이 있다.

구영식 ● 진보는 어떻게 해야 이런 평가를 벗어날 수 있을까?

노회찬 ● 헌신성, 대중적 친화력, 대중을 신뢰하는 것, 대중을 중심에 놓는 것, 약자들을 위한 정의감 등 진보의 장점을 최대화하고 키워나가야 한다. 그간 진보는 관성이나 낡은 질서에 갇혀 있으면 할 수 없는 여러 가지 정책을 만들고, 추진하고, 설득시키고, 힘을 만드는 데 두각을 나타내왔다. 그런 능력을 최대한 강화시켜야 한다. 이와 동시에 이상주의적이고, 비대중적이고, 자기 고집으로 분열하기 쉬운 진보의 약점을 인정하고 그것을 최소화하기 위한 다양한 노력을 공공연하게 벌여야 한다. 이상과 현실은 늘 갈등을 빚게 마련이기 때문에 진보의 이상주의적 취향은 현실에서 방해물이 될 가능성이 있다. 그래서 대중적 확산이 힘들어지는 약점으로 작용할 수 있다. 특히 진보는 이념과 지향을 잘 따지다 보니까 분열되기 쉽다. 그래서 적절하게 따지면서도 힘을 모으기 위한 노력이 필요하다. 고집 센 사람들이라도 조화를 이루어 함께하기 위한 다양한 룰을 만들거나 잘못하면 찢어진다는 경각심을 서로 가지고 분열을 막기 위한 노력도 해야 한다.

구영식 ● 왜 진보는 그토록 많은 분열을 해왔고, 지금도 하고 있다고 생각하나?

노회찬 ● 진보가 특별히 많이 분열했다고 보지 않는다. 이 정도 분열은 딴 데 가면 뭐…… . (웃음) 다만 힘도 작고 규모도 작아서 분열이 더 커 보이고 문제가 더 심각해 보이는 점은 있다. 일단 권력의지가 부족한 것이 분열의 가장 큰 원인이다. 정말 큰 권력을 만들어서 이 사회를 바꾸려는 포부가 있다면 작은 차이는 조정하려 노력하고, 그런 희생을 감수해야 한다. 그런데 그러지 못했다. 판이 깨지거나 말거나 자기 고집대로 가려는 얕은 인식들이 강했다. 자신들의 작은 이익에 집착하고, 그것을 중시하고, 더 큰 진보를 실현하는 데 소홀히 한 것들이 문제였다. 또 리더십의 부족 문제도 있다. 모든 구성원이 분열을 극복하기 위해 노력하는 것도 필요하지만, 통합의 리더십이 분열에 영향을 미친다고 본다. 리더들이 이런 문제를 해결하는 데 빼어난 능력을 보여주지 못했다. 다른 나라나 다른 경우에도 통합의 리더십이 중요하게 작용하던데 우리에게는 그런 것들이 부족했다.

❝합리적 복지는 자긍심을 만든다 **❞**

북유럽 모델

구영식 • 노 대표가 생각하는 진보의 가치를 가장 현실적으로 실현한 나라가 있나?

노회찬 • 노르웨이, 스웨덴 등 북유럽 나라들이 인류가 도달한 가장 선진적 수준의 나라들이라고 생각한다. 개인으로 보면 룰라 대통령도 훌륭한 사람이고, 철학 등에서 굉장히 많은 유사성을 느끼고 있다. 당으로 보면 영국, 독일, 프랑스에서도 진보정당들이 집권한 사례들이 있다. 그러나 그 사회의 공기까지 바꾼 경우는 북유럽 나라들인 것 같다. 한 훌륭한 사람이 대통령을 8년 했다거나 진보정당이 몇 번 집권한 것 이상으로 사회 자체가 큰 변화를 겪어서 사회 전체가 진보적인 사회로 나아간 곳은 북유럽 정도라는 얘기다. 진보적 가치관이 그 사회를 지배하는 문화나 지배적 가치관이 되는 '굉장히' 진보된 사회에까지 이른 현실국가들로는 북유럽을 꼽을 수밖에 없다.

구영식 • 북유럽이 진보의 가치를 가장 잘 실현할 수 있었던 요인은 무엇인가?

노회찬 • 진보정당의 오랜 집권이다. 여러 가지 역사적 배경이 있을 수 있지만 가장 큰 요인은 오랜 집권이라고 본다. 좋았기 때문에 다시 집권하도록 만들었을 것이다. 또한 그 정책이 오랫동안 관철되는 속에서 대단히 높은 수준의 사회적 합의가 형성되고, 그것이 지배적 가치로 정착되고 있다는 점이 중요하다.

노르웨이의 일반 시민들을 장시간 인터뷰한 적이 있다. 이미 은퇴한 60대 중반의 여성 두 명을 소개받았는데 한 명은 간호사 출신이고, 한 사람은 교사 출신이었다. 그분들에게 궁금한 것을 다 물어보았다. 그들은 세금, 교육, 의료 등 자기 나라의 여러 제도들에 높은 만족도를 보였고, 그것을 위해 기꺼이 세금도 많이 내고 있었다. 이것처럼 좋은 것이 없다고 얘기하는 걸 보면서 이런 생각이 들었다. 우리나라를 보면 잘사는 사람도 있고 못사는 사람도 있지만, 잘사는 사람조차도 자기가 얼마나 노력해서 잘살게 됐는지를 얘기할망정 자기의 행복한 삶이 사회제도 때문에 유지된다고 이야기하지는 않는다. 못사는 사람은 더 말할 나위도 없다. 그 사람들은 제도를 탓하니까. 그런데 그곳에서는 평범한 일반 시민들조차 사회에 작동하고 있는 제도를 굉장히 소중히 여기고, 이 제도의 유지를 위해 자신도 기꺼이 무언가를 할 수 있다고 생각한다. 그리고 단순히 제도만이 아니라 제도가 갖는 정신과 철학을 체화하고 있었다.

우리나라에서는 이제 복지가 실현되는 시기이기 때문에 제도를 악용해서 경제적 이득만 챙기는 부작용이 있는 것도 사실이다. 아직 복지제도의 철학까지는 제대로 체화되지 못한 것이다. 지방에서 사람을 뽑으면 몇 달 있다가 그만둔단다. 실업수당을 받기 위해서다. 옛날과 달리 실업수당이 많이 나오니까 회사에 잘린 것처럼 해달라고 요청한다고 한다. 그러고는 일당을 받는 단순노동을 하면서 동시에 실업수당을 받는 것이다. 생활이 어려우니까 변칙을 쓰는 것이겠지만 그건 복지제도의 정신에는 반하는 행위다.

　내가 만난 노르웨이 분들은 이런 변칙을 단호히 비판했다. 그것은 자신들이 만든 굉장히 소중한 규칙을 깨는 것이기 때문이다. 나는 그것을 '공기가 다르다.'고 표현한다. 심지어는 슈퍼마켓에서 받은 영수증 전표를 보여주더라. 거기 보면 물건 가격이 쫙 적혀 있는데, 세금도 같이 적혀 있다. 그것을 이렇게 설명해주었다. "이것은 물건 살 때 담는 봉투다. 이것은 가격이 낮지만 세율은 높다. 봉투 같은 것은 본인이 노력하면 준비해올 수 있는 것이어서 세금이 세다. 식료품은 진짜 세금이 약하다. 대신 담배나 술은 세금이 높다." 세금제도가 이렇게 합리적이라는 것을 우리에게 설명한 것이다. 정부의 홍보부처 사람을 만난 것 같았다. 그럴 정도로 자기들은 굉장히 합리적이고 높은 수준의 시스템을 갖고 있다는 자부심이 강했다.

❝애국심을 키우는 것이 정치의 역할이다❞

우리는 국가주의자들이다

구영식 ● 이제 진보의 속살을 들여다보려 한다. 진보에는 많은 통념이 있다. 진보니까 그래야 한다는 생각이 있고 진보이기 때문에 그러지 말아야 한다는 것이 있다. 오해가 있고 곡해가 있고 맥락의 단절도 있다. 진보는 대체로 국가를 적대적으로 바라봤는데, 국가를 진보의 적이라고 보나?

노회찬 ● 아니다. 진보는 현존하는 국가에 굉장히 문제가 많다고 본다. 그런데 진보는 거의 다 강력한 국가주의자들이다.

구영식 ● 상당히 아이러니하다.

노회찬 ● 맞다. 아이러니다. 이런 모순을 지적하면서 순수하게 국가가 없는 이상을 추구하는 사람들이 아나키스트다. 이들은 모든 형태의 국가를 억압체계로 보면서 국가를 부정한다. 지금도 그런 조류들이 있다. 하지만 진보는 대개 국가의 역할을 중시한다. 다만 억압체제로서 국가의 성격을 최소화해야 한다고 본다. 파쇼체제를 반대하는 것은 국가라서가 아니라 파쇼라서 반대하는 것이다. 진보주의자들은 자신의 이상을 실현하기 위해서는 국가가 더 많은 힘과 권한을 가져야 한다고 본다. 그래서 진보주의자들은 '큰정부주의자'라고 비판받는다.

구영식 ● 그런데 진보는 대체로 국가주의를 반대해왔다.

노회찬 ● 저항세력일 때는 그랬다. 폭압적 기구와 그 방식에 저항하기 때문에 국가를 향한 비판으로까지 나아갔다. 그다음엔 자신들이 추구하는 것을 실현하기 위해 국가가 더 많은 힘과 권한을 가져야 한다고 봤다.

구영식 ● 사실 박정희 체제는 국가주의의 전형이었다. 진보진영의 '관치금융 반대'라는 말에는 국가주의를 부정적으로 보는 시각이 담겨 있다. 그런데 진보는 복지 등에 관해서는 국가의 적극적인 개입을 주장한다. 논리적으로 보면 모순이다.

노회찬 ● 그렇다. 박정희 체제 비판은 진보의 영역에만 머무르지 않는다. 자유주의자를 포함한 많은 세력들이 박정희 체제를 비판했다. 그리고 시장 개입과 관련해서 진보는 자유주의자와 다르게 적극적 개입주의 쪽에 서 있다.

구영식 ● 애국심은 보수의 전유물이라고 생각하나?

노회찬 ● 이것은 역사적 경험을 가지고 이야기할 수밖에 없다. 일단 애국심은 보수의 전유물이 아니다. 문제는 어떤 애국심인가 하는 것이다. 애국심의 내용은 천차만별이다. 예를 들어, 독일의 민족주의와 우리의 민족주의는 다르다. 독일의 민족주의는 배타적 민족주의로서 유태인을 학살하고 전쟁을 일으킨 히틀러를 연상시킬 수밖에 없다. 그렇기 때문에 지금도 독일 민족주의는 과거사에서 반성해야 할 이념으로, 부끄러운 대목으로 남아 있다. 독일에서는 민족주의자라는 말이 욕이다. 그러나 우리는 강대국에 의해서 민족이 억압당해온 아픈 역사를 갖고 있다. 그런 속에서 민족주의는 억압에 대한 저항, 민족의 자존, 자립을 의미하는 것이기 때문에 독일과는 다른 가치 개념을 갖는다.

우리나라의 경우 남북의 대치 상황에서 북을 이기는 것이 애국이었고, 북을 이기기 위해서는 많은 것을 감수해야 하는 것이 애국으로 여겨졌다. 그랬기 때문에 '애국심'이 정치적 공세를 위해 부당하게 동원되는 경우가 많았다. 예를 들면 박정희식 애국이 진정한 애국이었나? 박정희는 정권욕을 애국으로 둔갑시켜 사람들을 억압해왔다. 긴급조치를 위반한 사람들이 40년이 더 지난 재심 청구에서 무죄가 되는 상황이다. 그 사람들은 그 당시 애국의 이름으로 처단됐던 사람들이다. 그렇기 때문에 어떤 애국인지, 무엇을 위한 애국인지가 중요하다.

20세기의 세계사적 갈등 속에서 배웠듯, 자기 나라가 살기 위해 다른 나라를 희생시키는 애국에는 여전히 경계심을 가져야 한다. 함께 잘살 수 있는 애국이어야 하고, 애국이란 이름하에 자신들의 권력욕을 합리화시키는 일도 있어서는 안 된다. 그리고 진정한 애국은 그 사회 공동체가 자부심을 갖고 갈등 없이 잘살게 만드는 것이다. 삶의 질을 높이고, 공동체의 평화를 보장하는 것이 가장 바람직한 애국이다.

구영식 ● 노 대표는 언제 애국심을 가장 강력하게 느꼈나? 아니면 애국심을 발휘한 적이 있나?

노회찬 ● 많다. (웃음)

구영식 ● 월남전에 관한 노 대표의 기억을 들은 적이 있다. 그것이 애국심과 연결되는가?

노회찬 ● 나는 부산에서 태어나 부산역 앞에 있는 초량초등학교와 부산중학교에 다녔다. 초등학생 때는 월남으로 떠나는 병사들을 가득 태운 군함, 수송선 등이 부둣가에 도열해 있었다. 그것들이 출발하는 환송식에 가서 나도 태극기를 흔들었다. 중학교 때는 돌아오는 분들을 맞이하기 위한 환영식에 가서 태극기를 흔들었다. 떠날 때 보면 가족들은 밑에서 박카스 한 박스라도 더 올리려고 애를 썼다. 던지다가 박카스가 물에 떨어지기도 했다. 사과를 빨랫줄에 묶어 던지기도 했다. "잘 가라. 살아 돌아와라." 참 엄숙한 분위기였다.

그리고 내가 중학생일 때 그들이 월남전에서 돌아왔는데, 분위기가 전혀 달랐다. 국기에 대한 경례 때도 배 위의 군인들은 경례를 안 했다. 밑에서 군악대가 연주하고 장성들이 "귀관들과 장병들의 노고를……." 이런 얘기를 하는데 군인들은 짝다리를 짚고 담배를 피우고 휘파람을 불었다. 아주 충격적이었다. '싸우고 돌아왔으니 더 자부심 있게 잘해야 하는 것 아닌가? 그런데 저 사람들은 누구를 위한 전쟁에 갔다 왔지?' 그런 생각이 처음으로 들었다. 그 사람들을 통해서 뭐가 애국인지, 나라를 사랑한다는 것이 뭔지, 진정한 애국은 무엇인지 고민하게 됐다.

나는 지금도 맹호부대와 청룡부대의 군가를 다 외우고 있다. 그때 하도 많이 불러서 그렇다. 그런데 전쟁에서 돌아온 사람들을 보니 국가가 늘 정당하고 국가가 시키는 것이 늘 우선인 것은 아닐 수도 있겠다는 생각이 들었다. 나중에 대학 들어갈 무렵에 리영희 선생이 쓴 《전환시대의 논리》 등을 보고 나서야 월남전의 새로운 면모를 이해하게 됐다. 그래서 애국심이 중요하고, 우리 국민들이 애국심을 갖길 바라지만, 그렇다고 무조건 강요해서는 안 된다고 생각한다. 먼저 자기 나라에 자부심을 가져야 한다.

그런데 과연 우리나라 사람들이 이 나라에 얼마만큼 자부심을 갖고 있을까? 이 나라가 살아가는 방식이나 운영되는 방식 등에 얼마만큼 자부심을 갖고 있을까? 앞서 얘기한 것처럼 노르웨이 사람들은 처음 보는 나한테까지 자기 나라가 얼마나 좋은 제도를 갖고 있는지 설명하기에 바빴다. 독일 사람들은 독일의 교육제도와 선거제도가 수출할 만하다고 생각할 정도로 자기 나라에 자부심을 가지고 있다. 그런데 우리나라 사람들은 우리나라에 어떤 자부심을 갖고 있는지 모르겠다.

국민들이 자기 나라에 자부심을 갖는 순간 애국심은 저절로 나온다. 애국심은 강요하거나 교육해서 만들어지는 것이 아니다. 그렇다면 좋은 나라로 만드는 것은 누구의 역할인가? 그건 정치인들의 역할이다. 그러라고 존재하는 것이 정치다. 그래서 우리 국민들이 이 나라에 자부심을 가질 수 있도록 좋은 나라, 더 좋은 나라를 만들어야 한다. 한글, 조선왕조실록, 불국사 등 지금도 자부심을 가질 대목이 있다.

솔직히 애국심을 묻는 사람에게 되묻고 싶다. 세계에서 가장 낮은 우리나라 출산율을 어떻게 생각하느냐고. 이 나라는 애를 가장 낳기 싫어하는 나라로 평가받고 있다. 그리고 노인들이 가장 많이 자살하는 나라다. 여기서 탈피하려는 노력이 박제된 애국심보다 중요하다. 그것이 진정한 애국이다.

구영식 ● 진보가 애국을 부정적으로 생각하는 것은 반국가주의 경향과 맥이 닿아 있다.

노회찬 ● 반국가주의가 아니다. 국가 자체가 아니라 특정 정부나 그 체제에 반발하는 것이다. 그런데 정통성이 약한 정부가 스스로는 권위가 없으니까 '국가' 개념을 끌어들여서 왜 국가를 반대하느냐고 한다. 국가보안법이 전형적이다. '국가를 반대한단 말이지. 넌 반국가사범이야.' 이런 식이다. 우리는 당시 반정부사범이었지만 반국가사범이 됐다. 1979년인가, 1980년인가 오후 5시에 길거리에서 애국가가 나오면 우리는 그 자리에 섰다. 애국가가 끝날 때까지 서 있었다. 그때 걸어 다니면 그 사람은 애국심이 없는 사람이었다. (웃음)

구영식 ● 진보정당 안팎에서 애국가 제창 논란이 있었다. 강기갑 대표 때부터는 애국가를 불렀는데 박근혜 대통령은 지난 대선 때 "진보정당은 왜 애국가도 안 부르나?" 하고 공격하기도 했다.

노회찬 ● 그런데 우리나라에서 애국가를 지나치게 많이 부른다는 생각은 들지 않나? (웃음) 다른 나라에서는 행사 때마다 국가를 부르진 않는다. 미국은 좀 자주 부르는 편이지만 유럽은 아주 중요한 국가적인 행사 이외에는 국가를 부르지 않는다.

국가를 부르지 않는다고 해서 국가를 우습게 보는 나라인 것은 아니다. 그런데 우리에게 애국가는 '당신 정체를 밝혀라.' 하고 공격하는 도구가 된다. 옛날에 극장에서 애국가를 부르면 다 일어났다. 그런 나라가 어디 있나? 1980년대까지 영화가 시작되기 전 애국가를 불렀는데 그때 다 일어섰다. 국가에서 지나치게 강요하니 반발이 있었다.

또 하나, 민주화 초반에는 국가권력과 많이 부딪쳤다. 그래도 길거리에서 집회를 하면 "자, 이제 우리 집회 시작하니까 애국가 부릅시다." 그랬다. 그런데 국가권력에 두드려 맞으면서 애국가를 부른다는 것이 좀 그렇지 않나. 아버지한테 맞으면서 〈어버이 은혜〉를 부를 수는 없는 것처럼 말이다. (웃음) 그런 경험 때문이기도 하다.

그럼에도 불구하고 정당 같은 조직은 좀 달라야 한다. 정당은 공조직으로서 사사로운 민간단체와는 다르다. 그렇기 때문에 공적인 활동을 할 때 필요할 경우 애국가를 부를 수 있다. 이제까지는 애국가를 부르거나 국기에 대한 경례를 하는 것이 사회 통념상 필요하다는 인식이 좀 부족했다. 이제 그것을 새롭게 인식하고 수용해야 한다고 본다. 그런 것으로 논쟁을 많이 했는데, '당신도 결국 국회의원 하더니 지나치게 세속화된 거 아닌가?'라고 해서 내가 그랬다. '내가 당의 후보로 대선에 나가는 것은 어떻게 생각하나? 혹은 내가 아니더라도 우리 당이 대선후보로 나가는 것에 대해 어떻게 생각하나?' 그러면 당연히 나가야 한다고 대답한다. '그럼 당신 생각에는 우리 후보가 당선되는 것이 좋은가, 좋지 않은가?' 그러면 당연히 당선되는 게 좋다고 한다. '그럼 우리 후보가 당선되어 대통령이 되면 그 사람은 국기에 대한 경례를 해야 하나, 안 해야 하나?' (웃음) 당연히 해야 한다. 그럼 대통령을 시켜주면 국기에 대한 경례를 하고, 대통령을 안 시켜주면 안 하나? 그것은 앞뒤가 안 맞다.

정당은 국가의 일부다. 왜 우리가 국고보조금을 받겠나.

❝도덕적 우월감, 반시장주의라는 꼬리표**❞**

도덕의 딜레마, 시장의 우상

구영식 ● 진보의 자격을 이야기할 때 도덕성이 빠지지 않는다. 그런 면에서 진보는 도덕적이어야 한다고 생각하나?

노회찬 ● 전혀 그렇게 생각하지 않는다. 진보는 현실적이어야 한다. 진보에 부족한 것은 도덕이 아니다. 그렇다고 도덕이 필요하지 않다는 얘기가 아니다. 진보에는 현실성, 현실적 힘이 부족하다. 도덕은 정당이 추구할 가치가 아니다.

구영식 ● 그런데 의외로 진보는 도덕주의 함정에 빠져 있는 것 같다.

노회찬 ● 진보가 스스로 도덕적이어야 한다고 이야기하기보다 도덕적이어야 한다고 요구받는 것 아닌가? (웃음) 그런데 이런 점은 있다. 일단 추구하는 가치나 신념을 지키기 위한 과정에서 희생을 감수하고 자기가 추구하는 가치를 위해 헌신할 각오가 돼 있다는 등의 이유로 스스로를 도덕적으로 더 우월하다고 생각하는 이미지를 준 것은 사실이다. 다른 사람들은 먹고사는 데 급급하고 한 푼더 벌기 위해서 노력할지 몰라도 우리는 조국의 미래와 국민 행복을 위해 희생해온 사람이라는 도덕적 우월성을 갖고 있다. 또 그런 이미지 때문에 오히려 대중과의 거리감이 커진 측면이 있다. 그런 것도 깨야 한다.

그래서 예전부터 운동이 희생의 대가를 바라는 식이어서는 절대 안 된다고 말해왔다. 솔직히 얘기하면 희생도 아니다. 자신이 좋아서 한 것인데 그것을 희생했다고 얘기할 수 있나. 그래서 나는 민주화운동 보상도 신청하지 않았다. 내가 왜 보상받나? 내가 원해서 한 것뿐이다. 오히려 이 길을 택하지 않았으면 깨닫지 못했을 것을 많이 깨달았다. 노동운동을 택했을 당시에는 먼저 깨닫고 많이 배운 사람으로서 더 힘든 사람을 구원하러 간다는 심정도 있었다. 하지만 실제로 현장을 겪으면서 깨달은 것은 내가 누구를 구원하는 것이 아니라 내가 먼저 구원받았다는 사실이다. 이 일을 하지 않았으면 깨닫지 못했을 것들을 깨닫게 되면서 구원받았다. 남들은 내가 운동하다 억울하게 감옥에 갔다고 생각하지만 그렇지 않다. 나는 감옥에 가게 될 줄 알고 있었다. 그냥 먹고살기 위해 운동하다가 감옥에 간 사람은 보상받아야 하지만 나 같은 사람은 다 알고 한 일이다. 그런데 무슨 보상을 받나?

공직에 있는 사람이 공공의 이익을 위해 스스로 희생했다고 생각하면 그것이 명예든 무엇이든 보상을 기대할 수밖에 없다고 본다. 그것은 굉장히 좋지 않다. 이 일을 했던 것 자체가 이미 하나의 혜택을 받은 것으로 봐야 한다. 왜냐하면 남들이 하지 못한 경험을 했기 때문이다. 그런 점에서 보면 도덕적으로 우월하다고 생각해서는 안 될 뿐만 아니라 그런 생각은 굉장한 자기기만일 수 있다. 오히려 도덕적으로 타락할 수 있다는 것을 늘 경계해야 한다. '나는 도덕적으로 몇 수 위야. 그렇기 때문에 약간 흐트러져도 내가 흘린 피와 땀에 비하면 용서받을 수 있을 거야.' 이렇게 생각하면 안 된다. 운동권 출신의 제일 큰 문제가 타인에게는 엄청 엄격하고 자기에게는 관대한 것이다. 정치는 도덕을 추구하는 것이 아니다. 정치는 다수의 행복을 추구한다. 그래서 나는 누군가 도덕을 추구한다고 하는 순간, 그건 위선이라고 본다.

구영식 ● 프랑스 미테랑 전 대통령은 혼외 자식을 두었지만 크게 비판받지 않았다. 한국에서 그런 일이 있었다면 상당히 달랐을 것 같다.

노회찬 ● 프랑스나 이탈리아 등은 원래 그런 문제에 관대해서 크게 문제 삼지 않는다. 반면 우리나라는 많이 문제 삼을 것 같아도 (의외로) 관대하다. 역대 대통령 중에도 혼외 자식을 둔 것이 사실로 드러난 경우가 있지만 사람들이 그것에 관대하지 않았나? 그런데 진보세력의 도덕적 결함에는 우리 사회가 훨씬 더 엄격한 반응을 보인다. 하지만 그것을 억울하다고 생각하면 안 된다. 그것도 하나의 현실이기 때문에 인정해야 한다. 부정이나 비리의 경우 진보세력에는 훨씬 높은 수준을 요구하고 있다. 이쪽도 저쪽도 돈 봉투를 받았으면 똑같은 죄인데 이쪽에서 받으면 더 큰 문제가 되는 것이 현실이다. 인정해야 한다. 억울해한다고 해결될 문제는 아니다. 높은 것을 요구하는 데 맞춰 더 조심해야 한다. 그러나 도덕을 과시해서는 안 된다.

구영식 ● 또한 진보는 부를 부정적으로 보는 경향이 강하다.

노회찬 ● 그런 경향이 있긴 하다. 그런데 정도의 차이는 있겠지만 어느 나라나 그러지 않겠나? 우리나라의 경우 공정하지 못한 과정을 통해 부를 축적한 경우가 많았고, 그게 신분상승에 영향을 미치고, 세습되었다. 하지만 부 자체를 부정적으로 바라볼 필요는 없다. 또 건강하게 습득된 부라면 존중하는 게 마땅하다. 다만 보수든 진보든 공직과 부를 동시에 추구하는 것은 결코 바람직하지 않다.

구영식 ● 대기업 정규직 노동자들의 연봉이 상대적으로 높은 것이 사실이다. 그런데 보수언론은 그걸 악용한다. '너희는 부를 나쁘게 보면서 왜 그렇게 임금을 많이 받는가?' 하는 식으로 말이다.

노회찬 ● 정규직 노동자들의 고임금이 잘못은 아니다. 노력에 비하면 덜 받고 있는 것인지도 모른다. 문제는 빈부격차가 노동자 안에서도 심하다는 데 있다. 그것을 더 많이 받는 사람들 잘못으로 돌리는 것은 잘못이다. 다만 비정규직문제를 해결하는 데 있어 사용자에게만 책임을 떠넘길 것이 아니라 노동운동이 그런 문제를 해결하는 한 주체로서 책임감을 느끼고 더 노력해야 한다.

구영식 ● 시장은 진보의 적이라고 보나?

노회찬 ● 자본주의 역사가 200년이라면 시장은 3,000여 년의 역사를 갖고 있다. 인간이 있는 한 시장은 존재한다. 그래서 시장 자체를 근본적으로 적대시하는 정책에는 동의하지 않는다. 그런 점에서 계획경제 중심의 국가사회주의는 인간이 계획으로 할 수 없는 일까지 감당하려고 한 실패작이라고 본다. 시장은 인정해야 한다. 다만 자본주의 역사는 자본 규제를 강화해온 역사다. 시장에는 강자와 약자의 관계가 있게 마련이다. 그 속에서 강자와 약자가 상생하기 위해서는 일정한 규제가 불가피하다. 그래서 사회적 합의에 따른 적절한 규제가 시장에 가해질 필요가 있다. 그것을 통해 시장 안에서 공존과 상생이 가능해진다.

구영식 ● 한 인터뷰에서 "시장은 효율적이지만 공평하지는 않다."고 얘기했던데.

노회찬 ● 어떤 시장이든 강자와 약자가 있기 마련이다. 자연 그대로의 시장은 강자가 지배하는 동물의 왕국일 수밖에 없다. 원시적 축적 단계의 자본주의는 시장에 어떤 간섭이나 개입도 하지 않았다. 노동3권이 무엇인가? 노동시장에서 노동력을 파는 데 조합을 결성할 수 있고, 단체로 노동력을 팔도록 보호하고, 합의가 잘 안되면 행동까지 할 수 있도록 만든 것이다. 즉 노동시장을 있는 그대로 두지 않고, 약자를 위해 규제를 강제한다는 의미다.

근로기준법의 모든 항목은 노동시장에서 거래되는 노동력에 대한 간섭 및 규제로 가득 차 있다. 시장을 규제하는 것은 자본주의가 스스로 살아남기 위해서다. 자본주의가 스스로 살아남기 위해 만든 것이 시장 규제다. 사회주의가 시장 규제를 만든 것이 아니다. 그래서 이것은 효율성의 문제가 아니다. 강자와 약자가 상생하기 위해서는 강자를 규제하는 것이 필요하다는 것이다. 그런데 이러한 규제가 시장의 효율성을 해칠 가능성은 언제나 있다. 그렇다면 어느 수준에서 시장을 규제하는 것이 적정하겠느냐는 문제가 남는다. 효율성을 위해서 규제를 약화시키다 보면 시장 자체가 망가질 수 있다. 지금 우리나라의 노동시장이 그렇다. 노동시장의 유연성을 너무 높여줬다. 노동시장에서 강자에게 가해지는 규제를 너무 많이 거둬들여 어느 나라보다도 정리해고가 쉬워졌다. 노동시장에서 사회적 약자에 대한 보호장치가 후퇴하면서 발생하는 사회 양극화는 결국 국민들의 가처분 소득 저하로 이어져 시장 자체에 악영향을 미치고 있다. 이 적정 수준을 찾는 것이 정치 과정이다.

시장을 없애자는 게 아니다. 강자의 손발을 꽁꽁 묶어놓으면 시장이 안 돌아갈 테니까, 시장의 활력이 적절하게 유지되는 속에서 약자가 보호받는 체제가 필요하다. 거기에는 많은 지혜가 필요하다. 정답이 따로 있는 게 아니다. 상황에 따라 계속 변동될 수밖에 없다.

구영식 ● 그렇다면 진보는 시장을 어떻게 봐야 하나?

노회찬 ● 과거 사회주의는 시장 자체를 인정하지 않았다. 그러나 지금 북한도 제한적이지만 시장을 인정하고 있다. 나머지는 계획에 의해서 국가가 수요와 공급을 통제한다. 시장은 기본적으로 인정해야 한다. 다만 거기에 합리적인 수준의 규제가 필요하다. 물론 규제도 적을수록 좋다고 본다. 그래도 필요한 만큼은 규제해야 한다.

얼마 전 부산에서 유치원 버스를 기다리던 어머니와 딸을 도사견이 덮쳤는데 경찰이 개를 쏘아 죽였다. 개를 여러 마리 기르던 곳에서 뛰쳐나온 것이었는데, 개 주인이 과실치상으로 고발됐다. 실제로 맹견을 키우다 사람을 물면 주인이 형사처벌을 받는다. 맹견을 키울 자유와 함께 맹견을 묶어둬야 할 의무가 있는 것이다. 이것이 규제다. 사람과 개가 공존하려면 개를 규제하는 것이 필요하다.

강자만 있거나 약자만 있을 수는 없다. 또 둘 다 강자로 만들 수는 없다. 강자가 있게 마련이고, 더 많은 약자가 있게 마련이다. 그런데 강자와 약자가 다 살기 위해서는 강자를 일정하게 규제하는 것이 필요하다. 그래야 약자도 살 수 있다. 그렇게 하지 않으면 약자는 다 죽어버린다. 그래서 시장을 보는 내 관점은 이런 것이다. 시장에서 강자와 약자가 다 살게 하자. 시장에 자유를 주되 활력을 빼앗지 않는 최소한의 범위 안에서 규제하자.

❝생존의 문제는 위임할 수 없다 ❞

누구를 위한 어떤 세계화인가?

구영식 ● 한국의 진보는 한미 FTA를 적극 반대해왔다. 세계화의 문제에는 어떻게 대처해야 하나?

노회찬 ● 세계화는 전지구적인 현상이다. 다만 '어떤 세계화인가?' 하는 문제가 남아 있다. FTA는 관세철폐를 통해 시장을 통합하는 문제다. 진보가 모든 시장의 통합을 반대하는 것은 아니다. 그러나 미국처럼 우리와 경제력에서 현격한 차이가 나는 국가의 시장과 통합하는 것에는 반대한다. 미국의 시장에도 강자와 약자가 있고, 우리나라 시장에도 강자와 약자가 있다. 그런데 미국의 시장과 우리나라 시장을 통합하면 우리나라 시장의 강자 중 소수는 득을 보겠지만, 다수는 더 힘들어질 것이 뻔하다. 그래서 반대하는 것이지 세계화를 반대하는 것이 아니다.

시장을 통합하지 않고도 얼마든지 거래할 수 있다. 오히려 시장을 통합함으로써 부작용이 큰 경우가 있다. 이 시장의 통합이 서로에게 윈-윈이라는 논리는 납득이 되지 않는다. 시장의 통합은 신중해야 한다. 미국과 문화적으로나 역사적으로 가장 가까운 EU도 아직 미국과 FTA 체결 전이다. 미국은 중국과도 안 하고 있다. 우선협상국이었던 다섯 나라 중 미국과 FTA를 체결한 나라는 우리나라밖에 없다. 호주도 체결하긴 했지만 중요한 것을 몇 개 빼고 했다.

진보가 FTA 자체를 반대하는 것은 아니다. 좋으면 얼마든지 할 수 있다. 다만 이럴 수는 있다. '우리에게 좋고 상대에게 나쁘면 진보는 찬성할 것인가, 반대할 것인가?' 그런데 그런 것은 오래가지 못한다. 서로에게 균형적으로 이익이 실현되는 경우에만 지속되기 때문에 그런 한도에서는 얼마든지 수용할 수 있다. 하지만 한미 FTA는 달랐다. 미국의 요구가 다른 나라에서 다 거부당했는데 그걸 우리가 받아들인 것 자체에 심각한 문제가 있다.

구영식 • 원래 FTA 로드맵 뒷부분에 있던 한미 FTA가 어느 날 가장 앞으로 배치되면서 노무현 정부가 이를 강력하게 추진했다. 한미 FTA는 노무현 정권과 한국 진보진영의 적대감을 상당히 높인 계기가 됐다.

노회찬 ● 그렇다. 일부 재벌들도 이야기해왔지만, 한미 FTA는 미국 경제가 자기 활로를 찾기 위한 방편으로 주한미국상공회의소 등을 통해 오래 전부터 이야기해왔던 것이다. 또 한미 FTA를 통해 새로운 기회가 생길 수 있다고 판단한 삼성이나 현대에서도 적극적으로 관심을 보여왔다. 하지만 정치권에서 추진하지 않았으면 지금까지도 그런 정도의 문제 제기만 있었을 것이다.

노무현 정부가 옛날부터 이것을 한국 경제의 활로라고 생각해서 오랫동안 검토해 대통령 선거 때 공약으로 내놓은 것도 아니었다. 결국 좀 즉흥적이었다. 경제에서 한미 FTA를 추진한 것은 정치에서 대연정을 추진한 것처럼 '한건주의'였고 정치적인 돌파구였다고 본다. 동북아균형자, 금융허브 하는 것들은 다 허황된 정책들임이 판명되었다. MB식 토건주의와 비슷한 발상이다. 그것이야말로 이벤트적 성격을 가진 것이었다. 솔직히 삼성과 현대 처지에서 한미 FTA가 사활이 걸린 문제였을까? 나는 그렇게 보지 않는다. 현대자동차는 이미 미국에 수출하는 물량의 90% 이상을 미국 내 공장에서 만들고 있다. 거기는 관세가 없고 국내 세금만 존재한다. FTA를 안 해도 그 효과를 이미 현대는 누리고 있었다. 삼성이 미국에서 파는 핸드폰도 이미 서로의 관세상호조약에 의해 1% 미만, 사실상 무관세로 팔리고 있다. 한미 FTA에 대한 장밋빛 환상이 심했다.

구영식 ● 노무현 정부에서 추진한 한미 FTA를 진보진영에서 강력히 반대하니 정권 쪽뿐만 아니라 보수 쪽에서도 진보의 폐쇄성을 부각시키는 시선들이 많았다.

노회찬 ● 오히려 나는 이렇게 본다. 그 당시에 진보정당을 지지하는 세력 이상의 사람들이 한미 FTA에 반대했다. 그렇게 폭넓은 반대 전선이 구축되었다는 점을 강조하고 싶다. 진보만 반대한 것이 아니었다. 훨씬 더 폭넓은 국민들이 반대했다.

구영식 ● 한국 진보는 세계화를 어떻게 전략적으로 사고해야 할까?

노회찬 ● 진보가 고립주의나 자국 이기주의에서 벗어나려는 철학적 배경은 비슷하다. 이제는 경제문제뿐 아니라 사회, 경제, 정치 등을 총체적인 지구화의 관점에서 바라보아야 한다. 전지구적 유대와 상생의 기반 위에 선다는 점에서 오히려 진보 특유의 문제의식과 연관된다. 정치적·군사적 블록을 만들어 적대시하는 것도 넘어서야 한다. 우리나라가 그런 모범이 되어야 한다고 본다.

경제문제와 관련해서도 마찬가지다. 왜 다자간 협약이 아니라 미국 기업에만 특혜를 주나? 그리고 왜 우리만 특혜를 받나? 서로의 이익을 위해 관세나 국제교역의 장벽을 낮추되, 각각의 고유한 영역을 인정하는 정책을 얼마든지 쓸 수 있다.

식량문제는 다른 문제와 다르다. 우리의 먹고사는 문제에 대한 우선권을 다른 나라에게 줄 수는 없지 않나. 누구도 그것을 해결해주지 않는다. 식량은 향후 여러 가지로 예측해볼 필요가 있다. 예를 들면 2030년 이후에는 중국 인구 때문에 중국이 곡물 수입국가가 되면서 곡물시장에서 가격 상승이 예견된다고 많이 이야기한다. 전

세계 곡물시장에서 쌀 거래는 극히 일부밖에 이루어지지 않는다. 쌀 먹는 나라가 몇 군데 없기 때문이다. 쌀은 가격탄력성이 없다. 조금 잘못되면 가격이 크게 뛰는 것이 쌀이다. 생산량이 적기 때문이다. 그런 것을 감안해서 '쌀은 우리가 쥐고 있자. 당장에는 비용이 더 들더라도 쌀은 쥐고 있어야겠다.' 이런 판단을 얼마든지 내릴 수 있다. 이걸 폐쇄적이고 국수주의적이라고 말할 수 있나.

세계화에도 여러 가지 방식이 있다. YS 때 WTO문제처럼 강제적으로 쌀 시장을 개방하는 프로그램을 진행할 수도 있고, 다자간 협약을 통해 얼마든지 신축적으로 조정해나갈 수도 있다. 솔직히 우리나라에서 나는 것만 가지고 먹고살 수는 없다. 교역은 불가피하다. 세계화의 핵심이 교역이다. 그렇다면 교역에서 우리 나름대로의 전략을 가져야 한다. 그 전략이 다른 나라와 같지 않을 수 있다. 예를 들면 스위스처럼 국민소득이 높은 나라는 자국의 축산업을 보호하려다 미국과의 FTA를 성사시키지 못했다. 축산업은 쥐고 있겠다는 의미다. 그 나라에서는 얼마든지 그렇게 판단할 수 있다.

우리는 세계화를 반대하는 것이 아니다. 기본적으로 우리가 살아가는 전략을 우선시하고, 그것을 책임 있게 진행해야 한다고 본다. 그리고 이것에도 철학이 있다. 호혜, 평등 등의 관점에서 다른 나라와 좋은 관계를 유지해야 한다. 우리나라 에너지가 그렇다. 에너지를 한 나라에만 의존하면 위험할 수 있다. 때문에 여러 나라와 거래하는 것이 전략적인 판단이다. 바로 옆에서 전기를 수입하면 더 싼데도 그렇게 안 하는 나라들이 많다. 왜일까? 사고나 분쟁으로 전기가 끊어지면 산업이 마비되기 때문이다. 이런 특성을 감안해야 하는데 한미 FTA는 그런 것을 충분하게 고려하지 않고 즉흥적으로 추진된 흔적이 아주 많다. 그다음, 미국은 쌀이 주식도 아닌데 쌀농사를 짓는 사람들에게 보조금을 준다. 그런데 우리는 쌀농사 보조금을 왜 자꾸 없애려고만 할까? 정부 차원에서 판단을 잘못한 것이라고 본다. 오히려 쌀 생산량을 높이는 등 여러 가지 방식으로 대응할 수 있다. 우리가 진보니까 농업이 중요하고, 나라가 망하더라도 이것을 지켜야 한다고 생각하지 않는다.

❝ 무엇이 우리를 지켜줄 것인가? ❞

안보와 성장 전략

구영식 ● 진보에는 국가성장전략이 없다는 점이 자주 지적된다. 진보세력이 안보-성장문제에서 대안을 내놓지 않으면 집권할 수 없다는 지적도 많다.

노회찬 ● 동의한다. 그 문제의 대안이 확실하게 부족했고, 지금도 부족하다. 진보는 굉장히 패배주의적으로 미래를 보는 경향이 있다. 이 문제 많고 탐욕스러운 시스템이 별로 변하지 않을 것이라는 패배주의 말이다. 누구보다도 강렬하게 현 체제를 비판하고, 나아가 굉장히 이상주의적 대안을 갖고 있으면서도 오히려 그게 현실화되지는 않을 거라고 보는 것이다. 그렇기 때문에 막상 현실화의 기회가 왔을 때는 준비되어 있는 것이 별로 없다.

하지만 국민들은 현실의 문제로 평가한다. 미래에 어떤 계획을 갖고 있는가가 아니라 현실의 문제를 풀 수 있는 대안이 무엇인가, 그것을 바꾸기 위해 누가 노력하는가 하는 것을 평가한다.

성장전략도 마찬가지다. 오히려 우리가 더 잘할 수 있지 않을까? 솔직히 MB의 성장전략이 무엇이었던가? 부자들, 대기업들, 재벌들이 사업 잘하도록 세금 깎아주는 것이었다. 그런데 그런 것들이 국가경제발전에는 도움을 안 줬고, 낙수 효과도 없다는 것이 드러났다. 부자들, 대기업들, 재벌들만 컸다.

기본적으로 성장 동력을 만드는 데 정부가 직접 나서는 전략을 펴야 한다고 본다. 포항제철을 누가 만들었나? 옛날에 정부가 만들었다가 민영화한 것 아닌가. 그런데 이명박 정부는 '일자리를 왜 나라가 만드나, 민간경제가 만들어야지.' 이랬다. 대기업은 일자리 못 만든다. 기업한테 억지로 만들라고 해서 될 일이 아니다. 더 많은 일자리를 만들어낼 수 있는 중소기업들을 지원하거나 정부가 직접 일자리를 만들어야 한다. 독일도 정부가 환경사업을 뒷받침해서 일자리를 100만 개씩 만들었다. 지금 유럽의 여러 나라들이 정부 차원에서 사하라사막에 대규모 태양광 프로젝트를 컨소시엄으로 진행하고 있다.

나는 성장 위주의 전략에 반대한다. 그것이 결국에는 양극화 등의 문제를 낳고, 성장에도 부정적인 부메랑이 되기 때문이다. 그러나 무조건적인 성장 반대주의자는 아니다. 일정한 성장은 불가피하고, 필요하다. 그래야 일자리가 유지된다. 그런데 그 성장 과정에는 국가의 역할이 중요하다는 것이다. 우리는 쌍용차에 문제가 생기니까 팔았다. 하지만 프랑스는 르노자동차 문제가 생겼을 때 어떻게 했나? 국가에서 샀다. 사서 회복시킨 다음 다시 민간에 내놨다. 나는 그것이 국가가 할 일이라고 본다. 국가는 그런 일도 할 수 있고, 필요하다면 해야 한다. 그런 점에서 진보도 성장전략을 내놔야 한다고 생각한다. 이제까지 내놓지 않은 이유는 진보 안에는 성장 자체를 지나치게 부정적으로 보는 시각이 강하기 때문이다. 반성장주의 비슷한 기류가 깔려 있고, 그렇게 알려져 있다. 또 하나는 언젠가 정권을 담당할 수도 있다는 생각을 아예 안 한다. (웃음)

안보문제도 마찬가지다. 지금의 안보전략은 굉장히 위험하다. 한미동맹은 법률적으로 군사동맹이다. 그렇기 때문에 다른 나라와는 자동으로 가상의 적이 된다. 우리는 미국하고도 잘 지내고 중국하고도 잘 지내야 한다. 그런데 지금 전략적 유연성(strategic flexibility)을 보면 미국과 중국 사이에 전쟁이 나는 순간 우리는 미국에 기지를 제공한 셈이 된다. 결국 자동적으로 전쟁에 개입하게 된다. 이런 것들의 심각성을 깨달아야 한다. 특정 나라와의 강한 유대로 인해 다른 나라와 적대시되는 일은 막아야 한다.

또 군비경쟁으로 가면 안 된다. 2004년 미국의 이라크 침공은 군사적 무장이 그 나라의 안보를 지켜주지 못한다는 것을 여실히 보여줬다. 이라크는 아랍에서 가장 많은 미사일을 가지고 있었지만, 미국과 붙는 순간 바로 깨졌다. 우리나라 정도 크기에서 군사적으로 강국이 되어 이 나라를 지킨다는 것은 어불성설이다. 유일한 방법이라면 핵무장인데, 그건 반대다. 우리가 핵을 얻는 순간, 일본도 핵을 가질 것이다. 전부 다 핵으로 무장할 때, 가장 위험한 상황이 도래한다. 이것은 국민들에게도 할 짓이 아니다. 비핵화를 전제로 본다면 군사적 무장화는 우리를 지켜주지 못한다.

군사적 무장이 아니라 외교력이나 국가의 위상이 굉장히 중요하다. 국제적인 분쟁들에서 도덕적 역할을 적극적으로 수행해 우리의 위상을 높여야 한다. 미국이나 졸졸 따라다니고, 미제 무기 몇 개 더 들여온다고 해서 안보가 지켜지는 것은 아니다. 전 세계 나라들 중 의미 있는 나라로서 국가적 지위를 높여야 한다. 나라의 존재감과 국제사회의 일원으로서의 역할을 제고시켜야 한다. 그것을 통해서 우리의 외교적인 힘과 지위를 강화시켜야 한다. 미사일 시스템으로 만 해결될 문제가 아니다.

무엇이 우리를 지켜주겠는가. (한미동맹 같은) 특정 나라와의 동맹? 비행기 대수? 그런 점에서도 새로운 사고가 필요하다. 진보세력들이 그런 문제를 고민하거나 마스터플랜을 마련하고 방안을 내놓은 것이 부족하다. 지나치게 남북문제에만 몰두해 있다.

❝언제까지 삼성전자만 믿고 있을 것인가❞

나누어지지 않는 파이

구영식 • 성장과 분배의 문제에서 '보수는 성장, 진보는 분배'로 이분화된 도식이 있어왔다.

노회찬 • 외형적 성장만 강조하거나 외형적 성장만 이루면 만사형통이라는 생각에는 반대한다. 그런 성장을 추구하다 보면 부작용이 있기 때문이다. 하지만 부작용 때문에 성장 자체를 반대할 이유는 없다. 그런 관점을 진보에서 가져야 한다. 다만 부작용을 해결할 방안이 병행되어야 한다.

과거 우리는 성장에 따른 낙수 효과를 믿었다. 때문에 부작용을 무시하고 밀어붙였다. 이것이 어느 시기까지는 큰 문제가 없었다. 지금도 성장의 주된 동력은 수출이다. 최근 통계에 따르면, 우리나라 성장의 60% 정도는 수출로 인한 것이다. 이것이 외형적 성장에는 기여하지만 일자리를 만드는 등 국내에 주는 과실은 과거에 비해 굉장히 적다. 과거엔 거의 대부분의 산업이 수출에 종사했다면 지금 수출에 종사하는 업종은 아주 일부다. 수출액은 엄청 늘어났지만 수출에 종사하는 업종은 적다. 우리는 1978년도에 수출 100억 달러를 달성했다. 온 나라가 국경일처럼 들썩였다. 그런데 지금은 조선업종 세 회사에서 수출한 금액이 700~800억 달러다. 과거 온 국민이 수출하던 것을 지금은 그 세 회사에 매달린 20만 명이 하고 있다. 수출하는 업종이 자동차, 반도체, 핸드폰, 철강 등 몇 개 안된다. 수출의 규모는 커졌지만 수출이 잘됐을 때 국내에 적셔지는 땅은 극히 일부분이다. 반면에 과거보다 내수는 훨씬 커졌다. 옛날에는 안 먹고 안 썼지만 이제는 먹고 쓰니까 내수가 커질 수밖에 없다. 내수는 중소기업이 중심이다. 그러니 이제는 중소기업을 어떻게 잘되게 만들 것이냐, 이런 것을 고민하는 것이 중요하다.

박정희 때는 1% 성장하면 30만 개의 일자리가 생겼다. 노무현 정부 때는 10만 개의 일자리를 만들었고, 이명박 정부 때는 8만 개의 일자리를 만들었다. 지금 우리나라가 4% 성장한다고 했을 때 성장을 통해 만들어지는 일자리는 32만 개에 불과하다. 박정희 시대 때는 8% 성장하면 240만 개의 일자리가 만들어졌다. 지금은 옛날보다 훨씬 적다. 그러니까 실업자, 청년실업 문제가 생긴다. 그러면 성장으로 만들어지는 일자리 외에 다른 일자리를 만들어야 한다. 옛날에는 성장으로 많은 것이 해결됐는데 지금은 성장으로 해결되지 않는 것이 많으니까 그 부분에 대한 대안이 필요하다는 것이다.

이를 위해서는 아주 적극적인 노동시장 개입 정책이 필요하다. 사람들에게 일자리를 주는 것이 경제를 굴리고 선순환을 가져오기 때문이다. 일자리가 생기면 가처분소득이 생기고 이에 따라 구매력이 생기기 때문에 연계효과가 있다. 구매력을 높일 수 있는 방법으로 임금 인상이 불가능하다면 두 가지 방법밖에 없다. 일자리와 복지다. 이런 것이 적극적인 시장 개입 정책이고 이것을 국가가 주도해야 하는 것이다. 이 과정에서 옛날에 땅 짚고 헤엄쳐 돈 벌던 사람들이 이제는 제대로 헤엄쳐 돈 벌도록 해야 한다. 그것들을 본인들이 감수하도록 해야 한다. 그래야 다른 사람에게 기회를 더 줄 수 있다. 그러기 위해서는 국민적 합의를 이뤄내야 하는데 그걸 정치에서 해야 한다. 이러한 전환에 국민적 합의를 이끌어내야 한다.

또, 지금은 환경이 블루칩이다. 예를 들어 앞으로 '환경산업에 국가가 투자하겠다. 이를 위해 중소기업 100개로 컨소시엄을 구성하겠다. 앞으로 풍력발전기 등 세계적으로 경쟁력 있는 환경산업은 국내에서 하겠다.' 이렇게 해야 한다. 포항제철도 기업보다는 국가가 하는 것이 나으니까 국가가 투자해 키워낸 것 아닌가? 국가가 그런 것들을 하면서 일자리도 만들어야 한다. 달라진 경제 패턴에 맞는 방식으로 가야 한다.

역대 모든 정부가 실패한 것이 무엇인가? 달라진 환경에 맞춰 경제 시스템을 재편하는 데 실패했다. 삼성전자가 이번에 또 수출로 최고의 영업이익을 냈다. 그런데 삼성전자 고용인원이 늘어났나? 늘어나지 않았다. 그럼 삼성전자 계열사들, 협력사들이 좋아졌나? 계열사, 협력사들 영업이익은 늘지 않았다는 것이 최근 드러났다. 그렇다고 삼성전자를 죽일 수 있을까? 못 죽인다. 그런데 왜 삼성전자에만 매달리나? 삼성전자는 그렇게 하라고 내버려두고, 다른 부분에서 일자리를 만들어내야 한다. 그런데 새누리당 등에는 이런 정책이 없다. '기존 특혜에서 더 줄 거냐, 그대로 둘 거냐, 아니면 거두어들일 거냐.' 그런 정도의 정책이 전부다. 특히 일자리문제는 역대 정부에서 해결하지 못했다. 이명박 정부 때는 이름만 바꿔서 또 했다. 하지만 일자리가 만들어진 게 없다. 그러다 보니까 일자리는 본인이 알아서 챙겨야 하는 것이 됐다. '젊은 사람들이 왜 좋은 일자리만 찾느냐. 나는 어릴 때 힘든 일 마다치 않았다.'(이명박 대통령) 이런 이야기나 할 뿐이다.

다른 나라들을 보면 정당이나 정치가 이렇게 굵직한 사회적 문제를 해결해간다. 사회적 합의를 이루는 과정이 필요하다면 그것을 진보가 해야 한다. 오히려 진보가 더 잘할 수 있고, 잘할 수 있어야 한다. 그런데 그런 문제에는 관심도 없는 집단처럼 행세하기도 했고, 그렇게 비치기도 했다.

구영식 ● 그런데 성장과 분배가 선후의 문제라고 생각하나, 아니면 병행이 가능하다고 보나?

노회찬 ● 얼마든지 병행이 가능하다. 그것은 조합시키는 방법에 따라 다르다. 우리나라의 경우 수출의 성장 기여도가 60%라면 내수의 기여도는 40% 정도 된다. 그러면 복지가 내수 활성에 기여할 수 있는 시스템을 만들어야 한다. 예를 들면 적극적 고용정책을 써서 경제활동인구 중 취업자 비율을 높이는 거다. 전 국민의 고용율을 높이면 거기서 생기는 부의 창출이 성장에도 바로 반영된다. 그래서 나는 복지와 성장이 전혀 제로섬 관계가 아니라고 본다. 오히려 복지가 성장을 촉진시키고, 특히나 양극화를 줄이는 데 기여한다.

나는 기본적으로 지속 가능한 복지론자다. 더 많은 복지가 항상 더 좋다고 보지는 않는다. 예를 들면 실업자가 더 늘어나도록 하는 노동시장정책을 쓰면서 실업자에게 과거와 달리 수당만 두 배씩 주겠다고 하는 것은 올바르지 않다. 이렇게 병 주고 약 주는 방식은 안 된다.

복지가 약을 주는 2차적 구제라면 그보다 먼저 해야 할 것은 병을 발생시키는 환경을 바꾸는 것이다. 복지 수요를 줄이는 것이 우선이고, 그래도 남아 있는 병은 약으로 치료해야 한다. 1차 분배 영역인 노동시장정책으로 복지가 덜 필요한 사람을 많이 만들고, 자기가 벌어서 자기가 해결하는 사람을 많이 만든 다음에 그래도 안 되는 사람을 복지로 해결해야 한다. 복지가 필요한 사람을 자꾸 양산하는 정책을 유지하면서 과거와 달리 복지로 해결하겠다고 하는 것은 밑 빠진 독에 물 붓기다. 그런 점에서 1차 분배와 2차 분배 즉, 노동문제와 복지가 함께 가지 않으면 그 복지는 이벤트, 일회성으로 끝날 가능성이 매우 높다. 그렇게 되면 사람들이 복지를 해도 득이 없다며 복지무용론을 얘기하는 악순환으로 갈 가능성이 높다. 아니면 복지에 돈이 너무 많이 드니까 좋긴 해도 감당이 안 돼서 제대로 맛도 못 본 채 조기에 스위치를 내리고, 수돗물을 잠글 수도 있다.

> **❝ 북한체제 평가와 외교는 별개다 ❞**

북한을 말하다

구영식 ● 진보진영에서 북한문제는 오랫동안 뜨거운 감자였다. 북한을 직접 방문한 적이 있나?

노회찬 ● 여러 번 갔다.

구영식 ● 몇 번 갔나?

노회찬 ● 공식적으로 평양을 방문한 것만 세 번이고, 개성은 두 번 방문했다.

구영식 ● 직접 가본 북한은 어땠나?

노회찬 ● 감개무량했다. 나는 이산가족이고 부모님 고향이 이북이다. 물론 부모님 고향인 함경도는 가지 못했다. 내게 통일은 정치문제가 아니라 가족문제다. 남북적십자회담을 하고 이산가족 상봉 신청을 받았을 때 아버지와 어머니의 신청서를 내가 직접 냈다. 벌써 20년이 넘었다. 그런데 아직도 우리 차례가 오지 않아 못 만나고 있다.

한국사회에서 변혁운동도 하고 정치도 했기에 내게 북한이라는 존재는 각별하다. 운 좋게도 6·15선언 직후, 남북이 가장 사이 좋을 때 첫 민간교류 차원에서 북에 갔다. 북에서 비행기를 보내줘 중국을 거치지 않고 고려민항기를 타고 직통으로 갔다. 텔레비전에서 봤던 대로 꽃 들고 환영해주었다. 카퍼레이드 1호차도 탔다. 북한에 도착하기 전 비행기 안에서 우리끼리 비행기에서 내려가는 서열을 정했다. 한완상 전 총리를 우리 대표로 뽑고, 그분을 1번으로 했다. 당시 40~50명 갔는데 나는 저 뒤편에 있었다. 그런데 순항공항에 도착하니까 북측에서 리스트를 갖고 올라왔다. 그 리스트에 내가 1번으로 돼 있었다. 내가 유일하게 참가한 민주노동당의 대표단 단장이었기 때문이다. 북에서는 당이 우선이었던 것이다. (웃음) 그래서 내가 카퍼레이드 1호차인 벤츠 자동차를 탔다. 모든 방문 일정에서 주빈석에 앉았다. 여연구(몽양 여운형의 딸) 씨 옆에 앉았고, 김영대 사민당 당수 옆에 앉았다. 그렇게 개인적으로 재미난 경험을 했다.

꿈에 그리던 한반도의 다른 부분에 오니까 그 자체로 감격스러왔다. 그리고 굉장히 색다른 세상을 만난 느낌이었다. 나는 사회주의를 공부한 사람이다. 당연히 스탈린주의도 공부했는데, 북한은 스탈린주의 교과서에 나온 그대로였다. 특히 경제 시스템이 정말 놀라웠다. 이미 스탈린주의는 역사의 유물로 없어졌고, 지구상에 스탈린주의 경제체제로 유지되고 있는 나라는 존재하지 않는다. 쿠바도 전혀 다른 방식으로 운영되고 있다. 그런데 여기는 스탈린주의 경제방식으로 운영되고 있었다. 그런 나라는 지구상에 북한 하나밖에 없었다. 옛날에 교과서에서 읽은 것이 생각났다.

아리랑공연도 세 번 봤다. 그런 것을 해낼 수 있는 유일한 체제가 북한이었다. 다른 나라에서는 돈을 주고도 해낼 수 없는 것이었다. 또 텔레비전에 많이 나오는 군사퍼레이드를 봤다. 조선노동당 창건 55돌 기념식에 가서 김정일 위원장 근처에 앉아 한 시간 반 이상 봤다. 나는 공연예술을 좋아하는 사람인데 이런 공연을 인간의 힘으로 만들었다는 것이 믿기지 않을 정도였다. 이런 것은 로마시대에도 없었을 것이다. 북한건축에도 관심이 많아서 평양 건축사에 관한 책도 여러 권 읽었다.

구영식 ● 거의 친북인사처럼 대접받았다. (웃음)

노회찬 ● 친북인사라서 대접받은 것은 아니다. (웃음) 그 후로 남쪽 사람들한테는 다 돈을 받았다. 1인당 100만여 원씩 받았다. 우리가 돈을 내지 않고 간 처음이자 마지막이었다. 또 우리는 고려호텔 같은 데 안 묵고, 훨씬 고급스러운 초대소에 묵었다. 하지만 가슴만 아팠다. 지금도 그렇지만 북한 주민들은 굶주리고 있는데 우리는 산해진미를 먹었으니까. 남쪽에서도 못 먹어본 것을 먹었다. 그때 기행문에 자세하게 썼다.

평양 지하철역을 방문했을 때의 일이다. 아주 예쁜 애가 자기 아버지하고 같이 가다가 나를 보고는 외부에서 온 손님인 것을 알고 인사를 했다. 그래서 머리를 쓰다듬으며 예쁘다고 말해주었다. 초등학교 3, 4학년 정도 돼보였다. 자동적으로 "몇 학년이니?" 하고 물었다. 중학교 3학년이라고 했다. 순간, 괜히 물었다 싶었다. 안내원이 쳐다보고, 그 아버지는 고개를 돌렸다.

구영식 ● 왜 그런 상황이 생긴 것인가?

노회찬 ● 중학교 3학년인데 못 먹어서 몸집이 아주 작았던 것이다. 내색하지 못하고 속으로 울었다.

구영식 ● 그곳이 북한의 제1도시 평양이었는데도?

노회찬 ● 묘향산에 국제친선관람관이라고 있다. 김일성 김정일 부자가 받은 선물을 전시하는 곳이다. 거기에 가려고 평향에서 묘향산까지 고속도로로 달렸다. 그런데 갈 때도 그렇고 올 때도 그렇고 고속도로에서 차 한 대 못 봤다. 2차선 고속도로였는데 아무 데나 차 세워놓고 오줌 누고, 30분간 담배 피우고 환담을 나누다가 다시 차에 올라탔다.

사실 우리 같은 사람들은 북한을 정확하게 알기 위해 오랫동안 노력했다. 북한문제는 어려운 문제다. 형식적인 설명일 수 있지만, 한편으로는 군사적으로 대립하고 있고 다른 한편으로는 평화와 통일의 파트너가 돼야 할 상대방이다. 또 아주 오랫동안 서로 다른 체제로 살아왔기 때문에 과연 융화될 수 있을지도 걱정이다. 총을 겨누는 전쟁까지 했기 때문에 아무리 민족이고 피붙이라 해도 독일과 다르게 여전히 그 상처와 아픔이 남아 있다. 조건을 탓하고 싶지는 않지만 분단 때문에 가장 손해 본 정치세력이 진보정당이다. 여전히 그렇다.

구영식 ● 정보나 경험의 제한으로 한계가 있지만, 그렇게 경험한 북한을 어떻게 평가할 수 있을까?

노회찬 ● 북한의 '우리식 사회주의'는 우리의 대안이 될 수 없다. 지금 상황으로 북한이 계속 유지되기도 쉽지 않고, 하나의 대안이 될 수 없다는 것도 명약관화하다. 그래서 남쪽도 바뀌어야 하지만 북한도 바뀌어야 한다. 북한이 바뀌어야 통일도 가능하다. 통일의 속도는 중요하지 않다. 양쪽이 충분한 시간을 갖고 좋은 통일, 올바른 통일을 만들어가야 한다.

통일은 나중에라도 오면 된다. 평화가 먼저 와야 한다. 그리하여 서로 싸우지 않는다는 게 보장되면, 통일은 천천히 와도 상관없다. 서로 교류하고 도와주고 협력하고 그러면서 오랜 세월 쌓인 상처도 씻고, 서로 죽인 아픔도 씻어내고 서로 간의 차이도 줄인 후에 자연스럽게 통일하는 것이 좋다. 그렇지 않으면 통일하지 않은 것만 못한 결과를 낳을 수 있다. 갑작스러운 북한의 붕괴는 갑작스러운 통일로 이어질 수 있지만, 그것은 남쪽에도 많은 어려움을 줄 수 있다. 그렇기 때문에 점진적으로 변화가 이뤄질 수 있도록 관리하는 것이 대단히 중요하다.

구영식 ● 송두율 교수는 북한의 특수성을 인정하자며 내재적 접근법을 주장했다.

노회찬 ● 한편으로는 이해한다. 북한을 마냥 우리 기준에서 비판하고 적대시해서 좋은 결과가 나올 것인가 하는 우려다. 이해할 만하다. 또 북한을 북한의 처지에서 바라볼 필요도 있다. 송 교수 말도 틀리지 않다. 그러나 그것이 북한의 모든 것을 비판할 수 없다거나 북한문제는 북한이 알아서 하도록 내버려둬야 한다는 의미로 해석되면 안 된다. 그것에 일면의 진실이 있지만, 그것이 모든 태도를 대체할 수는 없지 않나.

구영식 ● 북한문제 중에서도 세습문제를 놓고 진보진영 안에서 논쟁이 뜨겁다. 세습문제를 북한의 특수성으로 이해해야 하나?

노회찬 ● 두 가지를 이야기하고 싶다. 박근혜 정부도 남북관계가 좀 더 개선되면 김정은 위원장하고 정상회담을 할 것이다. 그런 점에서 지금 북한의 권력승계 결과를 정치적으로 부정할 수가 없다. 다만 저런 방식의 권력승계가 민주주의냐, 올바른 것이냐, 이런 평가는 전혀 다른 차원이다. 저런 세습은 닮고 싶지도 않고, 우리가 답

습해서도 안 되는 방식이다. 다만 그렇다고 해서 저걸 인정하지 않는 것은 다른 문제다. 현실에서 하나의 권력이기 때문에 인정할 수밖에 없다. 우리가 사우디 왕을 만나려는데, 왕정부터 없애면 만나겠다고 할 수는 없지 않나. (웃음)

구영식 ● 북한을 평가하는 것과 다루는 것은 별개의 문제여야 한다고 보나?

노회찬 ● 그렇다. 누가 평가를 요구한 것은 아니지만 어떤 식으로 나라를 운영하고, 민주주의는 어떠해야 하며, 경제체제는 또 어떠해야 한다는 관점에서 북한을 보면 굉장히 비판적인 관점에서 볼 수밖에 없다. 따라서 현존하는 현안들, 인권문제나 핵개발문제 또는 군사적 충돌을 야기하는 이러저러한 문제를 아끼지 말고 비판해야 한다. 하지만 다른 한편으로 전쟁을 치르면서도 협상하는 것처럼 정치세력끼리의 대화는 필요하다. 무엇보다도 한반도에서 전쟁의 위험이 자꾸 확인되는 것은 경제발전이나 국민생활을 위해서도 바람직하지 않다. 정치하는 집단으로서는 전쟁 가능성을 줄이고 평화를 실현하는 데 더 많이 노력할 수밖에 없다.

❝ 평론이 아니라 정치력이 필요하다 ❞

우리 안의 낡은 전선

구영식 ● 물론 근본적으로 분단문제가 놓여 있기는 하지만, 종북

세력 논란 등에서 보듯 여전히 북한문제가 한국 진보진영에서 뜨거운 감자인 이유는 무엇인가?

노회찬 ● 하나는 지난 노무현 전 대통령의 NLL 발언 논란에서 보았듯이 오랜 세월 동안 우리 사회의 극우 보수세력들은 북한문제를 가지고 정치적 반대세력들을 억압해왔다. 북한문제를 과장하거나 왜곡해 북한이 쳐들어올지 모른다는 식으로 또는 북한과 대치하고 있으니까 자유와 민주주의는 제한해도 된다는 식이었다. 이런 관성이 여전히 남아 있다.

진보정당만이 아니라 과거 민주당도 선거 때마다 '종북세력이다. 북한과 연루되었다. 북한에 퍼주기만 했다.'며 공격을 당했다. 자신들의 정치적 이익을 얻기 위해 북한을 이용한 몰이를 해온 것이다. 그런 것의 연장선으로 진보세력을 향해서도 빨갱이, 종북 공세가 있었다. 또 한편으로는 진보정당 안의 일부 세력들이 상식적으로 이해하기 힘든 친북적 태도, 북한을 향한 편향된 시각을 감추지 않고 유지해왔다. 이것도 또 다른 요인이라고 본다. 하지만 이 요인 하나만으로 얘기할 수는 없다.

새정치민주연합은 이렇게 안 했는데도 종북 얘기를 듣지 않나. 그런 말을 듣지 않기 위해 어떻게 하자는 게 아니라 기본적으로 국민들이 납득할 수 없는 태도를 스스로 근절해야 한다고 본다. 과거보다는 좀 나아졌다고 하지만 최근에 와서 다시 기승을 부리는 부분들이 있다.

구영식 ● 북한은 한국 진보에 상당히 많은 영향을 미쳐온 변수였다. 지금은 어떤가?

노회찬 ● 지금도 북한의 존재 자체가 영향을 미친다. 북한이 의도했든 의도하지 않았든, 우리가 원했든 원하지 않았든, 북한이 영향을 미쳐온 것은 사실이고, 지금도 미치고 있다. 그래서 우리가 오해의 여지를 주지 않아야 한다. 동시에 잘못된 반북의식이나 과장된 이데올로기 공세, 색깔론 등과 과감하게 싸워야 한다.

구영식 ● 북한문제 가운데 또 논란이 되는 것이 북한 인권문제다. 진보진영에서는 건드리지 말아야 한다는 주장이 상당히 많다.

노회찬 ● 북한 인권문제는 어려운 문제다. 이것을 어떻게 다룰지, 준비와 연구가 필요하다. 솔직히 이제까지 북한 인권문제는 국내의 경우 인권이라는 보편적인 가치를 추구해서가 아니라 북한을 공격하기 위한 것이었다. 반북 정치 활동으로서 북한 인권문제가 제기되는 경우가 왕왕 있어왔다. 주로 남쪽에서 일어나는 인권 억압을 옹호하는 정치세력들이 북한 인권에 더 열심히 달려든다. 때문에 남쪽 인권을 중시하는 쪽에서는 쉽게 동조할 수가 없다. 또 우리 내부의 인권문제가 아니라 대치하고 있는 세력의 인권문제이기 때문에 이걸 거론하는 것이 문제 해결에 실질적인 도움이 되는지도 의문스럽다.

인권문제 해결에는 아무 도움이 안 되고 오히려 정치적인 갈등만 높아지는 측면이 없지 않았다. 그럼에도 불구하고 인권은 보편적인 가치이며 북한이라고 인권문제에서 예외 지대가 될 수 없다고 생각한다. 그런 문제의식 아래 인권문제에 대응하기 위한 방식을 폭넓게 논의하고 연구하는 것이 필요하다. 지금 인권문제를 다룬다는 쪽에서도 주로 폭로를 통한 공격, 아니면 풍선을 띄우는 것 말고는 한 게 없다. 이런 문제와 관련해 좀 더 진지하고 현실성 있는 방법을 만들어내기 위한 노력이 필요하다.

구영식 ● 김대중 대통령은 "북한에서 먹고사는 문제만큼 중요한 인권문제는 없다."고 했다.

노회찬 ● 그런 문제의식도 있다. 물론 먹고사는 문제가 해결된다고 해서 인권문제가 저절로 해결되지는 않는다. 먹고사는 문제보다 평화체제 성립이 더 중요하다고 본다. 남북의 평화적인 관계, 이른바 평화체제가 성립되기 위해서는 북의 권력체제를 보장하는 것이 병행되어야 한다. 그렇게 되면 북한 인권문제에 더 강력하게 개입할 수 있고, 인권문제가 중심문제가 되는 시점을 앞당길 수 있다. 그렇지 않고 인권문제만 자꾸 제기하는 것은 북한정권을 향한 공격일 뿐이다.

구영식 ● 진보는 북한을 어떻게 바라보고 북한문제에 대처해야 할까?

노회찬 ● 양면이 다 있다. 평화와 통일의 파트너십을 구축하고 강화시켜야 할 상대라는 정치적인 의미가 있다. 그러나 다른 한편으로 북한은 현재 우리와 군사적으로 대치하고 있다. 이런 모순이 있기 때문에 이 모순을 최소화시키는 것이 중요하다. 일단은 현재의 갈등을 약화시키고 완화시키는 데 여야 없이, 보수 진보 없이 노력을 기울여야 한다. 이것은 꼭 진보를 위해서만 하는 것이 아니다.

보수세력은 전쟁이 나는 걸 좋아하나? 그렇지 않다고 본다. 일부 무책임한 극우 보수세력 정도를 제외하고 대부분의 사람들은 보수든 진보든 전쟁 나면 다 손해라고 생각한다. 그래서 전쟁이 일어나지 않고 평화가 정착되는 데 과감히 투자해야 한다고 본다. 그 과정에서 저쪽을 무리하게 굴복시키려고 하거나 전쟁을 통해 해결하거나 흡수하는 방식은 바람직하지 않다. 오히려 저쪽은 둘째로 치더라도 우리부터 손해 볼 가능성이 크기 때문이다. 진보세력은 평화 정착을 더욱더 절실한 시대적 과제로 생각하고 적극적으로 밀고 나가야 한다. 진보세력이 이런 부분에서 노하우를 더 가질 수 있다는 것을 국민들에게 각인시켜야 한다. 진보세력답게 핵문제나 인권문제를 가차 없이 얘기할 수 있어야 한다. 더 아프게 얘기할 수 있는 태도를 가져야 한다.

우리는 이 땅에서 전쟁이 벌어졌다는 사실을 잊지 말아야 한다. 전쟁의 상처를 안고 있는 사람들은 남북에 공히 많다. 우리가 활동하고 있는 남쪽에서도 이것을 염두에 두어야 한다. 우리는 정치평론가가 아니고 정치를 하는 사람이다. 정치를 하는 사람으로서 이런 남북문제의 특수성을 바라보는 국민적 정서를 이해해야 한다.

내가 지역구 활동을 처음 할 때 자유총연맹 행사에 오라고 요청

받았다. 그것을 놓고 참모들 중에는 가지 말라는 쪽이 더 많았다. 가서 괜히 오해를 사거나 봉변을 당할 수 있다고 말이다. 하지만 나는 그 사람들도 주민인데 가야 하는 것 아니냐고 해서 갔다. 가서 굉장히 놀랐던 것은 동별로 다 조직이 있고, 한 달에 한 번씩 모인다는 사실이었다. 모이면 20~30명씩 모였다. 그런데 갔더니 그냥 다 평범한 사람들이었다. 거기에 극우 이념 지향적인 사람은 거의 없었다. 그래서 그 행사에 계속 갔다. 6·25참전유공자협회에도 갔다. 500명 정도 모이는데, 가서 그들과 친해졌다. 재향군인회는 제 발로 갔다. 오히려 이 사람들이 놀라서 떨떠름해했다. (웃음) 상이군인, 전몰군경미망인회 등 보수단체라고 하는 데는 거의 다 갔다. 그랬더니 일각에서는 표에 환장해 진보가 별 군데를 다 간다고 했다. 그런 분들에게 자신 있게 얘기했다. "그분들의 태반이 서민이다. 그분들의 아픔과 경험을 인정해줘야 한다. 6·25 때 총 맞아 죽은 사람이 가족과 친척으로 있는데 얼마나 아픈 일이냐. 우리는 이데올로기적 공격이나 과도한 색깔론 등에 과감하게 맞서 싸워야 하지만, 분단의 상처를 안고 있는 많은 사람들은 다 피해자들 아닌가. 그들과 관련해 더 적극적인 대응이 필요하다." 그렇게 얘기했다.

06
지금 대한민국

삶에는 열리고 닫히는 수많은 문들이 있다.
어떤 문들은 조금 열어둔 채 떠난다.
다시 돌아올 희망을 안고.

– 헬렌 니어링, 《아름다운 삶, 사랑 그리고 마무리》 中

**" 한국에 과연 제대로 된
보수가 있는가? "**

왜곡된 뿌리, 뒤틀린 보수

구영식 ● 노 대표는 진보의 아이콘으로 자리매김했다. 그렇다면 노 대표가 생각하는 보수는 무엇인가? 지금까지 보수에 관한 질문을 많이 받지 않았나?

노회찬 ● 그런 질문은 오히려 많지 않았다.

구영식 ● 의외다.

노회찬 ● 보수도 진보 못지않게 비중 있게 조명되고 분석될 필요가 있는데, 내게 그런 질문은 적게 들어온 편이다.

구영식 ● 우리 근현대사가 100년 이상 된다고 봐야 하는데, 그간의 한국 보수를 어떻게 평가하나?

노회찬 ● 어느 나라든 각각의 고유한 역사와 문화가 있다. 그런 역사와 문화가 현실에 뿌리내리는 과정에서 보수나 진보 또는 보수와 진보의 관계가 형성된다. 그런데 우리는 예외다. 자본주의 시대에 국민국가가 형성되어 현대에 이르는 과정 속에서 보편적으로 겪는 경험과 양상이 우리에게는 특수하게 나타났다.

우리는 일제 식민지라는 특수한 경험을 가지고 있다. 이후 친일 세력들이 단절되지 않은 채 기득권 세력으로 편입되었다. 식민지로 부터 해방되는 과정도 자력에 의한 독립이 아니었다. 우리를 독립 시킨 힘은 미국, 소련 등 강대국의 개입이었다. 그 강대국에 채용되고 선택된 세력들에는 구 지배세력인 친일세력과 일부 독립세력이 포함돼 있었다. 역사적으로 과거 청산이 되지 않았음은 물론 정치적으로 단절돼야 했던 친일세력이 한국의 보수에 대거 편입되었다.

또 하나 더 큰 경험은 한국전쟁이다. 특히 이데올로기적 대립을 중심으로 하는 전쟁을 겪으면서 현대사회에 상존하기 마련인 좌파와 우파의 균형이 깨져버렸다. 남쪽에서는 좌파가, 북쪽에서는 우파가 다 청산되어버렸다. 한국만 놓고 보자면 보수가 다 반공은 아니다. 그런데 반공 극우 정치집단이 보수의 정치적 이념을 대변했다. 한국의 보수에는 그런 반공 우익도 있고 중도도 있을 수 있는데 실제로는 이념적으로 편향된 사회가 돼버렸다. 그런 것이 역사와 문화, 경제 등에서 관철돼왔다.

한국사회 전체의 이념적 지형은 우경화로 치달았다. 그렇게 반세기 이상이 흘렀다. 예를 들어 프랑스를 보자. 프랑스는 좌와 우가 동거한다거나 서로 인정하면서 정책적으로 경쟁했다. 하지만 한국 보수는 독재정권 편에 섬으로써 타도의 대상이 됐다. 수십 년간의 독재가 더 나아질 전망이 보이지 않게 되자 변혁에 의한 타도, 체제 변혁을 외치는 목소리가 나올 수밖에 없었다. 그것이 1980년대의 혁명론이었다. 이 과정에서 보수와 진보는 극한적으로 대립해왔다.

그런데 여기서 한 가지 더 살펴보아야 할 점이 있다. 이것은 대립의 극한성과는 다른 면모다. 1987년 이후 민주화 과정에서 이념적으로 대단히 오른쪽으로 편향됐던 사회에 다른 변화가 있었다. 진보는 물론이고, 우파로 볼 수 있는 김대중 정권이나 노무현 정권까지도 빨갱이, 종북으로 몰렸다. 이런 현상 자체는 한국의 이념적 지향이 수십 년 동안 대단히 오른쪽으로 치우쳐 있었기 때문에 가능한 것이다.

이것을 약간이라도 바로잡아 중심을 찾아야 했는데 그러지 못했다. 더욱이 이를 바로잡으려는 시도에는 좌경이라는 낙인이 찍혔다. 이것이 우리 사회의 가장 큰 특징이다. 그래서 다른 나라의 보수와 우리나라의 보수를 바로 비교할 수 없다. 전혀 다르다.

구영식 ● 어떻게 다른가?

노회찬 ● '한국에 과연 제대로 된 보수가 있는가?' 내게는 그런 문제의식이 있다. 국정원의 대선 개입 의혹 사건은 '보수-진보'의 문제가 아니다. 이것은 민주주의와 관련된 문제다. 보수는 민주주의를 반대해야 하나? 독재를 옹호해야 하나? 말이 되지 않는다. 그런 점에서 한국 보수는 보수라기보다는 수구에 가깝다.

한국에 건강한 보수가 전혀 없는 건 아니지만, 한국 보수의 주도권은 여전히 강경보수, 극우보수, 즉 수구가 쥐고 있다. 분단 등 여러 가지 이유가 있다고 하지만, 친일세력은 응징받지 않고 반공의 첨단으로서 독재를 옹호했다. 친일과 친독재가 한국 강경보수의 원류 아닌가? 한 사회가 진보만으로 또는 보수만으로 갈 수 있는 게 아니라면 건강한 보수, 합리적인 보수, 민주주의에 기초한 보수세력이 진보와 경쟁하는 구도가 가장 바람직한 구도다.

구영식 ● 그동안 한국에서는 보수의 영향력이 압도적이었다. 왜 그랬다고 보나?

노회찬 ● 세 가지로 볼 수 있을 것이다. 친일세력을 단죄하지 못했고, 6·25전쟁으로 인해 분단과 대립 상태였으며 연이은 군사쿠데타가 있었다. 5·16, 10월 유신, 12·12가 모두 군사쿠데타였다. 군사쿠데타로 인한 지배 때문에 한국의 보수세력 자체가 분열됐다. 보수만 그렇게 된 것이 아니다. 자본주의 선진국들을 보면, 보수정치를 이끄는 것은 자유주의다. 보수주의도 과거의 전제군주나 봉건권력에 저항했던 자유주의적 정서에 기반을 둔 세력이 주도해왔다. 반면 한국은 보수가 분열되면서 반독재 자유주의세력과 독재, 반공독재 강경 극우세력이 대립해왔다. 이것이 지난 50년간의 정치다.

구영식 ● 결국은 한국 보수가 분열하면서 그 내부에서 대립해왔다는 것인가?

노회찬 ● 그렇다. 그리고 보수와 구분되는 진보는 거의 빈사지경에 이르렀다. 사회에서 거의 살아남기 힘들었다. 그런 상황 속에서 오히려 온건보수분파, 즉 자유주의적 온건보수분파가 민주주의 수호를 위해 희생하고 헌신해왔다. 반독재투쟁을 이들이 주도해왔다. 그 정점이 1987년 6월 항쟁이었다. 6월 항쟁에 수많은 민중들도 참여해서 싸웠지만, 그 정치적 대표자는 YS, DJ였다.

구영식 ● 어떻게 보면 1987년 6월 항쟁은 진보가 조금이라도 진입한 시기이기도 했다.

노회찬 ● 6월 항쟁으로 인해 그간 한국사회를 권위주의적으로, 힘으로 무단통치 해온 세력이 후퇴하기 시작했다. 물론 여전히 각 정치 분파 중에서는 상대적으로 강자였지만, 그 기세가 꺾였다. 다르게 표현하면 그들의 후퇴가 한국사회의 민주화라고 할 수 있다. 그로 인해 온건보수분파가 권력에 접근할 가능성이 높아지는 관계의 변화가 생겼다. 20년 동안 권력 경쟁에 참여하지 못했던 이 온건보수분파가 이제 대통령 직선제를 통해 권력 경쟁에 참여할 수 있게 된 것이다. 1997년에야 수평적 정권 교체가 이루어졌다. 또한 진보 세력들이 정치적으로 생존할 수 있게 된 첫 출발점이기도 했다.

"온건보수세력, 개혁의 의지는 없었다 **"**

왜 DJ와 노무현은 애증인가?

구영식 ● 왜 한국사회에서 보수의 온건분파가 진보처럼 비쳤다고
보나?

노회찬 ● 일단은 진보가 세력으로 존재하기 어려웠다. 진보세력에
게는 별도로 자기 당을 만들고 지지하는 대중을 규합할 수 있는 여
건이 허락되지 않았다. 그 속에서 진보 지향적인 세력조차도 정치
적으로는 보수온건파에 의탁할 수밖에 없었다. 우리는 한쪽이 물리
력에 의해 정치적 시민권을 완전히 박탈당한 상태였다. 이는 시대
적으로 불가피한 상황이었다. 그런데 1987년에 민주화가 되면서 계
속 의탁하자는 쪽과 이제는 독립하자(독자적으로 정치세력화하자)는
쪽으로 갈렸다. 전민련 등 당시 민주화운동 진영에서 비판적 지지
와 독자후보가 갈린 것은 민주화운동 역사에서 유명한 일이다.

구영식 ● 김대중 정권과 노무현 정권이 진보였다고 생각하나?

노회찬 ● 진보정권이라고는 생각하지 않는다. 노무현 대통령은 스
스로를 구시대의 막내로 규정했다. 상대적인 진보성은 있었지만 제
반 경제정책이나 철학 등에서 보수정권과 큰 차이가 없었다. 권위
주의를 척결하고 정치적 민주주의를 추구한 세력 정도로 봐야 한
다. 어찌 보면 상당히 건강한 우파에 해당하는 세력이었다.

구영식 ● 두 정권의 역사적 의미는 전혀 없나?

노회찬 • 당연히 크다. DJ는 정치민주화와 남북 관계 개선에 상당한 역할을 했다. 남북 관계를 개선시키는 일은 쉽지 않을뿐더러 아무나 할 수 있는 일이 아니다. DJ 정도의 경륜과 철학이 있었기 때문에 가능했다. 그리고 상당히 높은 정치력을 보여줬다. 그래서 역사의 큰 진전을 이루었다. 노무현 전 대통령의 경우 DJ정권을 5년으로 끝내지 않고 그 세력으로 다시 집권했다는 것 자체만으로도 의미가 있다. 특히 노 전 대통령은 걸어온 길이나 정치적 지위 측면에서 도전적이었고 실험적이었으며, 탈권위적인 정치를 시도했다. 그런 점에서 DJ와 좀 다르다. 그런 사람이 대통령에 당선된 것만으로도 의미가 있다. 하지만 두 정권 모두 경제민주화와 관련해서는 이전의 다른 정권보다 나은 점을 보여주지 못했다. 그래서 우리는 진보정당이 필요하다고 봤던 것이다.

구영식 • 그런데 한국사회가 허용할 수 있는 최대치가 김대중(정권)-노무현(정권) 아닐까?

노회찬 • 정치는 생물 아닌가? 변하기 마련이다. 15년 전에 무상교육, 무상의료를 주장했을 때 빨갱이 얘길 들었다. 지금은 그런 얘기 하는 사람 많이 줄었다. 김대중, 노무현은 1997년, 2002년에 각각 우리사회가 수용할 수 있는 최대치였다. 이제 2014년이다. 최대치도 따라서 변화한다.

구영식 • 김대중-노무현 두 사람은 진보진영에서 애증의 대상인 것 같다.

노회찬 ● 정신적으로는 가장 가까운 세력이면서 현실의 권력이었을 때는 갈등이 불가피한 그런 관계였다.

❝혁신도, 입지 구축도 실패한 낡은 세력❞

패착의 한 수, 뉴라이트

구영식 ● 보수세력에 위기의식이 생겨나면서 내부에서도 보수의 혁신이라는 흐름이 있었고, 노무현 정부 때는 '뉴라이트'라는 세력이 생겨나 대중적 관심을 받았다. 보수의 혁신이 충분했다고 보나?

노회찬 ● 물론 충분하지 않다. 뼈를 깎았다기보다, 위기에서 모면하기 위해, 선거에서 득표전술상 때를 벗긴 정도에 불과하다. 아직까지 한국의 보수는 제대로 혁신한 바가 없다. 정권을 쉽게 탈환했기 때문에 근본적 혁신을 더 안 하는 것이 아닌가 싶다. 박근혜 대통령은 과거와 같은 방식의 보수를 이끄는 마지막 리더가 될 것이다. 박근혜 대통령 이후의 보수는 달라질 것으로 본다. 그런 점에서 이명박 전 대통령 뒤로 박근혜 대통령이 다시 집권한 것은 보수의 혁신을 지체하는 결과를 낳았다.

우리 사회에서 그간의 보수정치세력이 보여준 것이 무엇인가? 권위주의나 정경유착 등 낡고 썩은 것들의 상징이다. 작년, 김학의 전 법무부 차관은 아파서 검찰수사를 못 받겠다고 버티다 검찰수사가 끝나니까 퇴원했다. 영훈학교 이사장도 비슷하다. 이것이 어느 사회에서나 보수가 가질 수밖에 없는 필수적인 보수의 특징인가? 그렇지 않다. 이제 과거와 같은 방식으로 기득권을 유지해온 보수가 앞으로 계속 그렇게 해나갈 수 있으리라고 보지 않는다. 탈바꿈될 것이다. 건강한 보수, 깨끗한 보수, 합리적 보수가 보수를 주도할 수도 있다. 아직 우리 사회에서는 그런 보수의 모습이 나타나지 않고 있다. 그런 보수가 없는 것이 아니라 그런 보수가 보수의 주류가 되지 못한 것이다.

MB도 그렇고 박근혜도 그렇고 지금 보수는 연거푸 바깥에서 자신들의 정치적 리더를 구하고 있다. 바닥에 도달한 것이다. 새누리당의 개혁파들은 비주류 중의 비주류로 칩거하다시피 하고 있다. 이미 바닥을 드러냈지만 아직까지는 기존의 방식으로 계속 정권을 잡을 수 있으니까 보수의 혁신이 제대로 이루어지지 않고 있다. 정권 재창출이 어려워지는 상황으로 가게 되면 보수 내부의 혁신이 주도세력의 교체로까지 이어질 것으로 본다. 그런 점에서 강력한 진보세력의 출현이 한국 보수세력의 혁신을 앞당기게 한다고 말할 수 있다.

구영식 • 전향 운동권 출신의 뉴라이트를 어떻게 평가하나?

노회찬 • 뉴라이트를 보수의 혁신 움직임으로 보기 힘들다. 오히려 이념적, 사회적 수세에 몰린 수구세력들의 이념적 반격을 위한 진용 정비라 볼 수 있다. 뉴라이트는 젊은 세대에 의한 낡은 보수의 이념적 표현일 뿐이다. 보수의 가치관과 철학은 그동안 별 논란 없이 유지됐다. 그런데 민주화 이후 10년이 지나고, 민주정부들이 들어서면서 (한국 보수의) 과거사들이 드러났다.

친일문제, 민주화운동의 재심청구 등이 이루어지면서 수십 년 동안 유지되어온 낡은 보수 이데올로기들이 다시 재단되는 상황이 10년간 이어졌다. 이에 대한 반발로 뉴라이트가 나타났다. 그런데 뉴라이트는 신우파로서 혁신의 모습이 아니라 울트라라이트(극우)로 나타났다. 그랬기 때문에 우파의 혁신을 주도하지도 못했고, 우파의 주류도 되지 못했다. 정권 창출 과정에서 이데올로기적 열풍을 만들어내는 역할을 했지만, 오히려 보수파 안에서도 '팽' 당했다.

❝현실성 없는 국부 만들기일 뿐이다❞

이승만, 박정희, 박근혜

구영식 ● 뉴라이트가 제기했던 것 가운데 하나가 건국 논란이다. 건국을 1948년으로 보느냐, 그 이전으로 보느냐. 그러면서 〈조선일보〉에서는 이승만을 국부로 띄웠다.

노회찬 ● 이승만 정권에 관한 평가는 보수-진보의 문제가 아니다. 친일세력을 관용하는 것은 불가피했으며 공산주의로부터 위협받는 속에서 경찰이나 행정부, 사법부까지 친일세력을 단죄하지 않고 끌어들인 것은 굉장히 지혜로운 전략이었다고 굳게 믿는 것은 극우 반공세력들의 논리다. 그 반공의 맨 앞에 누가 섰나? 극우세력들이 섰다. 노덕술 등은 다 일제하에서 독립군을 때려잡는 고등계 형사로 유명했던 사람들이다. 그 결과가 어땠나? 이승만은 국민들에 의해 쫓겨났다. 나중에 죽어서야 간신히 한국에 돌아올 수 있었다.

이승만 정권에 정통성이 있다고 인정하면 4·19는 무엇이 되나? 4·19는 헌법 전문에까지 나오는 혁명인데 4·19를 야기한 원죄가 이승만 정권에 있다. 이승만이 초대 정부를 세웠다는 관점에서 평가를 할 수도 있겠지만, 전체적으로 이승만은 건국 초기 이 나라의 민주주의를 망가뜨리기 시작한 장본인이다.

구영식 ● 뉴라이트는 이승만 정권의 과보다는 공을 더 논한다.

노회찬 ● 1948년 단독정부 수립을 둘러싸고 여전히 논란이 있다. 이승만의 일제시대 행적을 어떻게 평가할 것인지도 여전히 논란의 대상이다. 해결되지 않는 역사적 논란이다. 그러나 이승만 정부, 하나의 실체로서 이승만 정부의 공과 과를 이야기하자면 과가 훨씬 크다. 그것은 변함없는 사실이다. 그런 차원에서 평가할 일이지 미화할 일은 아니다.

나는 정통성 없는 한국의 친일 강경보수세력들이 자신들의 정통성을 만들어내기 위한 작업으로 꾸준히 이승만을 국부로 위치시켰다고 본다. 이들은 '5·16 쿠데타는 불가피했다. 제3공화국 시절 근대화의 긍정적 역할 없이 이 나라는 없었다.' 이렇게 주장했다. 하지만 그것이 과연 보수 전체를 대변하나? 그렇게 보지 않는다. 지금까지는 정경유착으로 만들어진 몇 개의 거대 재벌체제와 그 과정에 편승해서 여기까지 온 관료 집단들 그리고 정치세력들이 보수의 주류를 이루어왔다. 하지만 그들도 한국 보수의 미래가 될 수는 없다. 보수의 주도세력 교체가 보수의 혁신이라는 이름으로 올 것이다. 그런 때가 올 것이고, 와야 한다.

구영식 ● 한국 보수가 실체적 지주로 생각하고 있는 지도자 중 한 명은 그들이 국부로 추앙하는 이승만이고, 산업화, 근대화를 이끌었다고 평가하는 박정희가 그다음이다. 박정희는 여전히 논쟁적인 인물이다.

노회찬 ● 면밀히 보면 이승만 추종 세력과 박정희 추종 세력은 똑같지 않다. 물론 이승만 추종 세력이 박정희를 반대하지는 않겠지만, 박정희 추종 세력이 이승만까지 다 추종하는 것은 아니다.

박정희는 사실 반자유당이었다. 4·19혁명이 일어난 자유당 말기의 정치적 태도, 4·19혁명 당시의 처신, 제2공화국하에서 박정희의 태도 등을 자세히 보면 박정희가 반자유당이었음을 알게 된다. 박정희는 자유당 정부가 정치 부패와 경제적 무능력으로 나라를 망치고 있다 판단했다. 부정선거도 대단히 좋지 않게 봤다. 그래서 학생들의 저항을 일단은 긍정적으로, 우호적으로 대했다. 실제로 4·19혁명도 굉장히 긍정적으로 봤다.

그 당시 친이승만 세력 말고 4·19혁명을 부정적으로 보는 사람은 없었다. 그러나 박정희는 그 혼탁한 상황에서 권력을 찬탈했다. 그러면서 '3·15가 세상을 개판으로 만들었다. 4·19 정신을 우리 군인들이 계승하겠다.'고 했다. 지금 4·19 영령들이 수유리 묘지에 잘

모셔진 것도 박정희의 이런 태도와 연관 있다. 수유리 묘지는 5·16 직후에 만들었다. 그래서 나는 우리 사회의 가장 큰 논란은 박정희를 어떻게 볼 것인가 하는 문제라고 본다. 그것이 핵심이다. 이승만에 대해서는 이미 답이 나와 있다. 이승만 추종 세력들이 뒤늦게 별로 현실성도 없는 작업을 하고 있는 것이다.

> **"** 자본축적 시기에 희생당한 사람들,
> 그것을 빼앗아 더 축적한 사람들이 있다.
> 그것이 문제다 **"**

박정희를 어떻게 평가할 것인가

구영식 ● 유신체제를 되돌아본다면 어떻게 해석할 수 있을까?

노회찬 ● 이론적으로 이야기하면 한국 자본주의의 틀이 형성된 시기였다. 자본축적이 성공적으로 이루어지는 시기였고, 경제개발을 선도한다는 의미를 내세웠지만 정치적으로는 일부 계층의 사적 권력을 영구화하기 위해 민주주의를 파괴하고 수탈한 시기였다. 경제 발전이라는 것도 지도자의 영도력에 의한 것이었다기보다 그 어느 나라에서도 일어나지 않는 초과 수탈에 의해 이루어졌다. 노동조합도 허용하지 않고, 단체협약이나 단체교섭도 없이 저임금과 장시간 노동을 강요했다. 총칼의 강요 속에서 이루어진 잉여, 그것이 성공적인 자본축적을 가능케 했다. 또 당시는 이데올로기 전쟁의 시대였다. 자본주의진영에서 현금 차관의 형태로 한국에 집중 투자했다. 이것이 굉장한 경제성장을 가능하게 한 요인이었다. 자본주의 내부에서 만들어지는 본원적 축적과 외부에서 정치적 목적으로 유입된 특혜에 가까운 차관이 있었다. 다른 나라에서는 예를 찾아보기 힘든 비정상적인 거래였다. 초과 수탈과 차관 덕분에 경제성장이 가능했다.

구영식 ● 만약 당시 민중들이 유신체제의 초과 수탈에 동의하지 않았다면 혁명으로 갔어야 하는 것 아닌가? 그러니까 민중들이 경제성장을 위한 불가피한 경로로 초과수탈에 동의한 것 아닌가?

노회찬 ● 동의했다기보다 강제당한 것이다. 일정한 과실을 나눠주고는 무마시키는 면도 있었다. 나눠주는 것 없이 관념으로만 동의를 얻는다는 것은 있을 수 없다. 긴급조치 3호에 보면 체불임금을 가중처벌하는 내용이 들어 있다. 관악경찰서에 끌려간 적이 있는데, 경찰서 벽에 체불임금 사업장이 쫙 적혀 있더라. 그걸 공안 형사들이 단속하고 있었다. 그게 체제 유지의 기반이 되었다. 박정희 때 국민들을 억압했지만 죽지 않을 만큼만 억압했다. 8·3조치로 일체의 채권을 다 무효화시키기도 했다.

물론 그보다는 6·25와 분단의 영향이 더 컸다. 다른 나라에서는 억압에 저항하면 자연스럽게 권력과 충돌하지만, 우리나라에서는 저항이 일어나기도 전에 '노동조합을 만들면 빨갱이'로 인식돼 있었다. 남한의 진보정당이 왜 2000년이 되어서야 만들어졌을까? 1979년 박정희가 죽기 전까지 왜 노동조합 자체가 허용되지 않았나? 전두환 때 밟히고 1987년 이후에야 왜 민주노조가 허용됐나?

필리핀에서는 노조가 100년의 역사를 가지고 있는데 우리는 왜 안 그랬나? 이데올로기적인 대치 때문에 이런 것들이 근원적으로 막혀 있었다. 그래서 성공적인 자본축적이 이루어졌고. 남북의 적대적 대립 때문에 남쪽의 독재가 용인됐던 지점이 있다. 그것이 우리의 민주화에서 가장 큰 걸림돌이었다.

구영식 ● 《역사의 종언》으로 유명한 프랜시스 후쿠야마는 〈중앙선데이〉와의 인터뷰에서 "수년 전부터 많은 경제학자가 강하고 능력 있는 국가 없이는 경제발전도 없다는 사실에 주목하고 있다. 한국이 한국전쟁 이후 그토록 잘 발전한 이유도 한국에 그러한 국가가 있었기 때문이다."라고 말했다.

노회찬 ● 그 말이 일정한 진실을 담고 있다고는 생각한다. 그러나 경제발전을 명분으로 인권과 민주주의를 짓밟는 것이 합리화될 수 있나? 노동3권을 짓밟고 저임금과 장시간 노동을 강요하는 국가를 강하고 능력 있는 국가라 평가할 수 있나? 자본축적 시기에 희생당한 사람들, 저임금을 강요당한 사람들, 그 사람들에게 돌아갈 수 있는 것을 빼앗아 더 축적한 사람들이 있다. 그것이 문제다.

구영식 ● 1980년 광주를 출발점으로 잡더라도 한국사회는 30년이 넘는 민주화 과정을 거쳤다. 1987년으로 잡더라도 20년이 넘었다. 그런데 아직도 박정희 신화라 할 정도로 박정희가 한국사회에서 위력적으로 작용하고 있는 이유는 무엇일까? 그것을 어떻게 해석해야 할까?

노회찬 ● 그 문제도 역시 분단과 무관하지 않다고 본다. 북과 벌인 군사적 대결 국면에서 북에 먹히지 않았다는 것(안보)이다. 또한 경제 대결에서 이겼다. 1990년 이후로 사회주의진영이 무너지면서 북한 경제가 파탄 난 반면 한국은 1980년대 이후로 굉장히 압축적으로 성장한 나라가 됐다. 남과 북을 비교하는 과정에서 그 공이 박정희한테 가는 것이다.

구영식 ● 박정희 쪽을 옹호하려는 사람들은 박정희의 독재는 일반적인 독재와는 달랐다고 강변한다. 결과론적인 측면이 강하긴 하지만, 성공한 독재였다는 것이다.

노회찬 ● 박정희가 성공했다고 보지 않는다. 당시에는 권력이 사적으로 쓰였고, 특정 세력이 수많은 사람들을 수탈하여 부정부패나 부정축재로 경제적인 이득을 얻었다. 그 덕분에 이 나라가 잘살게 됐다고 말할 수 있나? 아니라고 본다. 박정희 때 수출이 잘 된 것은 싼 인건비 때문이었다. 싼 인건비를 강요하고 유지한 게 독재체제였다. 경제발전을 위해서는 원가를 낮춰야 하고, 이를 위해선 독재가 필요하다는 것인데, 과연 그것이 우리가 선택할 수 있는 길이냐는 거다. 나는 그럴 수는 없다고 본다. 또 그렇게 안 하면 정말 못살게 되었을까? 예를 들면, 삼성이 노조를 만들지 않아서 기업이 잘됐다고 이야기할 수 있나? 우리나라 경제가 재벌체제를 보장해줬기 때문에 잘살게 된 것이라고 이야기할 수 있나? 그럼 재벌체제를 금지하고 있는 다른 나라들은 다 뭐가 되나? 독일은 지금 95%의 중소기업이 독일 법인세의 절반을 내고 있다. 우리는 5%의 대기업들이 법인세의 95%를 내고 있다. 우리나라 국민이 다니고 있는 직장의 90%는 법인세도 못 내고 있는 기업이라는 거다. 어느 쪽이 좋은 모델이겠나?

우리 경제가 지금 양적으로는 GDP 규모 12~13위다. 그런데 실제 우리의 경제 현실을 보면 이것이 과연 가장 바람직한 상태인지 강한 회의감이 든다. 규모만 커졌지 실제 내용은 어떤가. 지금 자살하는 사람 수를 보라. 그런 점에서 우리의 경제성장에도 질적 평가를 새롭게 할 필요가 있다. 지금 국민의 행복지수나 부패지수나 사회의 성숙도는 경제성장 총량의 순위보다 훨씬 낮은 수준에 머물러 있다. 이런 시스템을 고치려면 비용이 얼마나 들까? 생각만 해도 끔찍하다. 여기에 과거 독재의 잔재 등 여전히 정글의 법칙과 같은 약육강식의 논리가 어느 나라보다 많이 적용되고 있다. 그런 속에서 강자가 살기 더 편한 나라, 약자가 살기는 더 힘든 나라가 됐다. 그런 현재 상태를 우리가 옹호할 이유가 있나? 그래도 옛날보다 잘살지 않냐고? 그것 하나로 30년 이상 세계 최고의 장시간 노동이라거나 세계 최고의 산업재해율이라거나, 세계 최고의 노동탄압이라는 것들을 도외시할 수 있나? 그래도 옛날보다 낫다고만 얘기할 수는 없다.

구영식 ● 우리 체제의 모순들, 부정적인 면은 결국 박정희 체제로

부터 비롯됐다고 생각하나?

노회찬 ● 더 앞으로 올라가야 한다. 해방공간과 그것의 결과로서 한국전쟁으로 올라가야 한다. 해방 이후 정상적인 자본주의국가, 정상적인 근대국가로서 모습을 갖춘 사회가 출현한 게 아니라 한국전쟁으로 인해 계급적·이데올로기적으로 극하게 편향된 두 개의 사회가 생겨났다. 각각 북한 독재와 남한 독재가 진행되었고, 독재의 담당자들은 그때그때 바뀌어갔지만 사상적으로는 일체의 다른 사상이 허용되지 않는, 문화적으로나 정치적으로도 힘의 불균형이 지속됐다. 사회가 하나의 생태계라면 그 생태계 속에서 모순과 모순의 해소가 자연스럽게 이루어지면서 사회가 발전해나간 게 아니었다.

전쟁 끝에 탄생한 두 개의 정권은 극한적으로 대립했고 이 대립이 각자 내부적으로 수십 년간 독재를 유지하는 동력이 되었다. 우리는 여러 차례 민주화를 겪어왔고 지금도 진행 중이지만 아직도 정상화는 요원하다. 양극화나 비정규직문제 같은 우리 사회의 심각한 문제들을 보라. GDP가 세계 12~13위인 나라들 중에 이렇게 비정규직이 많은 나라는 없다. 비정규직이 이렇게 급속히 늘어나는 나라도 없다. 이런 문제들은 견제장치의 부실에서 온 것들이다. 다른 나라에서는 위대한 지도자 혼자서 사회의 불균형을 견제하는 것이 아니라 여러 사회세력의 힘의 균형 속에서 불균형이 견제된다. 그런데 우리는 견제하는 쪽의 힘이 너무나 약하다. 수십 년 동안 밟아오고 억압하면서 사회가 여기까지 왔기 때문이다. 그런 점에서 '박정희 모델'은 하나의 역사적 현실로 봐야 하고, 그걸 무조건적으로 부정할 이유는 없다고 보지만, 냉정하게 봤을 때 우리의 현재 상태를 진단하고 앞으로 어떻게 가야 하는가를 위한 하나의 자료로서도 박정희 모델을 미화하기는 어렵다고 본다.

> **❝** 세상은 흘러가는데 박근혜 대통령은
> 계속 박정희 시대에 유폐되어 있다 **❞**

대통령 박근혜

구영식 ● 박정희의 딸이 21세기 한국사회의 대통령이 됐다. 어떤 의미를 부여할 수 있나?

노회찬 ● 나는 심지어 〈조선일보〉 칼럼에서조차 박정희 시대가 좋은 시대였다고 얘기하는 것을 별로 보지 못했다. 그렇게 이야기하는 사람은 오히려 적다. 박근혜 후보를 지지한 사람들이 '한 번 더 박정희 시대'를 요구했다고 보지 않는다. 나이 든 층들에게는 앞서 말한 안보와 성장에 대한 호감도 있지만 민주주의를 짓밟았다는 뚜렷한 기억도 같이 있다. 다만 박정희의 나쁜 점이 다시는 반복되지 않는다는 믿음이 존재하는 것이다.

우리 사회는 이미 쿠데타나 독재로 가기는 어렵다. 또한 박정희 시대가 재현되거나 박정희 시대의 부정적 요소가 다시 나타날 것이라는 불안감도 상대적으로 적다. 또 하나는, 부모를 다 잃은 60대 여성의 이야기가 흡인력을 발휘하지 않았나 싶다. 지난 선거에 나를 찍었다는 사람 중에도 박근혜 후보가 떨어질까 봐 밤에 잠을 못 잤다는 아주머니가 있었다.

구영식 ● 박근혜 정부를 저주하는가?

노회찬 ● 저주할 리 있나? 저주는 정치가 아니다. 정권 교체를 믿는 사람으로서 박근혜 정부가 어느 정도 성공하는 것이 그다음 정부를 위해서도 유익하다고 본다. 누구도 따라붙지 못할 정도로 아주 잘해서 그 당이 연속으로 집권한다면 그것도 할 수 없는 것 아닌가? 그것이 정의 아닌가?

구영식 ● 김동춘 성공회대 교수도 사석에서 이렇게 말했다. "우리는 박근혜 정부가 잘할 수 있도록 도와야 한다. 왜냐하면 박근혜 정부가 무너지면 그 피해는 고스란히 다수 국민들에게 전가되기 때문이다." 비판할 것은 비판해야 하지만 지나치게 저주하거나 증오하는 부류가 있다.

노회찬 ● 이해는 하지만 저주로 풀릴 수 있는 게 아니다. 유명한 말이 있다. 유대인들이 독일 나치에게 당한 뒤에 통곡의 벽에 적었다는 말이다. "Forgive, but don't forget." 용서하라. 그러나 잊지는 말라. 나는 그게 정답이라고 본다.

구영식 ● 박근혜 대통령은 아버지를 어떻게 봐야 한다고 생각하나?

노회찬 ● 역사로서 봐야 한다. 내가 아무리 이렇게 얘기해도 아버지 박정희를 역사로만 보지는 않을 것이다. 그런데 최근에 보면 우리가 생각하는 것 이상으로 박근혜 대통령이 박정희 시대에 많이 동화되어 있는 것 아닌가 하는 우려가 든다. 아버지를 역사적으로 냉혹하게 봐야 한다. 개인적으로야 가족 관계니까 누가 얘기할 수가 없는 남다른 게 있을 수 있다. 하지만 인간으로서보다 공적인 대통령, 지도자로서 박정희를 봐야 한다. 역사의 과오를 많이 남긴 전직 대통령으로서, 하나의 역사로서 봐야 한다.

구영식 ● 최근 일련의 사건에 관한 태도를 보면 박 대통령이 민주주의를 제대로 학습하거나 훈련받지 않은 것 같다.

노회찬 ● 그렇다. 세상은 흘러가는데 박근혜 대통령은 계속 박정희 시대에 유폐되어 그 시대에 사는 게 아닌가 싶다. 동네는 이미 변해서 21세기인데 집은 박정희 시대인 것이다. 박정희 시대라는 집에서 21세기로 출퇴근하는 게 아닌가 싶다.

구영식 ● 그렇게 표현할 수도 있겠다. 어쨌든 박근혜 혹은 박정희를 지지하는 사람들과 그들을 반대하는 사람들이 갈려 있다. 두 세력들이 논쟁할 때는 논쟁해야 하겠지만 적절하게 접점을 찾아야 할 때가 되지 않았나 싶다. 접점이라고 할 수 있는 게 있을까?

노회찬 ● 나는 그 접점이 평화와 복지라고 생각한다. 평화와 관련해서는 공통분모가 굉장히 크다. 복지도 접점이 넓다고 생각한다. 북한에 '삐라'를 뿌리면서 저거 빨리 타도하자는 사람들과 쌀을 지원해서 먹고살게 만들어주고 화해 협력으로 가야 한다고 생각하는 사람의 처지가 진짜 다른가? 평화의 뒷면이 뭔가? 전쟁이다. 실제로 이 나라가 전쟁 상황에 들어가면 우리는 같이 어려워진다. 물론 평화로워지면 같이 좋아진다. 그렇게 이해관계가 일치하는데 실제 머릿속은 안 그렇다. 왜 그런가? 존재와 의식이 분리되어 있는 이 상황이 왜 만들어졌나? 정치적으로 악용해서 편을 갈라놓았기 때문이다.

복지도 마찬가지다. 진짜 1% 정도의 고액세금을 납부할 사람 외에는 복지가 커질수록 경제상태도 훨씬 나아진다. 그럼에도 불구하고 복지에서는 1 대 99로 나뉘지 않는다. 50 대 50도 아니다. 저소득층 중에는 복지 하면 안 된다는 사람도 있다. "복지 너무 늘리면 안 돼. 그럼 세금 많이 내야 하잖아." 마치 자기가 손해 보는 것처럼 말한다. 이렇게 전도된 의식을 갖고 있는데, 이것은 이데올로기화의 결과라고 본다. 그것이 현실이다.

사회 변화를 통해 자기가 어떻게 나아질 수 있는지를 정확히 인식하게 해주는 다양한 시도와 노력들이 있어야 한다. 그것이 정치과정이다. 아주 자연스럽고 설득력 있게, 공감할 수 있도록 만드는 것이 정치라고 본다. 못사는 사람이 새누리당을 찍는다고 그 사람들을 포기하면 안 된다. 그럼 그 사람들이 기댈 데가 없어진다. 우리 사회의 왜곡된 정치과정 때문에 존재와 의식이 서로 유리되고 배반하는 상황을 좀 정상화시켜내는 것이 민주화다. 민주화라는 게 대단한 가치를 실현하는 게 아니라 어차피 다수의 사람들이 원하는 방향대로 가는 게 민주주의라고 한다면, 다수의 사람들이 원하는 것, 그들에게 이익이 되는 걸 만들어주는 것이 민주화다.

> **❝**우리 사회가 좀 더
> 현대화되고 있는 것으로 볼 수도 있다.
> 자기표현을 하는 것이기 때문이다**❞**

그 이상도 그 이하도 아닌 일베

구영식 ● 혹시 '일베' 사이트에 들어간 적 있나?

노회찬 ● 몇 번 가봤는데, 오랫동안 보기 힘들더라. (웃음)

구영식 ● 최근 '일베 현상'을 두고 새로운 세대의 청년우익이 생겼다는 분석이 나왔다.

노회찬 ● 글쎄. (웃음) 우익은 원래 그런 의미가 아니다. 그들의 발언이나 행동을 보면 굉장히 극우적이다. 그런데 극우가 다 그런가? 일베는 극우 중에서도 굉장히 찌들고 병든 부류다. 이것은 병리학적으로 봐야 한다. 좀 병적이다.

나는 이것을 예비군 현상과 같은 것으로 본다. 멀쩡한 사람도 예비군복을 입으면 방종을 넘어 일탈까지 하는 것과 비슷하다. 그 익명의 세계 속에서 자기 분출을 그렇게 하는 것이다. 물론 그렇다고 해서 가볍게 볼 문제는 아니다. 여기에는 굉장히 위험한 것들이 많이 들어가 있다. 국수주의도 들어가 있고, 자기들의 경제적 불만을 표출할 희생양 만들기 행태도 보인다. 지금 구 사회주의 국가들에서 나타나는 스킨헤드들 있지 않나? 그들은 이민자들 때문에 자신들이 어렵다며 과격한 폭력을 행사한다. 특정 지역을 폄하하고, 반여성적이다. 그럼 우익은 원래 반여성적인가? 그렇지 않다. 물론 진보가 더 양성평등 지향적이긴 하지만, 우익이라고 해서 다 반여성적인 것은 아니다.

일베는 병적인 극우 양상을 보이고 있다. 한국의 건강한 보수가 옹호하기 힘든 양상이다. 물론 여기에는 고도의 정치적 접근도 있었다고 본다. 이번에 공개된 댓글을 보니까 국정원이 제일 많이 활용했을 것으로 의심된다. 국정원에서 일베를 만든 것은 아닐지라도 일베를 마음껏 활용한 것 아닌가 싶다.

구영식 ● 한국에서 왜 일베 현상이 무성하게 자라고 있을까?

노회찬 ● 이런 정도는 자본주의사회든 산업화된 사회든, 어디에든 다 있다. 과거에 없었기 때문에 좀 주목받지 않나 싶다. 그럼 과거에는 왜 없었나?

우리 사회는 오랫동안 억압되어 있었기 때문에 이런 우파의 극단적 일탈도 상당히 적은 편이었다. 민주화되면서 이런 부분이 뒤늦게 나타나고 있다.

구영식 ● 일본의 넷우익이 '재특회'인데, 재특회는 온라인뿐만 아니라 오프라인 집회도 자주 한다. 일본에서 넷우익은 거리로 나와 '행동하는 보수'이다. 우리나라에서도 얼마 전 일베 회원들이 세월호 단식장 앞에서 '폭식투쟁 퍼포먼스'를 벌인 바 있다. 어떻게 보면 '실천하는 우익'의 선구적 존재가 어버이연합이라고 할 수 있지 않을까? 그렇게 얘기하고 싶을 정도로 어버이연합은 거리 시위에 능숙하다.

노회찬 ● 달리 보면 길거리에 나와야 할 만큼 우익도 흔들리고 있다는 것으로 볼 수 있다. 과거에는 왜 안 나왔나? 그때는 자기들이 정권을 잡고 있으니까 나올 이유가 없었다. 그런데 지금은 자기들도 길거리에서 싸워야 할 만큼 몰리고 있는 측면도 있는 것이다. (웃음)

구영식 ● 일베 현상 뒤에 보수정권과 보수언론, 종편채널 등의 지원이 있다고 보는 시각도 있다.

노회찬 ● 당연히 있다고 본다. 그들이 일베 현상이라는 불에 기름을 부었다. 다만 그들만이 불을 지핀 것은 아니다. 이것은 하나의 사회현상이기 때문에 역관계 속에서 볼 필요가 있다. '나꼼수'를 보며 저쪽에서 어떻게 생각했겠나? '우리는 왜 저렇게 못할까? 우리가 저렇게 하려면 어떻게 해야 하나?' 이쪽이 세게 나가면 저쪽도 비슷하게 흉내 내며 따라가는 측면이 있다고 본다.

> **❝** 세월호 사건은
> 우리 사회 전체 가치관의 수준을 보여줬다 **❞**

분노의 자화상, 세월호!

구영식 ● 세월호 침몰사고는 한국사회의 어떤 징후를 보여주는 사건이라고 보나?

노회찬 ● 크게 두 가지로 본다. 문명이 발전하고 산업화가 이루어질수록 사고로 죽는 사람 수가 더 늘어난다는 통계가 있다. 한편으로는 발전한 산업과 문명이 질병이나 여러 가지 사고로부터 인간을 구조하는 역할도 하지만, 오히려 산업이 발전하면서 인간 활동의 양과 질이 늘어나지 않나? 편익을 위해 산을 더 깎고 길을 더 내고. 예를 들면 작년에 말레이시아에서 중국으로 가는 항공기가 실종된 일이 있었다. 300여 명이 행방불명됐는데, 100년 전이면 그런 사고는 일어나지 않았다. 그때는 말레이시아에서 중국까지 비행기를 타고 갈 일이 없었으니까 말이다. 인간의 활동이 산업화와 문명의 발달에 따라 더 늘어나면서 그만큼 위험의 정도도 늘어났다. 그래서 100년간의 통계를 보면 실제로 지구상에서 재난으로 죽는 사람의 수가 점점 더 늘어난다는 것이다. 이는 안전이라는 것이 자유, 평등, 평화와 같은 반열에 놓아야 할 정도로 인류 사회 공동의 가치이자 목표가 되고 있음을 보여준다. 정치에서도 마찬가지다. 안전에 대비하고 투자해야 하는 중요성이 갈수록 커진다.

또 하나는 안전에 대한 대비가 지나치게 허술하다는 점이다. 이것은 공직사회가 공정하지 못하고 부패와 연루되는 등 우리나라의 고질적인 문제와 관련돼 있다. 진도 해상교통관제센터에서부터 제대로 근무하지 않았다. 몇 명은 자고 있었고, 몇 명은 책상에 앉아 있지도 않았다는 게 이번에 다 드러났다. 해경도 마찬가지였다. 해피아 등 각종 관피아들의 부패가 공적인 서비스의 질과 자원을 갉아먹는 해악을 미쳐왔음을 보여준다. 그리고 안전에 각별한 경각심을 가지고서 훈련하거나 규율을 엄하게 적용하지도 않았다. 그러니 세월호의 과적이 다 통과됐지 않나. 이걸 관리하는 다른 시스템들도 녹이 많이 슬거나 썩어 있었다.

여기에서 기본적인 직업윤리나 책임의식의 부족도 드러났다. 선장이란 사람도, 선원들도 다 그랬다. 자기만 살면 된다고 나온 것 아닌가? 여기에는 선원으로서, 선장으로서의 직업윤리가 없었다. 그런데 그 사람들만 그런가? 자신의 직업적 소명과 책임, 그리고 그에 따른 윤리가 무너져 있는 상태다. 우리 사회 전체가 '나만 살면 된다.'는 무한경쟁을 벌이고 있다. 국가 자체가 사람들을 '나만 살면 된다.'고 관리해왔다. '함께 잘 살아야 한다.'고 가르쳐온 게 아니다. 세월호 사건은 우리 사회 전체 가치관의 수준을 보여줬다.

이 커다란 불행이 다시 일어나지 않도록 하기 위해서는 근본적인 대책이 필요하다. 그래서 나는 국회에서 진상조사하는 것도 반대했다. 이 사건은 진상조사와 청문회로 끝날 일이 아니기 때문이다. 이는 몇 년이 걸리더라도 왜 이런 일이 벌어졌는가를 총체적으로 조사하고 분석해야 하는 사건이다. 물론 책임자 처벌은 당연하다. 하지만 그것이 근본적인 대책이 되지는 않는다. 즉 근본적인 문제점, 어디서부터 잘못되었는지를 2, 3년이 걸리더라도 조사해서 반영시킬 수 있는 위원회를 국회 바깥에 만들어야 한다. 거기에 전문가, 관계자, 유가족이 참여하고 여기서 만든 것 가운데 입법할 것은 입법하고 예산을 편성할 것은 편성해야 한다. 미국에서도 9·11테러 조사위원회를 만드는 데 1년 6개월이 걸렸다.

과거 소련이 1961년 가가린을 우주에 먼저 보내자 미국이 발칵 뒤집어졌다. 미국에서 왜 이렇게 됐는지에 대한 원인을 조사해서 내린 조치가 고등학교 과학 교과서를 바꾸는 거였다. 아이들 과학 교육부터 문제가 있었다는 결론이 난 것이다. 근본에서부터 문제를 해결하자고 해서 바뀐 것이 지금도 미국이 자랑하는 고등학생들 과학 교과서다. 세월호 사건은 정권을 넘어서는 심층적인 문제다. 그렇게 가야 하는데 처음부터 굉장히 좁게 시작했다. 특히나 새누리당은 자기 정치권력을 향한 공세적 공격을 모면하는 데만 급급했고, 대통령도 완고했다. 사람이 그렇게 죽었는데 왜 책임이 없겠나. 현 정권이든 전 정권이든 다 책임이 있는 거다. 욕을 들을 자세가 되어야 하는데 욕을 안 먹겠다는 것 아닌가.

구영식 ● 초반에 진상규명에만 지나치게 매달린 느낌이다. 그것과 함께 안전문제에 더 무게중심을 뒀더라면 국면이 달라질 수 있지 않았을까 싶다. 진상규명에만 지나치게 매달리다 보니까 국민들에게 수용되는 것도 한계가 있는 것 아닌가?

노회찬 ● 나는 범국민위원회를 만들어서 시간에 쫓기지 말고 충분하게 근본 원인을 분석하고 대책까지 마련하자고 제안했다. 〈한겨레〉 사설에서도 그와 유사한 이야기를 했다. 유가족의 한을 푸는 것은 물론 더 큰 목표를 향해 나아가야 한다. 그 최종 목표는 다시는 세월호 사건 같은 사고가 일어나지 않도록 하는 것이다. 진상규명도 포함되지만 중요한 것은 더 심층적으로 가는 것이다. 그런데 일이 그렇게 풀리지 않았다. 국회에서 그냥 뚝딱뚝딱 하는 식으로 가면서 수사권, 기소권의 문제로만 좁혀져버렸다.

구영식 ● 세월호 침몰사고가 한국사회에 남긴 과제가 있다면 무엇인가?

노회찬 ● 슬픔과 분노를 다른 쪽으로 승화해야 한다고 생각한다. 우리 사회가 작동하는 시스템을 스스로 점검하고 문제점을 고칠 수 있는 기회가 되어야 한다. 그래야 더 큰 아픔을 막을 수 있다. 군대 시스템도 그렇고, 교육 시스템도 그렇고, 안전 시스템도 모두 바뀌어야 한다. 좀 더 작게 보면 핵발전소 등 여러 가지 문제가 산적해 있다. 사고가 나지 않은 상태에서도 점검하고 개선할 수 있어야 한다. 소 잃고도 외양간 못 고치는 것도 문제지만 외양간을 고치기 위해서 반드시 소를 잃어야 한다는 것도 참 자가당착이다.

구영식 ● 좀 전에 '문명화가 진행될수록 위험이 증가한다.'고 했는데 그런 측면에서 보면 국가 차원에서 위험관리를 상시적으로 해야 한다는 요구에 직면한 것 같다.

노회찬 ● 그렇다. 2년이 걸리든 3년이 걸리든 범국민위원회에서 조사한 끝에 내려야 할 결론을 사건이 나자마자 한 달도 안 돼 대통령이 중앙재난대책안전본부를 없애고, 국무총리하에 국가안전처를 두겠다고 했다. 이런 식의 발상이 이런 사고를 낳은 것이다. 중앙재난대책안전본부는 안전을 강조하기 위해 만들어진 건데 왜 작동하지 않았나? 회의도 한 번밖에 열리지 않았다. 해양수산부 장관만 내려가 있고, 국무총리는 내려가서 직접 지휘하겠다고 공언했지만 할 일이 없다면서 다시 올라왔다. 왜 이런 일이 벌어졌는지를 심층적

으로 조사해야 한다. 그냥 즉흥적으로 해경 없애고 뭐는 신설하는
식으로 문제를 해결하려는 방법은 무책임하다고 할 수밖에 없다.

> **❝합리적 경쟁을 벌이고 선택받는
> 발전의 길을 걸어야 한다 ❞**

우리의 새는 언제 양쪽 날개를 펼까

구영식 ● 한 사회가 적절하게 유지되기 위해서는 보수와 진보의
관계 설정이 대단히 중요하다. 그런 점에서 보수와 진보가 어떤 관
계를 맺어야 하나?

노회찬 ● 일단은 서로의 경쟁 속에서 살아남기 위해 진화되고 개
혁되는 측면이 있다. 다른 한편으로는 상대를 따라 하는 것도 있다.
적대적으로 의존하면서 서로를 닮아가는 측면도 있다.

한국 진보의 모습이 한국 보수의 모습을 다 결정하지는 않는다.
하지만 나는 진보가 굉장히 합리적이어야 한다고 본다. 진보와 보
수가 서로 한 발자국씩 앞으로 내딛어 비슷해지는 것은 의미 있고
좋은 일이다. 진보와 보수의 거리가 문제는 아니다. 보수의 이해관
계가 있고 진보의 이해관계가 있지만 이런 것들은 한 사회에 공존
할 수밖에 없다. 그러면서 합리적 경쟁을 벌이고, 그 속에서 선택되
는 민주주의 발전의 길을 걸어야 한다.

어느 한쪽이 완승하고 어느 한쪽이 완패하는 것을 목표로 하는
것은 비현실적이다. 그것을 목표로 하는 순간부터 굉장히 비생산적

이고 폭력적이며 반민주적인 대가를 치러야 한다. 합리적으로 경쟁하려면 표현의 자유, 사상의 자유를 인정하고, 룰을 만들어 지켜야 한다. 그런 것들이 합의되어야 하고, 그 합의가 존중되어야 한다. 민주사회는 어느 한쪽이 이기는 사회가 아니다. 합리적 경쟁과 공존이 가능한 사회다. 지금은 합리적 경쟁이 아니라 묻지 마 경쟁이다. 이기면 장땡이기 때문에 민주화 이후에 민주화가 무너지거나 손상당하는 상황까지 오고 있다.

이것은 경제문제와도 관련이 깊다. 소위 관료자본주의, 천민자본주의라고 얘기하는데, 관료들의 힘이나 독재정권의 힘으로 경제를 과도하게 끌어가다 보니 그 파트너로 특정한 대자본을 택하게 됐다. 그 둘의 유착은 엄청난 결과로 늘 재생산된다. 대통령 선거 때마다 불법 대선자금 시비가 일어나는 나라는 몇 안 된다. 경제력 수준에 비추어보면 우리나라는 부패 정도가 상당히 높다. 이 부패는 보수강경세력이 오랫동안 집권한 산물이다. 그렇다고 진보에는 부패가 없을까? 가능성은 있을지 몰라도 집권을 안 했으니까 그 결과물이 없다. (웃음) 이제까지 정경유착과 부패와 기득권 담합을 유지해온 이 힘을, 이 관성을 깨야 한다. 이것을 위해 진보도 커져야 하지만, 보수의 혁신도 중요하다.

보수가 제대로 혁신하면 진보도 훨씬 건강해질 것이다. 그렇게 되면 괜찮은 진보와 보수가 생산적이고 합리적인 경쟁 관계를 만들 수 있다. 그런 경쟁체제를 만드는 것이 정치발전이다.

구영식 ● 보수와 진보의 공정한 경쟁이 가능하려면 어떻게 해야 할까?

노회찬 ● 어려운 문제다. 앞에서 박근혜 정부의 집권으로 한국 보수세력의 혁신이 지체됐다고 얘기했다. 이제는 저쪽도 한계 수명에 왔다고 본다. 세대 차원에서도 그렇고 여러 가지 지점에서 그렇다. 이제 진보정권으로 넘어가게 되면 보수세력도 혁신을 시작하지 않을까 싶다. 민주당도 진보세력도 옛 모습으로 다시 정권 잡기는 힘들다. 누가 먼저 하라는 법이 있는 것은 아니지만 야권의 변화와 그를 통한 집권이 여권도 변화시킬 것이다. 오늘 발표된 것을 보니까 우리 국민들 의식조사에서 한국의 가장 부패한 집단 1위가 정당이었다. 어쨌거나 이미지는 그렇게 돼 있다. 현재 여든 야든 다 낡은 정치를 하고 있는 것으로 국민들은 보고 있다.

구영식 ● 앞으로 보수의 혁신이 불가피할 것으로 전망하나?

노회찬 ● 불가피하다기보다 보수 내부의 세대교체와 세력교체가 요구된다. 자칫 잘못하면 완고하고 수구적인 보수가 앞으로 계속 보수의 주도권을 쥐고 갈 수도 있다. 그것이 가장 우려되는 상황이다. 그런 점에서 보수 내 세대교체, 세력교체가 필요하다. YS정부에서 이명박 정부, 그리고 박근혜 정부로 오는 과정은 한국의 보수가 더 수구화되는 과정 아닌가? 김영삼 정부만 해도 상대적으로 건강한 보수였다고도 볼 수 있다. 그래도 YS는 1987년 항쟁에 앞장선 사람이다. 이명박 정부나 박근혜 정부는 5·16 쿠데타세력, 유신 잔당들 그리고 전두환, 노태우 정권 때 한패가 되었던 사람들 아닌가. 김기춘 현 비서실장은 유신을 설계한 사람이다. 한나라당-새누리당으로 이어지는 한국 보수정치세력들의 구심이 더 오른쪽으로 계속 가고 있지 않나 우려스럽다. 이렇게 장기화될 때 사회 전체에 미치는 악영향은 굉장히 크다. 그래서 민주세력, 진보세력의 성장이 중요한 만큼 보수세력의 세력교체가 필요하다고 본다.

구영식 ● 정의당 안에서 '사민주의'와 관련해 논의를 많이 한 걸로 알고 있다. 앞으로 진보의 이념적 좌표는 '사민주의'가 적절하다고 보나?

노회찬 ● 이미 진보정당들은 사민주의적 활동을 주된 활동으로 하고 있다. 다만 자기 이념을 어떻게 정식화할 것인가의 문제가 남아 있다. 또 하나는 국민들에게 어떻게 선보일 것인가, 어떻게 표방할 것인가 하는 문제가 있다. 국민들에게 사민주의라고 이야기하는 것이 더 나은 것인지, 아니면 그런 용어를 쓰지 않고 정책을 체계화해서 전달하는 게 더 나은지. 거기에는 여러 가지 정치 공학적 문제까지 감안한 판단이 필요하다. 사민주의라는 정체성을 부인하지 말자는 것이 내 생각이다. 다만 집권을 목표로 하는 세력으로서 국민들에게 단순히 더 많은 복지를 하겠다고 이야기할 것이 아니라 우리가 만들어내려고 하는 사회는 어떤 사회인가에 관한 총체적 상을 보여줄 필요가 있다. 사민주의라고 하면 알아듣는 분도 있지만, 사회주의라고 생각하는 분도 있고, "그게 뭔데?" 하는 분들도 많기 때문에 오히려 우리가 생각하는 복지국가의 상을 정책적으로 보여드리는 것이 친절한 접근법이 아닐까 싶다. 그래서 그런 정책을 만드는 데 더 매진하자는 것이다. 다만 사민주의를 부정적으로 보는 경향에는 그런 오해가 풀리도록 지속적으로 당 내에서 교육하고 토론하고 공부할 필요가 있다. 최근에 당에서 유럽 복지국가 대사들을 연속적으로 부르는 것도 그런 일환이다.

구영식 ● 그 전에는 '민주적 사회주의'라는 말을 쓰기도 했고, 당 강령에는 사회주의적 가치라고 표현하기도 했다.
노회찬 ● 그렇다.

구영식 ● 거기에서 이제 사민주의로 이동한 셈인데, 그러한 이동도 노회찬식 세속화 전략의 한 부분인가?
노회찬 ● 나는 사회주의적 이상과 원칙이 가장 잘 실현되는 것이 사민주의라고 본다. 이 이상으로 진도 나간 체제가 있는가? 현실 사회주의국가보다 노동권이 더 많이 보장되고 있는 곳이 사민주의국가다. 사민주의가 사회주의적 이상이 실현될 수 있는 완결태는 아니겠지만 현실적으로는 이것이 가장 앞서 있는 체제이기 때문에 지향점으로 삼았다.

구영식 ● '사민주의는 개량주의'라는 비판에 직면할 수밖에 없는데.
노회찬 ● 그렇다. 사민주의는 개량주의이다. 혁명이 아니라 선거를 통해 자본주의의 모순을 극복한다는 점에서 혁명노선이 아니라 개량노선이다. 이제 이념적으로 NL도 PD도 버리고 사민주의에서 다시 만나야 한다. 현실적으로 우리가 하고 있는 일은 사민주의인데, 옛날 족보를 가지고 NL과 PD로 나뉘어 계속 싸울 수는 없다.

진보정당은 처음 나왔을 때보다 국민들에게 굉장히 친숙한 존재가 됐다. 우리가 어떤 사람이라는 것을 이제는 더 솔직히 보여줄 필요가 있다. 이사 온 지 오래됐는데 아직도 어떤 사람인지 모르고 있으면 이상하지 않은가. 더 책임 있는 세력으로 거듭나기 위해서 우리가 어떤 사람들이라는 것을 보여줘야 한다. 우리 안에는 트로츠키주의자도 있고, 혁명적 민주주의자도 있고, 사회주의자도 있고, 사민주의자도 있고, 자유주의자도 있다. 그런데 우리의 공통점은 스웨덴 등과 같은 사민주의 복지사회를 만들려는 것이다. 지금 당장 우리가 집권해서 만들려고 하는 사회는 이런 정도의 사회라는 것을 솔직하게 밝히는 것이 도리다. 그것이 또 진보의 혁신이다. 진보의 이미지가 이렇게 망가지고 오해가 겹쳐 있는 상황에서 오해를 풀기 위해서라도 우리의 정체성을 더 적극적으로 표현할 필요가 있다. 사민주의 역사를 보면 좀 개량주의적인 측면이 있지만 우리가 실제로 하는 것이 사민주의이기 때문에 이제는 그것(개량주의 비판) 때문에 내부 논란을 키울 필요는 없다. 진보라는 말로 우리를 설명하는데 우리도 지쳤고 듣는 국민도 지쳤다. 설명이 안 된다.

구영식 ● 그런데 여전히 사민주의를 현실과 타협하는 전략으로 보는 시각이 강하다.

노회찬 ● 그렇지 않다. 일반적인 시각이 아니고 운동권 유지들 중에 그런 경향이 남아 있다. (웃음) 민주노총 활동가라거나 당내 일부 정파 활동가들에게 그런 경향이 있다. 오랫동안 들어왔던 과거 혁명론 차원에서, 레닌주의에서 사민주의를 보는 견해가 여전히 남아 있다. 일부 노동운동세력들도 그렇다. 노동운동의 자주적인 권리를 제일 많이 보장하는 것이 사민주의인데도, 머릿속에 노동해방, 혁명 등이 가득 차 있는 분들이 사민주의를 비판한다. 그런 분들도 최대강령으로서 인류 사회가 어떻게 가야 하는지의 문제와, 현실에서 정치적으로 무엇을 약속할 것인가의 문제는 차원이 다르다는 것을 앞으로 이해하지 않을까 싶다.

구영식 ● 노동정치연석회의에서 누군가 "우리는 NL과 PD가 전쟁하는 세대가 아니다."라며 '전후세대'를 선언했다고 하더라.

노회찬 ● 나도 전후세대다.

구영식 ● 흥미로운 표현인데, 이제 전후세대가 나와야 할 것 같다.

노회찬 ● 그렇다. 전후세대의 맥락으로 나아가야 한다. NL, PD 시대, 운동권 시대는 이제 사라져야 한다. 그런 의미에서 지난 10년의 진보정당이 운동권적 진보정당으로 활동해왔다면 이제는 우리가 그것을 벗어던질 때가 왔다. 이것은 우리의 정체성을 벗어던지는 것이 아니라 오히려 우리 정체성을 확실히 하는 과정이다.

구영식 ● 어쩌면 노 대표가 지금 하고 있는 일은 전후세대의 이념적 좌표로 사민주의를 세우는 것이다.

노회찬 ● 그렇다.

구영식 ● 앞으로 진보의 미래를 낙관하나?

노회찬 ● 나는 낙관한다.

구영식 ● 어떤 점에서 진보의 미래를 낙관하나?

노회찬 ● 두 가지에서다. 하나는 이 사회가 점점 더 진보를 필요로 하는 사회로 갈 것이기 때문이다. 다른 하나는 진보가 추구하는 가치의 우월성뿐만이 아니라 계속 스스로를 감시하고 파괴하고 부정하면서 스스로를 혁신하는 진보의 속성 때문이다. 진보는 때로 길을 잃어 방황하고 우를 범하거나 실책을 범하기도 하지만, 그것을 바로잡으려는 고유의 특성을 내재하고 있다. 때문에 진보의 미래를 낙관한다.

　1여 년 긴 시간을 인터뷰하면서 가장 인상 깊었던 대목은 '진보의 세속화 전략'을 주문한 것이다. 노 대표가 일반인들에게 부정적으로 들릴 수 있는 '세속화'라는 단어를 과감하게 쓴 것은 한국의 진보가 아직도 현실에 충분히 안착하지 못했다는 반증이다. 봉준호 감독의 영화 〈설국열차〉에는 '네 개의 세계'가 존재한다. 열차의 설계자인 윌포드의 세계와 열차 반란을 주도한 커티스의 세계, 윌포드와 공조해온 원로 지도자 길리엄의 세계, 문을 부수고 열차 밖으로 나가려고 했던 남궁민수의 세계가 그것이다. 노 대표는 스스로 "남궁민수의 세계와 가깝다."고 했다. "열차 안에 모순과 갈등이 있지만 궤도에서 벗어나지 못한다는 특징이 있다. 궤도를 벗어나지 못하는 한 달라져도 크게 달라지는 게 아니다. 근본적인 변화는 남궁민수의 발상과 지향에서 시작된다. 즉 궤도를 벗어나 새로운 세계로 나아가는 것이다. 많은 사람들에게 신뢰받지 못하기 때문에 어렵긴 하지만 그 길이 맞지 않나 싶다." 노 대표가 주문한 진보의 세속화 전략도 '운동권적 진보'라는 궤도를 벗어나려는 시도다. 그 역발상을 통해 순결한 이념을 지키는 데만 열중하기보다 현실을 1센티미터라도 더 변화시켜 사람들의 삶이 조금이라도 나아진다면 그것이 현실에서 옳은 길이고, 승리하는 길이다. 이와 함께 언제나 '노동'이 이 세상에서 얼마나 소중하고 중요한지를 일깨워주는 지도자가 되어주길 바란다.

노회찬, 작심하고 말하다

대한민국 진보,
어디로 가는가?

지은이 | 노회찬·구영식

초판 1쇄 발행일 2014년 11월 14일
초판 2쇄 발행일 2014년 12월 19일

발행인 | 한상준
기획 | 임병희
편집 | 김민정·이경민·이현령
표지 디자인 | 조경규
본문 디자인 | 김경희
마케팅 | 박신용
종이 | 화인페이퍼
인쇄·제본 | 영신사

발행처 | 비아북(ViaBook Publisher)
출판등록 | 제313-2007-218호(2007년 11월 2일)
주소 | 서울시 마포구 연남동 567-40 2층
전화 | 02-334-6123 팩스 | 02-334-6126 전자우편 | crm@viabook.kr
홈페이지 | viabook.kr

ⓒ 노회찬·구영식, 2014
ISBN 978-89-93642-88-9 03300